D1878172

हिंदी व्याकरण विमर्श

हिन्दी व्याकरण विमर्श

डॉ. तेजपाल चौधरी

वाणी प्रकाशन

वाणी प्रकाशन

4695, 21-ए, दरियागंज, नयी दिल्ली 110 002

शाखा

अशोक राजपथ, पटना 800 004

फ़ोन: +91 11 23273167 फ़ैक्स: +91 11 23275710

www.vaniprakashan.in
vaniprakashan@gmail.com

HINDI VYAKARAN VIMARSHHA
by Dr. Tejpal Choudhary

ISBN : 81-7055-344-X
Linguistic

© लेखकाधीन

प्रथम संस्करण 2003
द्वितीय संस्करण 2006
आवृत्ति 2011

मूल्य : ₹ 300

इस पुस्तक के किसी भी अंश को किसी भी माध्यम में प्रयोग करने के लिए प्रकाशक से लिखित अनुमति लेना अनिवार्य है।

ओम ऑफ़सेट, दिल्ली-110093 में मुद्रित

वाणी प्रकाशन का लोगो मक़बूल फ़िदा हुसेन की कूची से

प्राक्कथन

—ओउम्—

वाग्देवतां नमस्कृत्य शब्द सामर्थ्यदायिनीम्,
भाषाङ्गतत्त्वबोधाय व्याकरणं मृश्यते मया ॥

व्याकरण क्या और क्यों ?

भाषा मानव सभ्यता के इतिहास की सर्वोत्तम उपलब्धि है। मानव जाति के पास सदियों से संचित ज्ञान की अनंत विरासत भाषा के रूप में ही सुरक्षित है। भाषा वह अमूल्य साधन है, जिसके द्वारा मनुष्य विचारों का आदान-प्रदान करता है, चिंतन-मनन करता है और असंख्य स्वकीय-परकीय अनुभवों को आत्मसात् करता है। वस्तुतः भाषा के बिना मानव के अस्तित्व की कल्पना भी नहीं की जा सकती।

भाषा नित्य परिवर्तनशील वस्तु है। अपनी इसी विशेषता के कारण सहस्राब्दियों पहले की वैदिक भाषा संस्कृत, प्राकृत, अपभ्रंश आदि विभिन्न सोपानों को पार करती हुई, वर्तमान स्थिति तक पहुंच गयी और स्थान भेद से सैकड़ों बोलियों और दर्जनों भाषाओं में परिणत हो गयी। किंतु भाषा की यह प्रवृत्ति जितनी स्वाभाविक है, उतनी वांछनीय नहीं। दरअसल भाषा एक व्यवस्था है और व्यवस्था के लिए जिस स्थायित्व की आवश्यकता होती है, भाषा भी उसका अपवाद नहीं हो सकती। यही कारण है कि परिवर्तन की गति को नियंत्रित करके भाषा के स्वरूप को यथासम्भव स्थिर रखने का प्रयास समय-समय पर मनीषिओं द्वारा किया जाता रहा है। व्याकरण इसी प्रयास का प्रतिरूप है। यदि भाषा पर व्याकरण का नियंत्रण न होता, तो एक पीढ़ी की भाषा दूसरी पीढ़ी के लिए, कुछ सीमा तक, दुर्बोध हो जाती और एक-दो शताब्दियों के बाद तो उसे शायद ही कोई समझ पाता। भाषा की इस अव्यवस्था को टालने के लिए व्याकरण की जरूरत होती है। व्याकरण भाषिक नियमों की क्रियान्वित करके भाषा को एक अनुशासित रूप प्रदान करता है।

कुबेरनाथ राय ने कहा है—'''व्याकरण भाषा का पुलिसमैन है। जब कोई

शब्द वाक्य के भीतर कुमार्गगामी होता है, तो उसकी आवारागर्दी को ठीक करने के लिए व्याकरण उस पर लाठी चार्ज करता है, अश्रुगैस छोड़ता है और गिरफ्तार करता है, जिससे वाक्य-संहिता का ठीक-ठीक पालन होता रहे।'[1]

फिर भी व्याकरण भाषा का स्वामी नहीं, अनुचर है। भाषिक व्यवस्था में उसकी भूमिका अधिनायक की नहीं हो सकती। उसे यह अधिकार कदापि नहीं कि अपनी मर्जी से कोई नियम रचकर भाषा पर लाद सके। उसका काम तो भाषा के स्वीकृत नियमों की रक्षा करना मात्र है। इसीलिए जब कोई भाषा प्राचीन रूढ़ियों को त्यागकर नये नियमों को स्वीकार कर लेती है, तो व्याकरण एक कर्त्तव्यपरायण सिपाही की तरह उन्हें लागू करने के लिए कटिबद्ध हो जाता है।

'व्याकरण' शब्द की व्युत्पत्ति 'वि' और 'आ' उपसर्ग पूर्व 'कृ' धातु से 'ल्युट्' (अन) प्रत्यय लगकर हुई है, जिसका अर्थ है, विश्लेषण करना। व्याकरण वस्तुत: किसी भाषा की ध्वनियों, शब्दों, रूपों और वाक्यों के स्वरूप और प्रयोग का विश्लेषण ही करता है। विभिन्न वैयाकरणों और कोशकारों ने परिभाषाओं के माध्यम से व्याकरण के स्वरूप को स्पष्ट करने का प्रयास किया है। कुछ परिभाषाएँ यहाँ देना अप्रासंगिक न होगा।

हिंदी विश्व कोष—किसी भी भाषा के अंग-प्रत्यंग का विश्लेषण तथा विवेचन व्याकरण कहलाता है।[2]

मानक हिंदी कोष—व्याकरण वह शास्त्र है, जिसमें बोलचाल तथा साहित्य में प्रयुक्त होने वाली भाषा का स्वरूप, उसके गठन, उसके अवयवों, उनके प्रकारों और पारस्परिक संबंधों तथा उसके रचना विधान और रूप-परिवर्तन का विचार होता है।[3]

कामता प्रसाद गुरु—जिस शास्त्र में शब्दों के शुद्ध रूप और प्रयोग के नियमों का निरूपण होता है, उसे व्याकरण कहते हैं।[4]

वस्तुत: ज्ञान-विज्ञान की किसी शाखा को परिभाषाबद्ध करना एक जोखिम भरा काम है। परिभाषाएं या तो अव्याप्ति की शिकार हो जाती हैं या अतिव्याप्ति की। कभी वे अतिसंक्षिप्त हो जाती हैं, तो कभी अतिविस्तृत। 'विश्वकोष' की परिभाषा संक्षिप्तता के कारण अपूर्ण और अस्पष्ट है तथा 'मानककोश' की परिभाषा अतिव्याप्ति की सीमा तक विस्तृत है। हिंदी व्याकरण के पितामह कामता प्रसाद गुरु की परिभाषा भारतीय वैयाकरणों की मान्यताओं के अधिक

---

1. गंधमादन—कुबेरनाथ राय, पृ० 7
2. हिंदी विश्व कोष—प्रकाशक : नागरी प्रचारिणी सभा, भाग 11, पृ० 203
3. मानक हिंदी कोष, भाग 5, पृ० 129
4. हिंदी व्याकरण—कामता प्रसाद गुरु, प्रस्तावना, पृ० 5

अनुरूप है। हमारे यहां 'शब्द' को ही व्याकरण का प्रमुख प्रतिपाद्य माना गया है। संभवतः इसलिए संस्कृत में व्याकरण का एक नाम 'शब्दानुशासन' भी है। हो सकता है, आधुनिक व्याकरणकारों को यह मानने में आपत्ति हो। वे कहें कि भाषा 'शब्दरूपा' नहीं है, अपितु वाक्य ही भापा की लघुतम सार्थक इकाई है। किंतु गुरु जी की परिभाषा में 'शब्द प्रयोग' को व्यापकतर अर्थ में ग्रहण किया गया है। शब्द प्रयोग से उनका तात्पर्य 'शब्द' को 'पद' रूप में बदलना और वाक्य में उसका उचित प्रयोग करना है।

इसमें संदेह नहीं कि भाषा में वाक्य की सत्ता को ही सत्य माना गया है। भाषा विचारों की वाहिका है। जिन्हें वह वाक्यों के माध्यम से वहन करती है, शब्द या पद तो उसके कृत्रिम खंड हैं। किंतु व्याकरण में शब्द भाषा का सबसे महत्त्वपूर्ण घटक है। अतएव पाणिनि और पतंजलि ने 'शब्द' पर ही अधिक विस्तार से विचार किया है।

जिस प्रकार 'शब्द', 'वाक्य' के घटक हैं उसी प्रकार 'ध्वनियाँ' या 'वर्ण' 'शब्द' के। अतएव 'ध्वनियाँ' या 'वर्ण', 'शब्द' या 'पद' तथा 'वाक्य' व्याकरणिक अध्ययन के 3 प्रमुख विषय माने जाते हैं। इन्हें ही भाषा के 'अंग' कहा जाता है। इस मान्यता को दृष्टि में रखते हुए व्याकरण की परिभाषा इन शब्दों में की जा सकती है—

"व्याकरण वह शास्त्र है, जिसमें किसी भाषा के अंगों का सैद्धांतिक एवं प्रायोगिक दृष्टि से सूक्ष्म निरूपण किया जाता है, जो सम्बद्ध भाषा के शुद्ध उच्चारण, लेखन और आकलन में सहायक हो सकें।"

वास्तव में व्याकरण का उद्देश्य किसी भाषा के प्रचलित रूप का सम्यक् ज्ञान कराना है। भाषा अभिव्यक्ति का माध्यम होती है। वक्ता के द्वारा उसका गलत प्रयोग केवल हास्यास्पद ही नहीं होता, अपितु कभी-कभी अर्थ का अनर्थ भी कर देता है। व्याकरण भाषा के नियमों का निर्देश कर भाषा के पूर्ण आकलन, शुद्ध उच्चारण और निर्दोष लेखन का मार्ग प्रशस्त करता है। अतः व्याकरण की उपयोगिता सर्वथा असंदिग्ध है।

परम्परा से व्याकरण के तीन विभाग स्वीकार किए गए हैं, 1. वर्ण विचार, 2. शब्द विचार और 3. वाक्य विचार, जिनके अन्तर्गत क्रमश भाषिक ध्वनियों, शब्दों (या पदों) और वाक्यों से संबंधित नियमों का निर्देश किया जाता है। प्रस्तुत ग्रन्थ में इन तीनों के अतिरिक्त 'अर्थ' और 'वर्तनी' पर भी विचार करने का प्रयास किया गया है।

तेजपाल चौधरी

विषय-सूची

1

ध्वनि विमर्श

भाषा वैज्ञानिक दृष्टि से ध्वनि भाषा की लघुतम इकाई है। भाषा अनंत विचारों और संवेदनाओं का समूह है। जिन्हें वह छोटे-बड़े वाक्यों के द्वारा संप्रेषित करती है। वाक्यों को, विश्लेषण की दृष्टि से, पदों में विभाजित किया जा सकता है और पदों को ध्वनियों में। उदाहरणार्थ, 'बालक पुस्तक पढ़ता है।' इस वाक्य में 'बालक' 'पुस्तक' और 'पढ़ता है।' तीन पद हैं। ये पद क्रमश: ब्, आ, ल्, अ क्, अ,प्, उ, स्, त्, अ, क् तथा प्, अ, ढ्, अ, त्, आ एवम् ह, ऐ के संयोग से बने हैं। इन लघु खंडों को ही 'ध्वनि' या 'वर्ण' कहते हैं।

'वर्ण' वह लघुतम भाषिक इकाई है, जिसको और छोटे खंडों में विभाजित नहीं किया जा सकता। हिंदी में वर्णों की स्थिति इस प्रकार है—

स्वर : अ आ इ ई उ ऊ (ऋ, ॠ, लृ)
ए, ऐ, ओ, औ।

व्यंजन : क ख ग घ (ङ)*
च छ ज झ (ञ)
ट ठ ड ढ (ण)
ड़ ढ़
त थ द ध न
प फ ब भ म
य र ल व
श ष स
ह
अनुस्वार (ं) और विसर्ग (:)

* सैद्धांतिक दृष्टि से व्यंजनों का स्वरूप क् ख् ग् है, किंतु व्यावहारिक दृष्टि से उन्हें इसमें लिखा गया है।

विदेशी भाषाओं के संपर्क के कारण कुछ नयी ध्वनियाँ भी हिंदी में आ गयी हैं। अरबी-फारसी की क़ ख़ ग़ ज़ फ़ और अंग्रेजी की अँ ऑ ऐसी ही ध्वनियाँ हैं। किंतु इन ध्वनियों को स्वतंत्र रूप से वर्णमाला में समाविष्ट करने की जरूरत नहीं। कोई भी भाषा जब विदेशी ध्वनियों को ग्रहण करती है, तो उन्हें अपने साँचे में ढाल लेती है। हिंदी में भी यह प्रवृत्ति बहुत व्यापक रूप से पाई जाती है। इसी कारण हिंदी में bank और doctor को 'बैंक' और 'डाक्टर' लिखा जाता है 'बॅन्क' और 'डॉक्टर' नहीं। यही बात अरबी-फारसी के क़ ख़ ग़ ज़ फ़ ध्वनियों वाले शब्दों को लेकर भी कही जा सकती है।

ध्वनियों का वर्गीकरण

स्वर और व्यंजन—प्रायः सभी भाषाओं में ध्वनियों के दो भेद पाये जाते हैं, 'स्वर' और 'व्यंजन'। भारतीय वैयाकरणों ने 'स्वर' और 'व्यंजन' के अंतर को अत्यंत सूक्ष्मता के साथ स्पष्ट किया है। महर्षि पतंजलि का मत है कि 'जो ध्वनियाँ उच्चारण की दृष्टि से स्वतंत्र हों अर्थात् जिनका उच्चारण अन्य किसी ध्वनि की सहायता के बिना किया जा सके उन्हें 'स्वर' कहते हैं।' दूसरी ओर 'जिनका उच्चारण पराश्रित हो अर्थात् स्वर की सहायता के बिना संभव न हो, उन्हें 'व्यंजन' कहते हैं।'[1]

कई आधुनिक विद्वानों ने इस मान्यता को अस्वीकार किया है। वे कहते हैं कि 'पुस्तक' में स् तथा 'साधर्म्य' में र् और म् स्वर रहित ध्वनियाँ हैं। फिर भी इनका उच्चारण होता है। 'कात्स्न्र्य' में तो र, त् स् और न्—ये चार ध्वनियाँ स्वर रहित हैं। अतः यह कहना अनुचित है कि व्यंजनों का उच्चारण 'स्वर' के बिना नहीं होता। इन विद्वानों ने 'स्वर' और 'व्यंजन' के अंतर को एक अन्य आधार पर परिभाषित किया है। ये कहते हैं, जिन ध्वनियों के उच्चारण में जिह्वा निःश्वास वायु में अवरोध उत्पन्न नहीं करती और जिनका उच्चारण मुक्तहोता है, उन्हें 'स्वर' कहते हैं, तथा जिनका उच्चारण करते समय जिह्वा निश्वास वायु में कहीं-न-कहीं अवरोध उत्पन्न करती है, उन्हें 'व्यंजन' कहते हैं।

वस्तुतः ये दोनों ही मान्यताएँ सर्वथा भ्रामक हैं। स्थिति यह है कि पुस्तक, शक्ति, साधर्म्य, माहात्म्य और कात्स्न्र्य जैसे शब्दों में सभी संयुक्त व्यंजन अपने उत्तरवर्ती स्वर के सहारे उच्चरित होते हैं। कभी-कभी पूर्ववर्ती स्वर भी व्यंजन

---

1. स्वतो राजन्ते इति स्वराः।
अन्वग्भवति व्यंजनम् ॥
—हिंदी ध्वनियाँ और उनका उच्चारण, डा० भोलानाथ तिवारी, पृ० 15
('महाभाष्य' से उद्धृत)

के उच्चारण में सहायक होता है जैसे 'जगत्', 'सम्यक्' जैसे शब्दों में। किंतु यह बिल्कुल संभव नहीं कि आसपास कहीं स्वर न हो और व्यंजन का उच्चारण हो जाये। आप 'क्' 'ख्' 'ग्' का उच्चारण करके देखें, नहीं हो पायेगा। जितना हल्का उच्चारण आप करेंगे, उतना ही स्वर 'अ' का अंश उसमें आ जायेगा। व्यंजन स्वतः मुखर ध्वनियाँ नहीं हैं। स्वर ही उन्हें मुखरता प्रदान करते हैं। जब हम क ख ग आदि का उच्चारण करते हैं, तो वस्तुतः क्+अ, ख्+अ, ग्+अ का उच्चारण करते हैं।

दूसरी मान्यता भी कम भ्रामक नहीं है। यदि स्वरों के उच्चारण में जिह्वा कोई अवरोध उत्पन्न न करती तो स्वरों के अ, इ, उ, ए, ओ आदि भेद किस प्रकार संभव होते। वास्तविकता यह है कि स्वरों के उच्चारण में भी जिह्वा वायु मार्ग को किसी-न-किसी अंश में अवरुद्ध करती है। हाँ, यह बात विवाद से परे है कि व्यंजनों की तुलना में स्वरों के उच्चारण में वायु का अवरोध कम मात्रा में होता है। व्यंजनों में भी स्पर्शों की तुलना में अंतःस्थों और उष्मों का उच्चारण कम अवरोध की अपेक्षा रखता है।

स्वरों के भेद

(1) **समान स्वर और संयुक्त स्वर**—हिंदी में दो प्रकार के स्वर हैं, समान स्वर और संयुक्त स्वर। जिस स्वर का उच्चारण एक ही 'स्थान' और एक ही 'प्रयत्न' से होता है, उसे 'समान स्वर' या 'मूल स्वर' कहते हैं। हिंदी में अ, आ, इ, ई, उ, ऊ, ए, ऐ, ओ, औ समान स्वर हैं। संयुक्त स्वर दो स्वरों के संयोग से बनते हैं। अतः इनका उच्चारण दो स्थानों से होता है। हिंदी में ऐ औ संयुक्त स्वर भी हैं। संस्कृत में ऐ औ केवल संयुक्त स्वर थे और उनका उच्चारण स्थान क्रमशः कण्ठतालु और कण्ठोष्ठ था।

हिंदी में पैर, बैर, कैलाश आदि शब्दों में ऐ समान स्वर है, किंतु भैया, मैया आदि में संयुक्त स्वर। इसी तरह औरत, मौन, कौन में औ समान स्वर है किंतु कौवा, पौवा आदि में संयुक्त स्वर।

(2) **ह्रस्व और दीर्घ स्वर**—किसी स्वर के उच्चारण में जितना समय लगता है, उसे 'मात्रा' या 'मात्रा काल' कहते हैं। पाणिनीय व्याकरण में तीन मात्राएँ मानी गयी हैं, 1. ह्रस्व 2. दीर्घ और 3. प्लुत।

1. **ह्रस्व**—जिस स्वर के उच्चारण में एक मात्रा का समय लगता है, उसे ह्रस्व स्वर कहते हैं। हिन्दी में अ इ उ ह्रस्व स्वर हैं। कुछ बोलियों में ह्रस्व आ, ए, ओ भी मिलते हैं।

*सामान्यतया यह माना जाता है कि अ का ही दीर्घ रूप आ है, किंतु प्रयत्न की दृष्टि से अ और आ दो पृथक्-पृथक् ध्वनियाँ हैं। ये एक ही ध्वनि के ह्रस्व

और दीर्घ रूप नहीं हैं। यदि आप इ, ई का साथ-साथ उच्चारण करें, तो स्थान और प्रयत्न में कोई अंतर नहीं पायेंगे। किंतु अ, आ को साथ-साथ उच्चारण करने पर प्रयत्न भिन्नता स्पष्ट परिलक्षित हो जायेगी। 'अ' कम विवृत है 'आ' अधिक; अ किंचित् आगे से बोला जाता है, आ पीछे से। (प्रयत्नों के विवेचन में दोनों का विवरण देखिए।)

डा० भोलानाथ तिवारी ने 'हिंदी भाषा' में इस तथ्य का प्रतिपादन किया है।[1]

दीर्घ स्वर के उच्चारण में दो मात्राओं का समय लगता है। हिंदी में आ, ई, ऊ, ए, ऐ, ओ, औ दीर्घ स्वर हैं। जिस स्वर के उच्चारण में दो से अधिक मात्राओं का समय लगता है, उसे 'प्लुत' कहते हैं। आदि नाद 'ओ३म्' का ओ प्लुत है। किसी को दूर से पुकारते समय बलाघात वाली स्वर ध्वनि प्लुत उच्चरित होती है। जैसे अशो३क, रा३म। प्लुत स्वरों को लिखने के लिए ऽ चिह्न का भी प्रयोग किया जाता है, जैसे अशोऽऽक, राऽम आदि।

वास्तव में मात्राकाल की यह परिकल्पना तुलनात्मक है। भिन्न-भिन्न परिवेश में एक ही ध्वनि का उच्चारण काल कम या ज्यादा हो सकता है। आधुनिक यंत्रों की सहायता से उच्चारण की अवधि को सुगमतापूर्वक नापा जा सकता है। प्राचीन वैयाकरणों ने भी इस सूक्ष्मता को जाना-परखा था। 'शिक्षा-शास्त्र' के अनुसार ह्रस्व स्वर के उच्चारण में नीलकंठ की बोली के समान समय लगता है, दीर्घ स्वर के उच्चारण में कौवे की बोली के समान तथा प्लुत के उच्चारण में मोर की बोली के समान।

कई आधुनिक विद्वानों ने मात्राओं के तीन से अधिक भेद भी माने हैं, किंतु यदि मात्राकाल को सूक्ष्मता की दृष्टि से ये भेद किये जायेंगे तो असंख्य भेद मानने पड़ेंगे। अतः तीन से अधिक मात्राएँ मानना अनावश्यक और अव्यावहारिक है।

स्थान और प्रयत्न

किसी ध्वनि के उच्चारण में जिह्वा मुखविवर में जहाँ वायु का अवरोध करती है, उसे 'उच्चारण-स्थान' या 'स्थान' कहते हैं। स्वरों के उच्चारण में सामान्यतया कंठ, कोमल तालु, मूर्द्धा, कठोर तालु, वर्त्स, दन्त और ओष्ठ का प्रयोग होता है।

प्रयत्नों के दो भेद माने गये हैं--आभ्यंतर प्रयत्न, बाह्य प्रयत्न। ध्वनियों के उच्चारण में मुखविवर के अंदर जो प्रयत्न किया जाता है, उसे 'आभ्यन्तर प्रयत्न' कहते हैं और मुख विवर के बाहर जो प्रयत्न किया जाता है, वह 'बाह्य प्रयत्न'। बाह्य

---

1. हिंदी भाषा—डा० भोलानाथ तिवारी, पृष्ठ 393, 394

प्रयत्न का संबंध स्वर तंत्रियों से होता है। स्वरों के वर्गीकरण में बाह्य प्रयत्न का उल्लेख नहीं होता क्योंकि सभी स्वर घोष, संवार और नाद हैं। आभ्यंतर प्रयत्न के अंतर्गत स्वरों का वर्गीकरण तीन आधारों पर किया जाता है।

(1) किसी स्वर के उच्चारण में मुखविवर कितना खुलता या बंद होता है, इस आधार पर स्वरों के चार भेद किये जाते हैं—

1. **संवृत**—जिन स्वरों के उच्चारण में जिह्वा काफी ऊपर उठकर मुखविवर के वायु-मार्ग को संकीर्ण बना देती है, उन्हें 'संवृत' कहते हैं। इ, ई, उ, ऊ संवृत स्वर हैं।

2. **अर्धसंवृत**—जिन स्वरों के उच्चारण में जिह्वा संवृत की तुलना में कुछ कम ऊपर उठती है और वायुमार्ग थोड़ा-सा खुला रहता है, उन्हें 'अर्धसंवृत' कहते हैं। ए, ओ अर्धसंवृत स्वर हैं।

3. **अर्धविवृत**—जिन स्वरों के उच्चारण में जिह्वा अर्धसंवृत से भी कम ऊपर उठती है और वायुमार्ग प्रायः खुला रहता है, उन्हें 'अर्धविवृत' स्वर कहते हैं। अ तथा संयुक्त स्वर ऐ-औ अर्धविवृत हैं।

4. **विवृत**—जिन स्वरों के उच्चारण में जिह्वा बिल्कुल ऊपर नहीं उठती और मुखविवर पूरा खुला रहता है, उन्हें 'विवृत स्वर' कहते हैं। आ तथा समान स्वर ऐ-औ विवृत हैं।

(2) किसी स्वर के उच्चारण में जिह्वा का कौन-सा भाग सक्रिय होता है, इस आधार पर स्वरों के तीन भेद किये जाते हैं—

1. **अग्रस्वर**—जिन स्वरों के उच्चारण में जिह्वा का अग्रभाग काम करता है, उन्हें 'अग्रस्वर' कहते हैं। हिन्दी में इ, ई, ए, ऐ अग्रस्वर हैं।

2. **मध्यस्वर**—जिन स्वरों के उच्चारण में जिह्वा का मध्यभाग सक्रिय होता है, उन्हें 'मध्यस्वर' कहते हैं। अ मध्य स्वर है।

3. **पश्चस्वर**—जिन स्वरों के उच्चारण में जिह्वा का पिछला भाग काम करता है, उन्हें 'पश्चस्वर' कहते हैं। आ, उ, ऊ, ओ, औ पश्चस्वर हैं।

(3) किसी स्वर के उच्चारण में ओष्ठों की स्थिति क्या रहती है, इस आधार पर स्वरों के चार भेद किये जाते हैं—

1. **वृत्तमुखी**—जिन स्वरों के उच्चारण में ओष्ठ वृत्ताकार हो जाते हैं, उन्हें 'वृत्तमुखी' या 'वर्तुल' स्वर कहते हैं। उ, ऊ, ओ, औ वृत्तमुखी स्वर हैं।

2. **प्रसृत**—जिन स्वरों के उच्चारण में ओष्ठ फैल जाते हैं, उन्हें 'प्रसृत स्वर' कहते हैं। इ, ई, ए, ऐ प्रसृत स्वर हैं।

3. **अर्धवृत्तमुखी**—जिन स्वरों का उच्चारण करते समय ओष्ठ आधे गोलाकार हो जाते हैं, उन्हें 'अर्धवृत्तमुखी' या 'अर्धवर्तुल' स्वर कहते हैं। आ अर्धवर्तुल स्वर है।

4. उदासीन—जिन स्वरों का उच्चारण करते समय ओष्ठ अप्रभावित रहते हैं, उन्हें 'उदासीन' स्वर कहते हैं। अ उदासीन स्वर है।

हिन्दी स्वरों का उच्चारण

अ—सामान्यतया अ अर्धविवृत, मध्य, उदासीन स्वर है। इसका उच्चारण कोमलतालु से होता है। किंतु ह से पूर्व का अ सामान्य अ की तुलना में किंचित् प्रसृत अग्रस्वर होता है। नहर, कहना, पहरा आदि शब्दों में न, क, प में स्थित अ का स्वरूप यही है। य से पहले भी कभी-कभी अ अर्धप्रसृत अग्रस्वर होता है, जैसे विजय, पराजय, आश्रय में।

आ—यह पश्च, विवृत, अर्धवर्तुल स्वर है। जैसा कि पहले स्पष्ट किया जा चुका है, यह अ का दीर्घ नहीं है। इसका उच्चारण भी कोमलतालु से होता है, किन्तु अ की तुलना में काफी पीछे से।

इ—यह कठोर तालव्य, संवृत, अग्रस्वर है। ओठों की स्थिति की दृष्टि से इ प्रसृत स्वर है। पूर्वी हिन्दी के क्षेत्र में अन्त्य इ का उच्चारण अतिह्रस्व होता है जैसे रीति, कवि और विधि में।

ई—इ का दीर्घ मात्रिक रूप है। स्थान और प्रयत्न की दृष्टि से ह्रस्व इ और दीर्घ ई में कोई अन्तर नहीं है।

उ—यह संवृत, पश्च और वर्तुल स्वर है। उच्चारण स्थान की दृष्टि से यह ओष्ठ्य ध्वनि है।

ऊ—उ का दीर्घ रूप है। उच्चारण की दृष्टि से ऊ ह्रस्व उ से अभिन्न है।

ऋ—हिन्दी में ऋ वस्तुतः स्वर नहीं है। यह आक्षरिक ध्वनि है। इसका उच्चारण 'रि' होता है। इसका प्रयोग संस्कृत के ऋषि, ऋण, कृपा, प्रवृति आदि तत्सम शब्दों तक सीमित है। संस्कृत में यह मूर्द्धन्य स्वर था।

ॠ—ऋ का दीर्घमात्रिक रूप है। हिंदी में कोई शब्द ऐसा नहीं है, जिसमें दीर्घ ऋ का प्रयोग होता हो। संस्कृत में भी केवल पितॄन्, मातॄः आदि कुछ पदों में ही दीर्घ ॠ का प्रयोग होता था।

ऌ—हिंदी में ऌ स्वर का कहीं प्रयोग नहीं होता। संस्कृत में भी 'क्लृप्' धातु को छोड़कर ऌ कहीं देखने में नहीं आती। यह संस्कृत में दंत्य स्वर था। इसका दीर्घ रूप नहीं था।

ए—यह कंठ-तालव्य अर्धविवृत अग्र और प्रसृत स्वर है। इसका ह्रस्व रूप हिंदी में प्रयुक्त नहीं होता। एक, केशव, वेला आदि शब्दों में दीर्घ ए प्रयुक्त होता है।

ऐ—हिंदी में ऐ के दो रूप मिलते हैं। अधिकतर शब्दों में यह समान स्वर है। इसका उच्चारण कंठ-तालव्य होता है। यह विवृत, अग्र और प्रसृत स्वर है।

ऐसा, ऐनक, थैला, पैसा, बैर, गैर आदि में ऐ समान स्वर है।

दूसरी ओर भैया, कन्हैया आदि शब्दों में ऐ संयुक्त स्वर है। इसका स्वरूप अ और इ के संयोग से बनता है। यह अर्धविवृत उच्चरित होता है।

ओ—यह कंठ्योष्ठ्य स्वर है। इसका उच्चारण अर्धविवृत, पश्च और वर्तुल होता है। यह दीर्घ स्वर है। इसका ह्रस्व रूप मानक हिंदी में प्रयुक्त नहीं होता। बोलियों में ह्रस्व ओ अवश्य मिलता है।

औ—हिंदी में औ के भी दो रूप मिलते हैं। सामान्यतया इसका प्रयोग समान स्वर के तौर पर होता है। औरत, कौन, मौन, शौर्य आदि में औ समान स्वर है। यह कंठ्योष्ठ्य, विवृत, पश्च, वर्तुल ध्वनि है। कौवा, पौवा आदि शब्दों में औ संयुक्त स्वर के रूप में प्रयुक्त होता है। इस औ का स्वरूप अ और उ के संयोग से बनता है।

प्राचीन परंपरा के पण्डित संस्कृत के इ-उ की वृद्धि वाले शब्दों में ऐ-औ का उच्चारण संयुक्त स्वर के रूप में करते हैं। वे वैभव, शैशव, कौशल, शौर्य आदि का उच्चारण क्रमश: 'वइभव' 'शइशव' 'कउशल' और 'शउर्य' करते हैं। किन्तु अब यह प्रवृत्ति अस्तप्राय हो चली है।

[हिंदी वर्णमाला में अं और अ: की गणना भी स्वरों में की जाती है। किंतु ये स्वर नहीं हैं, अ के साथ अनुस्वार और विसर्ग जोड़कर बनायी आक्षरिक ध्वनियाँ हैं। अनुस्वार और विसर्ग वस्तुत: व्यंजन हैं। इनका संयोग सभी स्वरों के साथ होता है। आगे व्यंजनों के अन्तर्गत इनका यथास्थान विवेचन किया जायेगा।]

व्यंजनों का उच्चारण

उच्चारण स्थान की दृष्टि से वैयाकरणों ने व्यंजनों को पाँच वर्गों में बाँटा है—कवर्ग, चवर्ग, टवर्ग, तवर्ग और पवर्ग। कवर्ग का उच्चारण कोमलतालु है। संस्कृत में यह कण्ठ्य वर्ग था पर अब इसका उच्चारण आगे खिसक आया है। चवर्ग का उच्चारण थान तालु-वर्त्स, टवर्ग का मूर्धा, तवर्ग का दंत तथा पवर्ग का ओष्ठ माना जाता है। इन पच्चीस वर्णों में केवल न ही ऐसा है, जो उच्चारण के मामले में अपने वर्ग के शेष वर्णों से भिन्न हो गया है। त थ द ध का उच्चारण दन्तस्थान से होता है, जबकि न का वर्त्स से।

य र ल व का उच्चारण स्थान क्रमश: तालु-वर्त्स, वर्त्स, दंत तथा दंतौष्ठ है। श ष स क्रमश: तालव्य, मूर्द्धन्य और दन्त्य व्यंजन हैं। ह काकल्य ध्वनि है।

आभ्यंतर प्रयत्न की दृष्टि से हिंदी-व्यंजनों को 3 वर्गों में बाँटा जा सकता है।

1. स्पर्श, अंत:स्थ और ऊष्म

1. **स्पर्श**—जिन ध्वनियों का उच्चारण करते समय जीभ मुख के अंतर्भाग के किसी न किसी हिस्से को स्पर्श करती है उन्हें 'स्पर्श' व्यंजन कहते हैं। क से लेकर म तक के पच्चीस व्यंजन (कवर्ग, चवर्ग, टवर्ग, तवर्ग और पवर्ग) 'स्पर्श' कहलाते हैं।

2 **अंत:स्थ**—अंत:स्थ शब्द का अर्थ है, बीच में स्थित। जिन ध्वनियों की स्थिति स्वर और व्यंजन के बीच की-सी होती है, उन्हें 'अंत:स्थ' या 'अर्धस्वर' कहते हैं। संस्कृत में य र ल व अंत:स्थ वर्ण थे, अत: परंपरागत व्याकरण में इन चारों की गणना अंत:स्थों में होती है किंतु तात्त्विक दृष्टि से देखा जाये, तो हिंदी में केवल य और व ही अंत:स्थ हैं। ल स्पर्श हो गया है और र संघर्षी।

3. **ऊष्म**—जिन वर्णों का उच्चारण संघर्षी होता है उन्हें 'ऊष्म' कहते हैं। आचार्य किशोरीदास वाजपेयी ने ऊष्म का संबंध ऊष्मा से मानते हुए इन्हें महाप्राणों में गिना है।[1] पं० कामता प्रसाद गुरु ने लिखा है—"इन वर्णों के उच्चारण में एक प्रकार का घर्षण होता है इसलिए इन्हें ऊष्म वर्ण भी कहते हैं।"[2]

आधुनिक भाषा वैज्ञानिकों ने आभ्यंतर प्रयत्न के आधार पर व्यंजनों के 9 भेद किये हैं। स्पर्श, संघर्षी, स्पर्श-संघर्षी, पार्श्विक, लोड़ित, उत्क्षिप्त, प्रतिवेष्टित, अर्धस्वर और नासिक्य।

1. **स्पर्श**—स्पर्श व्यंजनों के उच्चारण में जिह्वा (या ओष्ठ) उच्चारण स्थान का स्पर्श कर वायु को रोकती है। हिंदी वर्णमाला में क से लेकर म तक 25 व्यंजन 'स्पर्श' हैं।

2. **संघर्षी**—जिन ध्वनियों के उच्चारण में वायु मुखविवर के सँकरे मार्ग से घर्षण करती हुई बाहर निकलती है, उन्हें 'संघर्षी व्यंजन' कहते हैं। श ष स संघर्षी व्यंजन हैं।

3. **स्पर्श-संघर्षी**—इन व्यंजनों की स्थिति स्पर्श और संघर्षी दोनों के बीच की है। जिह्वा उच्चारण स्थान का स्पर्श भी करती है और वायु संकीर्ण मार्ग से घर्षण के साथ भी निकलती है। चवर्ग स्पर्श-संघर्षी माना जाता है।

4. **पार्श्विक**—जब जिह्वा उच्चारण स्थान को अपेक्षाकृत अधिक समय तक छूती है और वायु जिह्वा के दोनों पार्श्वों से बाहर निकलती है तो पार्श्विक वर्णों का उच्चारण होता है। हिंदी में केवल 'ल' पार्श्विक ध्वनि है। वैदिक भाषा में ळ भी था, जो कौरवी, बांगरू आदि बोलियों में अब भी सुरक्षित है।

5. **लोड़ित**—जिन ध्वनियों के उच्चारण में जिह्वा उच्चारण स्थान पर कंपन के साथ आघात करती है, उन्हें 'लोड़ित व्यंजन' कहते हैं। इसका अन्य

---

1. हिन्दी शब्दानुशासन, पृ० 98
2. हिन्दी व्याकरण—पं० कामता प्रसाद गुरु, पृ० 44

नाम प्रकंपी भी है। र लोड़ित ध्वनि है।

6. **उत्क्षिप्त**—जब जिह्वा उच्चारण स्थान का स्पर्श कर झटके के साथ ऊपर उठ जाती है, तो उत्क्षिप्त ध्वनियों का उच्चारण होता है। ड़-ढ़ उत्क्षिप्त व्यंजन हैं। हिंदी में ड-ढ की दो स्थितियां हैं। ड-ढ स्पर्श ध्वनियाँ हैं और ड़-ढ़ उत्क्षिप्त। इनके प्रयोग का विश्लेषण आगे किया जायेगा।

7. **प्रतिवेष्टित**—जिन ध्वनियों के उच्चारण में जिह्वा उलटकर उच्चारण स्थान का स्पर्श करती है, उन्हें प्रतिवेष्टित व्यंजन कहते हैं। टवर्गीय ध्वनियाँ प्रतिवेष्टित हैं।

8. **अर्धस्वर**—जिनका उच्चारण करते समय जिह्वा उच्चारण स्थान का स्पर्श नहीं करती, केवल वायु मार्ग को किंचित् सँकरा बना देती है, उन्हें 'अर्धस्वर' कहते हैं। य और व अर्धस्वर ध्वनियाँ हैं।

9. **नासिक्य**—जिन ध्वनियों के उच्चारण में वायु अंशतः नासिका विवर से भी बाहर निकलती है, उन्हें 'नासिक्य' व्यंजन कहते हैं। हमारी वर्णमाला में ङ, ञ, ण, न, म नासिक्य व्यंजन हैं।

संस्कृत व्याकरण में बाह्य प्रयत्न के 11 भेद माने गये हैं। घोष, अघोष, संवार, विवार, नाद, श्वास, अल्पप्राण, महाप्राण, उदात्त, अनुदात्त और स्वरित। इनमें से व्यावहारिक दृष्टि से केवल चार भेद ही आवश्यक हैं—घोष, अघोष, अल्पप्राण और महाप्राण। वस्तुतः जो व्यंजन घोष होता है, वह संवार और नाद होता ही है। इसी प्रकार जो व्यंजन अघोष होता है वह विवार और श्वास भी होता है। उदात्त, अनुदात्त और स्वरित का संबंध स्वराघात से है। वैदिक संस्कृत स्वराघात प्रधान भाषा थी। अतः उसमें उदात्त, अनुदात्त और स्वरित स्वरों की परिकल्पना आवश्यक थी। हिंदी में स्वराघात की सार्थकता नहीं रही। अतः स्वरों का विवेचन भी आवश्यक नहीं रहा।

घोष और अघोष की कल्पना स्वर तंत्रियों की कार्यप्रणाली पर आधारित है। हमारे गले में सामने जो उभरा हुआ स्थान है, वहीं अंदर की ओर आमने-सामने होठों की आकृति की छोटी-छोटी दो झिल्लियाँ होती हैं। इन्हें स्वर तंत्रियाँ कहते हैं। जब ये स्वर तंत्रियाँ निकट आती हैं तो वायुमार्ग सँकरा हो जाता है, ध्वनि में गूंज पैदा होती है, तो घोष ध्वनियों का उच्चारण होता है किंतु जब स्वर तंत्रियाँ दूर-दूर रहती हैं, तो वायुमार्ग खुला रहता है और ध्वनि में गूंज उत्पन्न नहीं होती, तो अघोष ध्वनियों का उच्चारण होता है।

हिंदी व्यंजनों में प्रत्येक वर्ग का पहला, दूसरा व्यंजन और श, ष, स अघोष हैं तथा शेष व्यंजन—अर्थात् प्रत्येक वर्ग का तीसरा, चौथा और पाँचवाँ वर्ण, य, र, ल, व और ह घोष हैं।

अल्पप्राण और महाप्राण का संबंध निश्वास वायु की मात्रा से है। अल्पप्राण

व्यंजनों के उच्चारण में कम वायु का प्रयोग होता है तथा महाप्राण व्यंजनों के उच्चारण में अधिक वायु का। हिंदी व्यंजनों में प्रत्येक वर्ग का पहला, तीसरा और पाँचवाँ वर्ण अल्पप्राण होता है, तथा दूसरा और चौथा महाप्राण। सभी अंत:स्थ वर्ण—य, र, ल, व अल्पप्राण हैं तथा सभी ऊष्म—श, ष, स. ह महाप्राण।

हिंदी व्यंजनों का उच्चारण

कवर्ग (क ख ग घ)—ये कोमल तालव्य व्यंजन हैं। संस्कृत में इनका उच्चारण कंठस्थान से होता था, किंतु हिंदी में ये ध्वनियाँ काफी आगे से उच्चरित होती हैं। इनका उच्चारण करते समय जिह्वा का पश्च भाग अर्धवृत्ताकार होकर कोमल तालु का स्पर्श करता है। बीच से वायु बाहर निकलती है। क ख अघोष ध्वनियाँ हैं तथा ग घ घोष। इनमें से क और ग अल्पप्राण हैं तथा ख और घ महाप्राण।

ङ—कवर्ग का पंचम वर्ण ङ अल्पप्राण नासिक्य घोष ध्वनि है। हिन्दी में इसका प्रयोग केवल तत्सम शब्दों में हलंत रूप में होता है। जैसे शङ्का, गङ्गा, वाङ्मय आदि। अब गंगा, शंका आदि शब्दों को भी अनुस्वार से लिखा जाने लगा है। संस्कृत में भी ङ का आदि प्रयोग नहीं मिलता।

वास्तव में उच्चरित रूप में ङ का अस्तित्व अब भी बना हुआ है। भंग, संग, माँग, स्वांग, लिंग, मूंग आदि शब्दों में बलाघात के कारण अंत्य 'ग' अनुच्चरित हो गया है और उसका स्थान ङ ने ले लिया है। इन शब्दों को हम भङ, सङ जैसा बोलते हैं।

चवर्ग (च छ ज झ)—यह तालु-वर्त्स्य स्पर्श-संघर्षी वर्ग है। इन व्यंजनों का उच्चारण करते समय जिह्वा वर्त्स और तालु के प्रदेश को अग्रभाग से छूती है। वायु घर्षण करती हुई बाहर निकलती है। बाह्य प्रयत्न की दृष्टि से इनकी स्थिति इस प्रकार है—

च—अघोष अल्पप्राण।

छ—अघोष महाप्राण।

ज—घोष अल्पप्राण।

झ—घोष महाप्राण।

ञ—चवर्ग की इस नासिक्य ध्वनि का अस्तित्व केवल चञ्चल, प्रत्यञ्चा आदि संस्कृत शब्दों में शेष रह गया है। अब इन शब्दों को भी अनुस्वार के साथ चंचल, प्रत्यंचा आदि रूपों में लिखा जाने लगा है। संस्कृत में भी यह ध्वनि मध्य प्रयोग में संयुक्ताक्षरों में ही विद्यमान थी। इसका आदिप्रयोग नहीं होता था।

टवर्ग (ट ठ ड ढ)—ये मूर्द्धन्य प्रतिवेष्टित स्पर्श ध्वनियाँ हैं। इनका उच्चारण करते समय जिह्वा का अग्रभाग उलटकर मूर्द्धा का स्पर्श करता है। बाह्य प्रयत्न

की दृष्टि से इन ध्वनियों की स्थिति इस प्रकार है—

ट—अघोष अल्पप्राण।

ठ—अघोष महाप्राण।

ड—घोष अल्पप्राण।

ढ—घोष महाप्राण।

ण—टवर्ग की इस नासिक्य ध्वनि का अस्तित्व भी केवल संस्कृत के तत्सम शब्दों में शेष रह गया है, जैसे—ऋण, घृणा, प्रणय, परिणाम। इसका केवल मध्य और अंत्य प्रयोग होता है, आदि प्रयोग नहीं। घण्टा, अण्डा, खण्ड आदि शब्दों में हलन्त ण् का प्रयोग संस्कृत शब्दों में ही मिलता है। अब इन शब्दों को अनुस्वार से लिखने का प्रचलन बढ़ता जा रहा है, जैसे घंटा, अंडा, खंड आदि। संस्कृत में भी ण का आदि प्रयोग नहीं होता था।

ड़ ढ़—टवर्ग की ये दो उत्क्षिप्त ध्वनियाँ उच्चारण और प्रयोग की दृष्टि से प्रतिवेष्टित स्पर्श ध्वनियों—ड ढ से भिन्न हैं। इनका उच्चारण करते समय जिह्वा का अग्रभाग मूर्द्धा से टकराकर झटके के साथ ऊपर उठ जाता है। ड़ ढ़ का प्रयोग केवल शब्द के मध्य में या अंत में होता है, जैसे सड़क, घोड़ा, पढ़ाई, चढ़ाई, पकड़, दौड़, दृढ़, बढ़, चढ़ आदि में। शब्द के आदि में स्पर्श ड-ढ का ही प्रयोग होता है, जैसे डर, डाली, डमरू, ढक्कन, ढोर आदि।

अनुस्वार से पहले, अनुस्वार के बाद, संयुक्त व्यंजन के अंग के रूप में तथा उपसर्ग के बाद मध्यस्थिति में भी ड-ढ का प्रयोग होता है, जैसे विडम्बना, आडम्बर, डण्डा, खण्डन, सुडौल आदि।

तवर्ग (त थ द ध न) ये दंत्य स्पर्श ध्वनियाँ हैं। इनका उच्चारण जिह्वा के अग्रभाग से ऊपर के दाँतों का स्पर्श करके होता है। इस वर्ग का नासिक्य न अपने वर्ग की अन्य ध्वनियों से किंचित् पीछे से बोला जाता है। इसलिए कई विद्वान् इसे वर्त्स्य ध्वनि मानते हैं। ङ, ञ और ण की तरह न का प्रयोग सीमित नहीं है। यह आदि, मध्य, अंत, सस्वर, हलंत—सब स्थितियों में प्रयुक्त होता है। बाह्य प्रयत्न की दृष्टि से इन व्यंजनों की स्थिति इस प्रकार है—

त—अघोष अल्पप्राण।

थ—अघोष महाप्राण।

द—घोष अल्पप्राण।

ध—घोष महाप्राण।

न—नासिक्य घोष अल्पप्राण।

पवर्ग (प फ ब भ म)—ये स्पर्श द्व्योष्ठ ध्वनियाँ हैं। इनके उच्चारण में दोनों होंठ परस्पर मिलकर खुल जाते हैं। पवर्ग का म भी न की तरह हर स्थिति में प्रयुक्त होता है। इनकी बाह्य प्रयत्नगत स्थिति यह है—

प—अघोष अल्पप्राण।

फ—अघोष महाप्राण।

ब—घोष अल्पप्राण।

भ—घोष महाप्राण।

म—नासिक्य घोष।

नासिक्य महाप्राण

हिंदी वर्णमाला में नासिक्य महाप्राण ध्वनियाँ नहीं हैं, किंतु ध्वन्यात्मक विश्लेषण के आधार पर कुछ शब्दों में नासिक्य महाप्राण ध्वनियों का प्रयोग सिद्ध होता है, जैसे—

ङ्ह—संहार (उच्चरित रूप सङ्हार), सिंह (उच्चरित रूप सिङ्ह) आदि।

न्ह—उन्होंने, किन्हीं, जिन्हें आदि।

म्ह—कुम्हार, तुम्हारा आदि।

डा० उदयनारायण तिवारी[1] तथा डा० हरदेव बाहरी[2] न्ह, म्ह को तथा डा० भोलानाथ तिवारी[3] ङ्ह, ण्ह, न्ह, म्ह को महाप्राण ध्वनियाँ मानते हैं। वास्तव में ये महाप्राण ध्वनियाँ ही हैं; संयुक्त व्यंजन नहीं।

अन्तःस्थ ध्वनियाँ

य—यह तालव्य अल्पप्राण घोष अर्धस्वर है। इसके उच्चारण में जिह्वा तालु के निकट तक पहुँचकर वायुमार्ग का अवरोध करती है।

र—यह लोड़ित या प्रकंपी वर्त्स्य अल्पप्राण ध्वनि है। इसका उच्चारण करते समय जिह्वा वर्त्स स्थान के निकट पहुँचकर कंपन करती है। इसे अंतःस्थ मानना युक्तिसंगत नहीं है। यह प्रकंपी ध्वनि है।

ल—यह दंत्य अल्पप्राण घोष ध्वनि है। यह पार्श्विक व्यंजन है। इसके उच्चारण में जिह्वा दंत स्थान का पूर्ण स्पर्श करती है और जिह्वा के दोनों पार्श्वों से वायु बाहर निकलती है। इसे भी अंतःस्थ मानना उचित नहीं।

व—यह दंतौष्ठ्य अल्पप्राण-घोष अर्धस्वर है। इसके उच्चारण में दोनों ओष्ठ निकट आते हैं। ऊपर का ओष्ठ भी नीचे के दाँतों के अतिनिकट आकर वायु-मार्ग को सँकरा बना देता है।

---

1. हिंदी भाषा का उद्गम और विकास—डा० उदयनारायण तिवारी, पृ० 315
2. हिंदी : उद्भव, विकास और रूप—डा० हरदेव बाहरी, पृ० 11।
3. हिंदी भाषा—डा० भोलानाथ तिवारी, पृ० 408

ऊष्म श ष स—संघर्षी अघोष ध्वनियाँ हैं। इनका उच्चारण क्रमशः तालव्य, मूर्द्धन्य और दंत्य होता है। इनके उच्चारण में जिह्वा उच्चारण स्थान के निकट पहुँचकर वायुमार्ग को सँकरा बना देती है। वायु घर्षण के साथ बाहर आती है।

मूर्द्धन्य ष का प्रयोग केवल तत्सम शब्दों में होता है, जैसे षट्कोण, विशेष, कृषि, ऊष्मा आदि। इन शब्दों में भी बहुत ही कम लोग इसका मूर्द्धन्य उच्चारण कर पाते हैं। बोलियों में तो केवल दंत्य स ही शेष रह गया है।

ह—यह कंठ्य घोष महाप्राण ध्वनि है। इसके उच्चारण में जिह्वा का विशेष उपयोग नहीं होता, केवल मध्य भाग थोड़ा-सा ऊपर उठता है।

अनुस्वार (ं)—नासिक्य घोष ध्वनि है। इसका उच्चारण पूर्ववर्ती स्वर पर आधारित है। उदाहरणार्थ संतान में अनुस्वार कोमल तालव्य होता है, चिंता में तालव्य और कुंदन से ओष्ठ्य। एवं, स्वयं आदि में अंत्य अनुस्वार संस्कृत की परंपरा के अनुसार 'म्' बोला जाता है।

विसर्ग (:)—यह अघोष कंठय ध्वनि है। इसका उच्चारण आधे 'ह' के समान होता है। इसका प्रयोग केवल दुःख, निःशेष, अंतःकरण आदि संस्कृत के तत्सम शब्दों में होता है।

अनुस्वार और अनुनासिक

सामान्यतया ऊपरी साम्य के कारण अनुस्वार और अनुनासिक को समान समझ लिया जाता है। इन दिनों लिपि में दोनों के लिए बिंदु का प्रयोग होने से यह भ्रम और अधिक बढ़ गया है। अनुस्वार और अनुनासिक वस्तुतः भिन्न-भिन्न ध्वनियाँ हैं। अनुस्वार जहाँ स्वतंत्र ध्वनि है वहाँ अनुनासिक पराश्रित ध्वनि है। स्वर से पृथक् उसका कोई अस्तित्व नहीं। वह तो स्वर का एक अंग है, जो उसके साथ मिलकर तदाकार हो जाता है। इस अंतर को यंत्रों की सहायता से स्पष्ट किया जा सकता है। हंस, पंथ, बिंदु, चिंता, कुंदन, धुंध आदि शब्दों को स्पीच स्ट्रेचर की सहायता से फैलाया जाये तो अनुस्वार को पूर्ववर्ती स्वर से पृथक् किया जा सकता है। किंतु हँसना, आँख, सिँचाई, नींद, मुँह, बूँद, ढेंकुली, भैंस, तोंद, चौंसठ आदि शब्दों में स्थित अनुनासिक को अलग नहीं किया जा सकता। वस्तुतः प्रत्येक स्वर की दो स्थितियाँ होती हैं, निरनुनासिक और अनुनासिक, जैसे—

स्वर	निरनुनासिक	अनुनासिक
अ	धारा	धँसना
आ	चादर	चाँद
इ	सियार	सिंचाई
ई	नीर	नींद
उ	मुख	मुंह

स्वर	निरनुनासिक	अनुनासिक
ऊ	बूढ़ा	बूंद
ए	ढेला	ढेंकुली
ऐ	भैरव	भैंस
ओ	तोता	तोंद
औ	चौदह	चौंसठ

कैलोग ने माना है कि अनुनासिक अनुस्वार की तुलना में कहीं अधिक बलवान् होता है। इस मान्यता में भी सच्चाई है। उच्चारण की दृष्टि से अनुनासिक अनुस्वार से प्रदीर्घ होता है। इसी कारण 'आँख' शब्द के अनुनासिक को आँऽऽऽख उच्चारण करके प्लुत की स्थिति तक लम्बा किया जा सकता है, किंतु अनुस्वार को नहीं। पंडित कामताप्रसाद गुरु ने दोनों में एक और अंतर माना है। अनुस्वार केवल नासिक्य व्यंजन है और अनुनासिक नासिक्य और मौखिक का समन्वित रूप। हंस और हँस के उच्चारण की तुलना करने से यह बात प्रमाणित हो जाती है।

बलाघात—उच्चरित भाषा में शब्द की सभी ध्वनियाँ समान बल से नहीं बोली जातीं। किसी ध्वनि पर कम बल रहता है, तो किसी पर अधिक। इसी 'बल' को 'बलाघात' कहते हैं। हिंदी में बलाघात ध्वनिग्रामिक नहीं है। अत: अर्थ की दृष्टि से उसका कोई महत्त्व नहीं। फिर भी किसी भाषा का उच्चारण उसकी प्रकृति के अनुरूप करने से उसके भाषिक सौंदर्य की रक्षा होती है। अत: 'बलाघात' के नियमों की जानकारी नि:संदेह उपयोगी है।

(1) बलाघात का संबंध स्वर ध्वनियों से होता है। अत: एक ही स्वर वाले शब्दों में बलाघात उसी एकमात्र स्वर पर होता है, जैसे—रा́त, दि́न, घ́र, ब́स।

[हिंदी में अंत्य अ अनुच्चरित होता है। अत: इन शब्दों में एक-एक ही स्वर मानना चाहिए।]

(2) एकाधिक स्वर ध्वनियों वाले शब्दों में बलाघात उपान्त्य अक्षर पर होता है, जैसे—क́मल, च́मक, रा́जा, फकी́र, सदो́ष।

(3) यदि उपान्त्य अक्षर दीर्घ न हो तो बलाघात निकटस्थ दीर्घ अक्षर पर होता है, जैसे—की́मत, ग́ली, घ́ड़ा।

(4) यदि शब्द में दो दीर्घ अक्षर हों तो बलाघात प्रथम दीर्घ अक्षर पर होता है, जैसे—भी́तरी, सा́दगी, को́ढड़ी, सा́धना।

(5) संयुक्ताक्षर वाले शब्दों में बलाघात संयुक्ताक्षर से ठीक पहले अक्षर

पर होता है, जैसे—पु́स्तक, बि́ल्ली, प́क्का, मि́ट्टी।

(6) सामासिक पदों में दोनों घटक शब्दों के उपान्त्य अक्षरों पर बलाघात होता है, जैसे—रे́लगा́ड़ी, दू́रगा́मी, सी́धा-सा́दा।

(7) जब किसी शब्द में प्रत्यय लगाकर नया शब्द बनता है, तो बलाघात का स्थान भी बदल जाता है, जैसे—ज́ल, ज́लज, नी́ति, नी́तिज्ञ।

लिपि और वर्णमाला

हिंदी की लिपि देवनागरी एक आक्षरिक लिपि है, जिनके व्यंजनों में स्वरों का संयोग मात्रा के रूप में होता है। मात्राओं की स्थिति इस प्रकार है—

अ—अ की कोई मात्रा नहीं होती। अ-युक्त व्यंजन को उसके मूल रूप में लिखा जाता है। स्वर रहित व्यंजनों को नीचे हलन्त चिह्न लगाकर लिखते हैं, जैसे—क् ख् ग्।

आ—आ की मात्रा व्यंजन के दायीं ओर खड़ी पाई के रूप में लगायी जाती है, जैसे—का, खा, गा।

इ—ह्रस्व इ की मात्रा व्यंजन के बायीं ओर तथा अंशतः ऊपर लगायी जाती है, जैसे – कि, खि, गि।

ई - दीर्घ ई की मात्रा दायीं ओर तथा अंशतः ऊपर लगायी जाती है, जैसे—की, खी, गी।

उ—ह्रस्व उ की मात्रा व्यंजन के नीचे लगायी जाती है, जैसे—कु, खु, गु।

ऊ—दीर्घ ऊ की मात्रा भी व्यंजन के नीचे लगायी जाती है, जैसे—कू, खू, गू।

[र के साथ ह्रस्व और दीर्घ उ-ऊ की मात्राएँ व्यंजन के दायीं ओर लगायी जाती हैं, जैसे—रुचि, रुपया, रूप, रूखा]

ऋ—ह्रस्व ऋ की मात्रा व्यंजन के नीचे लगायी जाती है, जैसे—कृ, खृ, गृ।

ॠ—दीर्घ ॠ का प्रयोग हिंदी के किसी शब्द में नहीं मिलता। संस्कृत में मातॄः, पितॄन् आदि दो-चार उदाहरणों को छोड़कर ॠ का प्रयोग नहीं के बराबर ही है। दीर्घ ॠ की मात्रा नीचे (ॄ) रूप में लगती है।

ए—ए की मात्रा व्यंजन के ऊपर लगती है, जैसे—के, खे, गे।

ऐ—ऐ की मात्रा भी व्यंजन के ऊपर लगती है, जैसे—कै, खै, गै।

[यह बात ध्यान देने योग्य है कि 'ए' का मूल लिपि संकेत बिना मात्रा का

होता है, किंतु व्यंजन पर ऊपर एक मात्रा होती है, जैसे केशव, शेर। ऐ के मूल लिपि संकेत पर ऊपर इकहरी मात्रा होती है, किंतु व्यंजन पर दोहरी, जैसे—भैरव, कैलाश।]

ओ—ओ की मात्रा व्यंजन के ऊपर तथा दायीं ओर लगती है, जैसे—को, खो, गो।

औ—औ की मात्रा दोहरी होती है, जैसे—कौ, खौ, गौ।

अनुस्वार—अनुस्वार व्यंजन के ऊपर बिंदु के रूप में लगाया जाता है, जैसे—कं, खं, गं। अनुस्वार का प्रयोग प्रायः सभी स्वरों के बाद देखा जाता है, जैसे—कंगन, शांति, चिंता, कुंदन, केंद्र आदि।

अनुनासिक—अनुनासिक के चिह्न को चन्द्रबिंदु कहते हैं। इसका स्वरूप (ँ) है। जिन अक्षरों में स्वरों की मात्राएँ नीचे या पार्श्व में लगती हैं, उनके ऊपर अनुनासिक का चिह्न 'चन्द्रबिन्दु' लगता है, जैसे—हँसना, माँ, मुँह, बूँद। किंतु जिन अक्षरों पर स्वरों की मात्राएँ ऊपर लगती हैं, वहाँ चन्द्रबिन्दु के स्थान पर केवल बिंदु का ही प्रयोग होता है, जैसे—सिंचाई, नींद, तेंदुवा, भैंस।

विसर्ग—विसर्ग का चिह्न व्यंजन के दायें पार्श्व में ऊपर-नीचे दो बिंदुओं के रूप में (:) लगता है। हिंदी में विसर्ग केवल तत्सम शब्दों में लगते हैं, जैसे—दुःख, अंतःकरण, निःसंतान।

मात्राओं के संबंध में कुछ बातें ध्यान देने योग्य हैं—

1. ह्रस्व इ की मात्रा व्यंजन के बायीं ओर लगती है। अतः इसका प्रयोग संयुक्त व्यंजन के भी बायीं ओर होता है, जैसे—शक्ति, अग्नि।

2. विदेशी अॅ-ऑ ध्वनियों के लिए कुछ भाषाशास्त्री पृथक् मात्रा चिह्नों की अनिवार्यता मानते हैं। वे इन ध्वनियों के लिए क्रमशः 'अर्धचन्द्र' और 'आ की मात्रा पर अर्धचन्द्र' की सिफारिश करते हैं, जैसे—बॅग, मॅट, ऑफिस, डॉक्टर। वस्तुतः इन ध्वनियों का रूपान्तरण हिंदी की 'ऐ' और 'आ' या 'ओ' ध्वनियों में हो चुका है, जैसे—बैग, मैट, आफिस, डाक्टर। फिर भी जहाँ इन ध्वनियों को मौलिक रूप में लिखना आवश्यक हो, वहाँ इन चिह्नों का प्रयोग वांछनीय है।

3. अरबा-फारसी और अंग्रेजी की क़, ख़, ग़, ज़, फ़ ध्वनियों के लिए नीचे नुकता (अधोबिंदु) लगाया जाता है। जैसे—क़त्ल, ज़रूर, ज़ुल्फ़, ख़ज़ाना, अफ़साना, ग़लत आदि में।

वास्तव में देवनागरी में इस अधोबिंदु का प्रयोग सर्वथा अनावश्यक है। अरबी-फारसी और अंग्रेजी से गृहीत शब्दावली अब हिंदी के सांचे में ढलकर पूर्णतया परिवर्तित हो गयी है। अतः उसकी मौलिक ध्वनियों की रक्षा का आग्रह असामयिक है। इन विदेशी भाषाओं के हजारों शब्द हिंदी शब्द समूह का अभिन्न अंग बन चुके हैं। स्कूल, स्टेशन, अस्पताल, गरीब, खून, मुर्गा, सफाई, जिंदगी

आदि शब्दों का प्रयोग सामान्य से सामान्य व्यक्ति 'अपनी' शब्दावली के तौर पर ही करता है। यदि इन विदेशी शब्दों में विदेशी ध्वनियों की रक्षा का आग्रह किया जायेगा, तो वर्णमाला में अनेक चिह्नों की व्यवस्था करनी पड़ेगी क्योंकि अंग्रेजी के क, ग, च, ज, ट, ड, प, ब हिंदी की तुलना में किंचित् महाप्राण हैं। अंग्रेजी के ट, ड वर्त्स्य हैं, हमारे मूर्धन्य। और भी अनेक भिन्नताएँ हैं, जिन्हें सरलता से नहीं दिखाया जा सकता। वस्तुतः हिंदी ने विदेशी भाषाओं से गृहीत सारी शब्दावली को अपने ढाँचे में ढाल लिया है अतः हमारे यहाँ डॉक्टर बदलकर डाक्टर हो गया है और ऑफिस आफिस। बॅग और बॅन्क क्रमशः बैग और बैंक बन गये हैं। इस संबंध में केंद्रीय हिंदी निदेशालय की सिफारिशों का उल्लेख करना अप्रासंगिक न होगा।

"अरबी-फारसी के वे शब्द, जो हिंदी के अंग बन चुके हैं और जिनकी विदेशी ध्वनियों का हिंदी ध्वनियों में रूपांतर हो चुका है, हिंदी रूप में ही स्वीकार किये जायें। जैसे जरूर। परंतु जहाँ पर उनका शुद्ध विदेशी रूप में प्रयोग अभीष्ट हो, वहाँ उनके हिंदी में प्रचलित रूपों में यथास्थान नुक्ते लगाये जायें, जिससे उनका विदेशीपन स्पष्ट रहे। जैसे—राज़, नाज़।"

अंग्रेजी की ध्वनियों के संबंध में निदेशालय की सिफारिश है—

"अंग्रेजी के जिन शब्दों में अर्धविवृत 'ऑ' ध्वनि का प्रयोग होता है, उनके शुद्ध रूप का हिंदी में प्रयोग अभीष्ट होने पर आ की मात्रा के ऊपर अर्धचंद्र का प्रयोग किया जाये।"

अतः सामान्य स्थिति में न नुकता आवश्यक है और न अर्धचंद्र। हाँ, ध्वन्यात्मक विश्लेषण और भाषा वैज्ञानिक अध्ययन के लिए इन चिह्नों का प्रयोग करने में किसी को आपत्ति नहीं।

व्यंजन-संयोग

परंपरागत देवनागरी में व्यंजन-संयोग की स्थिति अत्यंत जटिल थी। क्ष, त्र और ज्ञ को तो बालपोथियों में वर्णमाला में ही समाविष्ट किया गया था, किंतु इसके अतिरिक्त श्र, द्य, त्त, क्र आदि कई संयुक्त व्यंजन थे, जिनके घटकों को पहचानना भी सरल नहीं था। अन्य संयुक्ताक्षरों में कुछ ऊपर-नीचे जुड़ते थे तथा कुछ आगे-पीछे। र के संयोग की अनेक स्थितियाँ थीं। परंपरागत व्यंजन संयोग के कुछ उदाहरण द्रष्टव्य हैं—

क् + क = क्क जैसे - पक्का, इक्का।
क् + ख = क्ख जैसे - अक्खड़, मक्खी।
क् + त = क्त जैसे - रक्त, वक्ता।
क् + ष = क्ष जैसे - कक्षा, रक्षा।
ङ् + क = ङ्क जैसे - शङ्का, पङ्कज।
ङ् + ग = ङ्ग जैसे - गङ्गा, अङ्ग।
च् + च = च्च जैसे - कच्चा, सच्चा।
ज् + ज = ज्ज जैसे - छज्जा, लज्जा।
ज् + ञ = ज्ञ जैसे - ज्ञान, प्रतिज्ञा (उच्चारणीय)
ट् + ट = ट्ट जैसे - खट्टा, हट्टा-कट्टा।
ट् + ठ = ट्ठ जैसे - इकट्ठा, लट्ठा।
ड् + ड = ड्ड जैसे - हड्डी, अड्डा।
ड् + ढ = ड्ढ जैसे - गड्ढा, लड्ढा।
त् + त = त्त जैसे - कुत्ता, सत्ता।
द् + द = द्द जैसे - गद्दी, खद्दर।
द् + ध = द्ध जैसे - श्रद्धा, वृद्ध।
द् + व = द्व जैसे - द्वार, विद्वान्।
द् + य = द्य जैसे - विद्या, उद्यान।
द् + म = द्म जैसे - छद्म, पद्मा।
प् + त = प्त जैसे - प्राप्त, समाप्त।
म् + न = म्न जैसे - प्रद्युम्न।
म् + ल = म्ल जैसे - म्लान, अम्ल।
ल् + ल = ल्ल जैसे - बिल्ली, उल्लू।
श् + न = श्न जैसे - प्रश्न

श् + र = श्र जैसे श्रम, आश्रय।
श् + व = श्व जैसे - विश्वास, विश्व।
ष् + ट = ष्ट जैसे - कष्ट, अनिष्ट।
ह् + व = ह्व जैसे - आह्वान, जिह्वा।
ह् + म = ह्म जैसे - ब्रह्मा, ब्राह्मण।
ह् + ल = ह्ल जैसे - प्रह्लाद, आह्लाद।
ह् + य = ह्य जैसे - बाह्य, असह्य।
ह् + न = ह्न जैसे - वह्नि, मध्याह्न।
क् + र = क्र जैसे - क्रम, क्रान्ति।
ट् + र = ट्र जैसे - ट्राम, ट्रेन, राष्ट्र
ड् + र = ड्र जैसे - ड्राम, पुंड्र।
त + र = त्र जैसे - त्रास, यात्रा।
ह् + र = ह्र जैसे - ह्रास, ह्रस्व।
र् + म = र्म जैसे - धर्म, कर्म।

विगत पचास-साठ वर्षों में देवनागरी लिपि को सरल और टंकण-मुद्रण के अनुरूप बनाने के लिए अनेक सुधार हुए। उनके फलस्वरूप संयुक्ताक्षरों को लिखने की प्रक्रिया काफी सरल हो गयी। अब व्यंजन संयोग की निम्न स्थितियाँ हैं।

(1) पाई वाले व्यंजनों के साथ दूसरे व्यंजन को जोड़ते समय पाई हटा दी जाती है। जैसे—संध्या, संख्या, ग्वाला, ज्यादा, कण्व आदि।

(2) बिना पाई वाले व्यंजनों के संयोग के लिये हलन्त चिह्न का प्रयोग किया जाता है, जैसे—वाङ्मय, उच्छ्वास, खट्टा, विद्वान, ब्रह्मा आदि।

(3) क और फ के संयोग के लिये इन व्यंजनों को क और फ रूप में लिखा जाता है, जैसे—क्या, परिपक्व, फ्लास्क।

(4) कुछ संयुक्ताक्षरों को परंपरागत रूप में स्वीकार किया गया है। जैसे—श्रम, कक्षा, ज्ञान, त्रास आदि।

(5) र् के संयोग की सभी स्थितियों को परंपरागत रूप में स्वीकार किया

गया है। पूर्ववर्ती व्यंजन के हलन्त होने पर र नीचे (-) चिह्न के रूप में लिखा जाता है, जैसे क्रम, ग्रास, घ्राण, द्रुम, ध्रुव, प्रकार, ब्राह्मण, भ्रम, व्रण, स्रोत, ह्रास। टवर्ग के साथ यह संयोग (‸) चिह्न के रूप में होता है, जैसे—ट्रेन, ट्राम, ड्रेस, ड्रामा। यदि र हलन्त हो और उत्तरवर्ती व्यंजन सस्वर हो तो र उस व्यंजन के ऊपर (ˆ) रूप में लगाया जाता है, जैसे—धर्म, कर्म, आर्य, भार्या, शौर्य, आचार्य।

व्यंजन-संयोग में एक और सरलता आयी है। संस्कृत के तत्सम शब्दों में नासिक्य व्यंजनों का संयोग सजातीय व्यंजनों के साथ अनुस्वार के विकल्प के रूप में होता था, जैसे—शङ्का, अङ्क, गङ्गा, प्राङ्गण, चञ्चल, प्रत्यञ्चा, घण्टा, अण्डा, सन्ताप, चिन्ता, चम्पा, कम्पन आदि। अब इन नासिक्य व्यंजनों का स्थान अनुस्वार ने ले लिया है। ये शब्द अब इस रूप में लिखे जाते हैं—शंका, अंक, गंगा, प्रांगण, चंचल, प्रत्यंचा, घंटा, अंडा, संताप, चिंता, चंपा, कंपन। जहाँ नासिक्य व्यंजनों का संयोग सजातीय व्यंजनों के अतिरिक्त अन्य किसी व्यंजन के साथ होता है, वहाँ उनका स्थान अनुस्वार नहीं ले सकता। जैसे—वाङ्मय, अरण्य, विन्यास, जन्म, क्षम्य, म्लान आदि।

(ञ् का विजातीय संयोग नहीं पाया जाता।)

हिंदी की ध्वन्यात्मक विशेषताएँ

भाषा के शुद्ध उच्चारण के लिए उसकी प्रवृत्ति को सूक्ष्मता से समझना आवश्यक है। हिंदी की कुछ औच्चारणिक विशेषताएँ हैं, जिन्हें सूक्ष्मता से जाने बिना अच्छी हिंदी बोलना संभव नहीं। यहाँ कुछ विशेषताओं का उल्लेख किया जा रहा है—

1. **अनुच्चरित अ**—हिंदी में अकारांत शब्दों का अंत्य अ अनुच्चरित रहता है। अतः पुस्तक, बालक आदि संज्ञाएँ; हम, तुम आदि सर्वनाम; सुंदर, साफ आदि विशेषण; चल, पढ़ आदि क्रियाएँ; अब, कब आदि अव्यय; पुस्तक्, बालक्, हम्, तुम्, सुंदर्, साफ्, चल्, पढ्, अब्, कब् उच्चरित होते हैं।

जिन शब्दों में बीच के किसी व्यंजन पर बलाघात नहीं होता, उसे भी हलन्त उच्चारण किया जाता है, जैसे—कमला, खटमल, अनबन, सरकारी, गुणवान् का उच्चारण क्रमशः कम्ला, खट्मल, अन्बन, सर्कारी, गुण्वान् होता है।

यदि अंत्य अ संयुक्ताक्षर के साथ आया हो, तो अ पूर्णतया अनुच्चरित नहीं रहता, फिर भी उसका उच्चारण ह्रस्वतर हो जाता है, जैसे शुष्क, दुष्ट आदि। अंतःस्थों के साथ अंत्य अ और भी अधिक स्पष्टतर बोला जाता है, जैसे—खाद्य, शौर्य, पक्व, बिल्व।

2. **ऋ का उच्चारण**—हिंदी में ऋ का उच्चारण रि का-सा होता है।

मराठी तथा दक्षिण भारतीय भाषाओं में ऋ का उच्चारण रु होता है। कई लोग अनवधानता के कारण ऋ का उच्चारण र जैसा भी करते हैं। ऋ के उच्चारण के संबंध में वैदिक भाषा के समय में भी शिक्षा ग्रंथों में मतैक्य नहीं था। अतः इसका परंपरागत शुद्ध उच्चारण क्या है, इस विवाद में न पड़कर हमें 'रि' को ही मानक उच्चारण मानना होगा। हिंदी में ऋषि, ऋण, ऋतु का उच्चारण क्रमशः रिषि, रिण, रितु तथा कृपा, कृषि, दृष्टि और मृत्यु का उच्चारण क्रिपा, क्रिषि, द्रिष्टि और म्रित्यु होता है।

3. हिंदी में ऐ-औ समान स्वर हैं, संयुक्त स्वर नहीं। इनका उच्चारण 'अइ' 'अऊ' केवल वर्णमाला में होता है। शब्दों में ये क्रमशः अग्रविवृत तथा पश्च-विवृत स्वर हैं। इनका उच्चारण अंग्रेजी के अॅ, ऑ के पर्याप्त निकट होता है। ऐसा, पैर, बैर, थैला, मैला जैसे शब्दों में ऐ तथा औरत, दौलत, फौरन, कौन आदि शब्दों में औ का उच्चारण समान स्वरों के रूप में होता है।

4. **अनुनासिक ध्वनियाँ**—हिंदी में अनुनासिकता ध्वनिग्रामिक है। अनेक शब्दों में अनुनासिकता के प्रयोग से उनका अर्थ बदल जाता है। जैसे—है—एकवचन, हैं—बहुवचन; थी—एकवचन, थीं—बहुवचन; सास—पत्नी की माता, साँस—श्वास ; पाव—एक चौथाई, पाँव—पैर आदि। अतः हिंदीतर भाषा भाषी लोगों के लिए अनुनासिक के प्रयोग में सतर्कता बरतना जरूरी है।

5. **चवर्ग का उच्चारण**—हिंदी में चवर्ग कठोर तालव्य स्पर्श संघर्षी वर्ग है, मराठी में एक चवर्ग वर्त्स्य भी है। अतः कई लोग अनवधानतावश च ज का उच्चारण च़ ज़ करते हैं। 'हाँ, ज़ी।' 'ज़ाता हूँ' आदि में यह प्रवृत्ति दृष्टिगोचर होती है। कुछ लोग उर्दू के ज़रूरत, आज़ादी के अनुकरण पर चवर्गीय ध्वनियों का संघर्षी उच्चारण करते हैं। हिंदी की प्रकृति में 'ज़' वर्ण ज हो गया है। अतः 'जरूरत' को 'ज़रूरत' बोलने की जरूरत नहीं।

6. **उत्क्षिप्त ड़ ढ़**—संस्कृत की परंपरागत मूर्द्धन्य स्पर्श परिवेष्टित ड ढ ध्वनियाँ मध्य एवं अंत्य प्रयोगों में उत्क्षिप्त (या द्विस्पर्शी) हो गयी हैं। लेखन में उनके नीचे नुकता लगाना जरूरी है।

2

संधि विमर्श

'संधि' शब्द की व्युत्पत्ति सम् उपसर्ग पूर्व 'धा' धातु से हुई है, जिसका अर्थ है, 'संयोग'। वाक्य में प्रयुक्त शब्दों में निकटस्थ ध्वनियों का परस्पर संयोग 'संधि' कहलाता है। पं० कामता प्रसाद गुरु ने संधि की परिभाषा करते हुए लिखा है, "दो निर्दिष्ट अक्षरों के पास-पास आने के कारण उनके मेल से जो विकार होता है, उसे संधि कहते हैं।"[1] पाश्चात्य वैयाकरण कैलोग का कथन है, "By the term Sandhi (संधि, union) is technically denoted the euphonic combination of concurrent letters".[2] पं० किशोरीदास वाजपेयी ने भी प्रायः यही बात कही है। "जब दो या अधिक वर्ण पास-पास (आनंतर्य से, आते हैं, तो कभी-कभी उनमें रूपांतर हो जाता है। इसी रूपांतर को 'संधि' कहते हैं।"[3]

संस्कृत संधिप्रधान भाषा थी। लौकिक संस्कृत की पूर्ववर्ती वैदिक भाषा में संधियों की वैसी बहुलता न थी, जैसी उत्तरवर्ती संस्कृत में। वस्तुतः संस्कृत में संधियों का उत्तरोत्तर बढ़ता प्रचलन ही उसकी दुरूहता का प्रमुख कारण बना। उसकी प्रतिक्रिया यह हुई कि प्राकृतों और अपभ्रंशों ने इस प्रवृत्ति का प्रायः परित्याग कर दिया। इन मध्यकालीन आर्यभाषाओं और हिंदी की प्राचीन साहित्यिक बोलियों में निरंतर संधि का ह्रास होता गया और आधुनिक हिंदी में संधियाँ केवल सामासिक पदों तक ही सीमित रह गयीं।

हिंदी व्याकरण में संधियों का विवेचन सामान्यतया संस्कृत के सामासिक शब्दों को लेकर किया गया है। संस्कृत के समान वहाँ वाक्य के घटक पदों में संधि नहीं होती। दूसरे, हिंदी में केवल तत्सम शब्दों में ही संधि का प्रयोग देखा

---

1. हिंदी व्याकरण—पं० कामता प्रसाद गुरु, पृ० 55
2. Grammar of Hindi Language—Kellog, page 28
3. हिंदी शब्दानुशासन—पं० किशोरीदास वाजपेयी, पृ० 100

जाता है। तद्भव शब्द उससे अछूते हैं। **देशज और** विदेशी शब्दों का तो उससे कोई संबंध ही नहीं। अत: तत्सम शब्दों में सामासिक पदों के घटकों का विश्लेषण करने या उपसर्ग, प्रकृति और प्रत्यय का संयोग समझने में ही संधि के नियमों की चरितार्थता है।

पाणिनि के व्याकरण में संधि के तीन भेद बताये गये हैं। (1) स्वर संधि, (2) व्यंजन संधि और (3) विसर्ग संधि।

स्वर संधि

जब दो स्वर एक दूसरे के निकट आते हैं, तो उच्चारण प्रक्रिया के अनुरूप, उनका रूपांतर हो जाता है। इसे 'स्वर संधि' कहते हैं। हिंदी में प्रचलित स्वर संधियाँ निम्नलिखित हैं—

1. **दीर्घ संधि**—यदि अ आ, इ ई, उ ऊ के आगे कोई सजातीय स्वर आये, तो दोनों को मिलाकर एक दीर्घ स्वर हो जाता है। जैसे—

(1)	युग + अंतर = युगांतर	विद्या + अर्थी = विद्यार्थी
	देव + आलय = देवालय	महा + आत्मा = महात्मा
	सत्य + अन्वेषण = सत्यान्वेषण	मिथ्या + आचार = मिथ्याचार
	दया + आनंद = दयानंद	वृथा + आदेश = वृथादेश
(2)	रवि + इंद्र = रवींद्र	गिरि + ईश = गिरीश
	कवि + इंद्र = कवींद्र	सती + ईश = सतीश
	मुनि + ईश्वर = मुनीश्वर	प्रति + ईक्षा = प्रतीक्षा
(3)	लघु + उच्चारण = लघूच्चारण	वधू + उत्सव = वधूत्सव
	अणु + ऊर्जा = अणूर्जा	भानु + उदय = भानूदय

[हिंदी में अ और आ स्थान और प्रयत्न की दृष्टि से सजातीय ध्वनियाँ नहीं हैं। किंतु संधियों का संबंध मूल रूप से संस्कृत के परंपरागत शब्दों से है। अतः इन दोनों की संधि का विचार उसी संदर्भ में किया गया है। ये दोनों ध्वनियाँ संस्कृत में सवर्ण (सजातीय) ध्वनियाँ थीं।]

2. **यण् संधि**—यदि इ ई, उ ऊ अथवा ऋ ॠ के आगे कोई विजातीय स्वर आये तो इनके स्थान में क्रमशः य्, व्, र् हो जाते हैं। जैसे—

(1)	प्रति + एक = प्रत्येक	यदि + अपि = यद्यपि
	अति + अधिक = अत्यधिक	अति + उत्तम = अत्युत्तम
	अति + आचार = अत्याचार	गति + अंतर = गत्यंतर
	नदी + उद्गम = नद्युद्गम	देवी + अर्चना = देव्यर्चना
(2)	सु + आगत = स्वागत	अनु + आदेश = अन्वादेश

	अनु + ईक्षण = अन्वीक्षण	लघु + अक्षर = लघ्वक्षर
	गुरु + आसन = गुर्वासन	वधू + आदर = वध्वादर
(3)	पितृ + आज्ञा = पित्राज्ञा	कर्तृ + आचार = कर्त्राचार
	मातृ + आदेश = मात्रादेश	भ्रातृ + आराधना = भ्रात्राराधना

[दीर्घ ॠ की संधि के उदाहरण संस्कृत में नहीं मिलते।]

3. **गुण संधि**—यदि अ या आ के आगे इ ई, उ ऊ या ऋ ॠ आयें तो दोनों मिलाकर क्रमशः ए, ओ, अर् में बदल जाते हैं। जैसे—

(1)	देव + इंद्र = देवेंद्र	महा + इंद्र = महेंद्र
	अवध + ईश = अवधेश	उमा + ईश = उमेश
	उप + ईक्षा = उपेक्षा	अप + ईक्षा = अपेक्षा
(2)	पर + उपकार = परोपकार	पर + उपजीवी = परोपजीवी
	सूर्य + उदय = सूर्योदय	देश + उद्धार = देशोद्धार
	शारदा + उपासक = शारदोपासक	माया + उपजात = मायोपजात
(3)	देव + ऋषि = देवर्षि	ब्रह्म + ऋषि = ब्रह्मर्षि
	राजा + ऋषि = राजर्षि	महा + ऋषि = महर्षि

4. **वृद्धि संधि**—यदि अ या आ के आगे ए ऐ या ओ औ आयें, तो दोनों स्वरों के स्थान में क्रमशः ऐ, औ हो जाते हैं। जैसे—

(1)	वसुधा + एव = वसुधैव	सदा + एव = सदैव
	तथा + एव = तथैव	मत + ऐक्य = मतैक्य
	प्रभाव + ऐक्य = प्रभावैक्य	दिव्य + ऐश्वर्य = दिव्यैश्वर्य
(2)	दंत + ओष्ठ्य = दंतौष्ठ्य	द्वय + ओष्ठ्य = द्वयौष्ठ्य
	दिव्य + औषधि = दिव्यौषधि	भाव + औचित्य = भावौचित्य
	वृथा + औदार्य = वृथौदार्य	महा + औषध = महौषध

[अयादि संधि का विवेचन हिंदी व्याकरण में अप्रासंगिक है। वस्तुतः हिंदी में नयन, पवन, नायक, पावक मूल शब्द हैं, शब्द संयोग नहीं। अयादि संधि का शब्द संयोग में कहीं प्रयोग नहीं देखा जाता।]

व्यंजन संधि

जब किसी व्यंजन की दूसरे व्यंजन अथवा स्वर के साथ संधि होती है, तो इसे 'व्यंजन संधि' कहा जाता है। संस्कृत व्याकरण में व्यंजन संधि का क्षेत्र बहुत व्यापक है, किंतु हिंदी भाषा के संदर्भ में निम्नलिखित संधियाँ ही महत्त्वपूर्ण हैं—

1. **घोषीकरण**—(अ) जब किसी अघोष स्पर्श व्यंजन के आगे कोई घोष व्यंजन या स्वर आता है, तो पूर्ववर्ती व्यंजन घोष हो जाता है।

—ज्ञातव्य है कि स्पर्श व्यंजनों में प्रत्येक वर्ग का प्रथम अथवा द्वितीय व्यंजन अघोष होता है, तृतीय तथा चतुर्थ घोष और पंचम व्यंजन नासिक्य घोष।

—संस्कृत में हलन्त (व्यंजनान्त) शब्दों में महाप्राण व्यंजनान्त शब्द प्रायः नहीं मिलते। अतः इस संधि का संबंध क्, च्, ट्, त्, प् व्यंजनों वाले शब्दों से ही है। कुछ उदाहरण द्रष्टव्य हैं—

(1) वाक् + जाल = वाग्जाल　　दिक् + अंत = दिगंत
वाक् + ईश = वागीश　　दिक् + अंबर = दिगंबर
दिक् + गज = दिग्गज　　सम्यक् + दृष्टि = सम्यग्दृष्टि
वाक् + दान = वाग्दान　　दिक् + भ्रम = दिग्भ्रम

(2) षट् + रस = षड्रस　　षट् + आनन = षडानन
षट् + रिपु = षड्रिपु　　षट् + ज = षड्ज

(3) सत् + आचार = सदाचार　　विपत् + ग्रस्त = विपद्ग्रस्त
सत् + विचार = सद्विचार　　आपत् + धर्म = आपद्धर्म
महत् + उद्देश्य = महदुद्देश्य　　जगत् + ईश = जगदीश

(4) अप् + ज = अब्ज* [—च् के साथ संधि के उदाहरण नहीं मिलते।]

(आ) *यदि किसी अघोष स्पर्श व्यंजन के बाद नासिक्य घोष वर्ण (न् म्) आ जाये, तो पूर्ववर्ती व्यंजन अपने वर्ग के नासिक्य (पंचम) वर्ण में परिवर्तित हो जाता है। जैसे—

(1) वाक् + मय = वाङ्मय　　जगत् + नाथ = जगन्नाथ
(2) षट् + मास = षण्मास　　श्रीमत् + नारायण = श्रीमन्नारायण
(3) चित् + मय = चिन्मय　　सत् + मार्ग = सन्मार्ग

[संस्कृत में ङ्, ञ् और ण् शब्द के आदि में नहीं आते।]

2. तालव्यीकरण—(अ) यदि तवर्गीय व्यंजन (त्-द्) के आगे चवर्ग का कोई वर्ण आ जाये तो पूर्ववर्ती व्यंजन तालव्य व्यंजन में बदल जाता है। अर्थात त् के स्थान में च् और द् के स्थान में ज् हो जाता है। जैसे—

(1) सत् + चरित्र = सच्चरित्र　　सत् + चित् + आनंद—सच्चिदानंद
शरत् + चंद्र = शरच्चंद्र　　उत् + चारण = उच्चारण
उत् + छल = उच्छल

*(2) सद् + जन = सज्जन　　उद् + ज्वल = उज्ज्वल
विद्वद् + जन = विद्वज्जन　　जगद् + जननी = जगज्जननी

*इन उदाहरणों में त् को द् घोषीकरण संधि-नियम से हुआ है।

(आ) यदि तवर्गीय व्यंजन (त्) के आगे तालव्य ऊष्म ध्वनि (श्) आये,

तो पूर्ववर्ती तालव्य व्यंजन (च्) में और उत्तरवर्ती श छ में बदल जाता है। जैसे—

उत् + श्वास = उच्छ्वास उत् + शिष्ट = उच्छिष्ट
उत् + शृंखल = उच्छृंखल

3. **मूर्द्धन्यीकरण**—यदि तवर्गीय व्यंजन (त्-द्) के आगे कोई मूर्द्धन्य व्यंजन आ जाये तो पूर्ववर्ती व्यंजन टवर्गीय व्यंजन में बदल जाता है। जैसे—

उत् + डयन = उड्डयन बृहत् + टीका = बृहट्टीका

4. **समीकरण**—तवर्गीय व्यंजन (त् द्) के आगे ल आये तो पूर्ववर्ती व्यंजन (त् द्) ल में बदल जाता है। जैसे—

तत् + लीन = तल्लीन उत् + लास = उल्लास

5. **व्यंजनागम**—यदि स्वरांत उपसर्ग के बाद छ आये तो बीच में च् का आगम हो जाता है।

आ + छादित = आच्छाति प्र + छन्न = प्रच्छन्न
वि + छेद = विच्छेद अनु + छेद = अनुच्छेद
परि + छेद = परिच्छेद

6. **अनुस्वार**—यदि म् के बाद कोई व्यंजन आये, तो वह (म्) अनुस्वार अथवा संबंधित वर्ग के पंचम व्यंजन में बदल जाता है। जैसे—

(1) अहम् + कार = अहंकार अथवा अहङ्कार
सम् + गम = संगम अथवा सङ्गम
सम् + कल्प = संकल्प अथवा सङ्कल्प
(2) अ + किम् + चन = अकिंचन अथवा अकिञ्चन
सम् + जय—संजय अथवा सञ्जय
सम् + चय = संचय अथवा सञ्चय
शत्रुम् + जय = शत्रुंजय अथवा शत्रुञ्जय
(3) परम् + तप = परंतप अथवा परन्तप
सम् + तोष = संतोष अथवा सन्तोष

7. **षत्व विधान**—इकारांत-उकारांत उपसर्ग के बाद दंत्य स मूर्द्धन्य हो जाता है। जैसे—

अभि + सेक = अभिषेक
नि + सेध = निषेध
वि + सम = विषम
अनु + संग = अनुषंग

अपवाद—यदि उत्तरवर्ती शब्द किसी ऋ स्वर वाली धातु से बना हो, तो स का ष नहीं होता। अतएव विस्मरण, अनुसरण, विसर्जन आदि में 'स्मृ' 'सृ' और 'सृज' धातुओं से बने स्मरण, सरण और सर्जन शब्दों का आद्य स अपरिवर्तित रहता है।

8. **णत्व विधान**—यदि ऋ, र अथवा ष के बाद किसी शब्द में 'न' वर्ण आये, तो वह 'ण' में परिवर्तित हो जाता है। जैसे—

भरण	रक्षण	धारणा
पोषण	प्रकरण	प्रसारण
परिणति	भक्षण	हरण

—यदि ऋ, र, ष और न के बीच कवर्ग, पवर्ग के वर्ण ; य, व अथवा ह आ जायें, तो भी उपर्युक्त परिवर्तन होता है। जैसे—

ग्रहण	द्रवण	चांद्रायण
निरूपण	रामायण	संक्रमण
रमण	आक्रमण	प्रमाण

—यदि ऋ, र, ष और न के बीच च वर्ग, ट वर्ग, त वर्ग के वर्ण ; ल, श अथवा स आ जायें तो न में उपर्युक्त परिवर्तन नहीं होता। जैसे—

वर्जन	विसर्जन	परिकल्पना
आवर्तन	परिवर्तन	गोवर्धन
दर्शन	विरेचन	दुर्योधन

विसर्ग संधि

विसर्ग के साथ किसी स्वर या व्यंजन का संयोग होने पर जो परिवर्तन होता है, उसे 'विसर्ग संधि' कहते हैं। विसर्ग संधि भी व्यंजन संधि की तरह निकटस्थ वर्ण के घोषत्व और अघोषत्व पर आधारित होती है। अतः इस विवेचन को दो उपविभागों में बाँटना संधि की प्रक्रिया को समझने में सहायक होगा। प्रथम उप-विभाग में विसर्ग के साथ अघोष वर्णों के संयोग और दूसरे में घोष वर्णों के संयोग का विचार किया जायेगा। बाह्य प्रयत्न की दृष्टि से सभी स्वर घोष होते हैं, अतः इनके संयोग का विचार भी दूसरे उपविभाग में होगा।

1 विसर्ग का अघोष वर्गों के साथ संयोग—

1. यदि विसर्ग के आगे च वर्ग, ट वर्ग या त वर्ग का कोई अघोष व्यंजन (च-छ, ट-ठ, त-थ) आये तो विसर्ग की जगह क्रमशः श्, ष् या स् हो जाता है। जैसे—

(1) निः + चित = निश्चित — तपः + चर्या = तपश्चर्या
निः + चल = निश्चल — पुनः + च = पुनश्च
निः + छल = निश्छल — दुः + चरित्र = दुश्चरित्र
(2) दुः + ट (त) = दुष्ट — धनुः + टंकार = धनुष्टंकार
(3) निः + तेज = निस्तेज — दुः + तर = दुस्तर
मनः + ताप = मनस्ताप — मनः + तिमिर = मनस्तिमिर

2. यदि विसर्ग के बाद श, ष अथवा स आयें, तो विसर्ग की जगह भी क्रमशः श्, ष्, स हो जाते हैं। जैसे—

निः + शेष = निश्शेष — निः + शुल्क = निश्शुल्क
दुः + शासन = दुश्शासन — निः + संतान = निस्संतान
निः + सार = निस्सार — दुः + स्वप्न = दुस्स्वप्न
दुः + साध्य = दुस्साध्य — निः = संदेह निस्संदेह

यह संधि वैकल्पिक है। अतः उपर्युक्त संयोगों के निःशेष, निःशुल्क, दुःशासन, निःसंतान, निःसार, दुःस्वप्न, दुःसाध्य, निःसंदेह आदि रूप भी मिलते हैं। हिंदी में ये रूप ही प्रचलित हैं।

[ष के संयोग के उदाहरण नहीं मिलते।]

3. यदि विसर्ग के बाद क वर्ग या प वर्ग का अघोष व्यंजन आये तो विसर्ग की दो स्थितियाँ होती हैं।

(अ) यदि विसर्ग के पहले अ स्वर हो, और आगे क वर्ग, प वर्ग का अघोष व्यंजन (क, ख, प, फ) आ जाये तो विसर्ग ज्यों का त्यों बना रहता है। जैसे—

अंतः + करण = अंतःकरण — प्रातः + काल = प्रातःकाल
मनः + पूर्वक = मनःपूर्वक — अधः + पतन = अधःपतन

कहीं-कहीं इस स्थिति में विसर्ग की जगह स् भी देखा जाता है। जैसे—

पुरः + कार = पुरस्कार आदि।

(आ) विसर्ग के पूर्व इ या उ हो और आगे क वर्ग, प वर्ग का अघोष व्यंजन तो विसर्ग की जगह मूर्द्धन्य ष हो जाता है। जैसे—

निः + कपट = निष्कपट — निः + कारण = निष्कारण
निः + कंप = निष्कंप — निः + कण्टक = निष्कण्टक
दुः + कर्म = दुष्कर्म — दुः + कर = दुष्कर
दुः + काल = दुष्काल — दुः + क्रीड़ा = दुष्क्रीड़ा
निः + फल = निष्फल — निः + पाप = निष्पाप
निःप्रयोजन = निष्प्रयोजन — दुः + परिणाम = दुष्परिणाम

2. विसर्ग का घोप वर्णों के साथ संयोग

(अ) यदि विसर्ग के पूर्व अ हो और बाद में घोष व्यंजन तो विसर्ग सहित अ: का ओ में रूपांतर हो जाता है। जैसे—

मनः + विकार = मनोविकार	पय: + धर = पयोधर
तेजः + मय = तेजोमय	मन: + मालिन्य = मनोमालिन्य
वय: + मर्यादा = वयोमर्यादा	मन: + योग = मनोयोग
यश: + गान = यशोगान	मन: + हर = मनोहर

संस्कृत में विसर्गों के दो प्रमुख स्रोत हैं। कुछ शब्दों में विसर्ग स् के स्थानापन्न होते हैं तो कुछ में र् के। र् के स्थानापन्न विसर्गों की जगह 'ओ' नहीं होता, अपितु घोष वर्ण (व्यंजन या स्वर) आगे आने पर विसर्ग फिर र् में परिवर्तित हो जाते हैं। जैसे—

पुन: + जन्म = पुनर्जन्म	पुन: + आगमन = पुनरागमन
प्रात: + आश = प्रातराश	अंत: + गत = अंतर्गत
पुन: + उक्ति = पुनरुक्ति	

ज्ञातव्य है कि पुन:, प्रात:, अंत: आदि में मूल शब्द पुनर्, प्रातर् और अंतर् हैं।

(आ) यदि विसर्ग के पूर्व इ-उ हों और आगे घोष व्यंजन या स्वर आये तो विसर्ग की जगह र् हो जाता है। जैसे—

नि: + उद्देश्य = निरुउद्देश्य	दु: + गम = दुर्गम
नि: + उपयोगी = निरुपयोगी	दु: + गति = दुर्गति
नि: + आशा = निराशा	दु: + दम्य = दुर्दम्य
दु: + उपयोग = दुरुपयोग	आवि: + भाव = आविर्भाव
दु: + आचार = दुराचार	नि: + गमन = निर्गमन
प्रादु: + भाव = प्रादुर्भाव	बहि: + गमन = बहिर्गमन

3. यदि विसर्ग के बाद र आये तो विसर्ग का लोप तथा पूर्ववर्ती स्वर दीर्घ हो जाता है। जैसे—

नि: + रोग = नीरोग

नि: + रस = नीरस

संस्कृत में निस्, निर के अतिरिक्त एक उपसर्ग नि भी है। अत: निरोग, निरस आदि शब्द भी व्याकरणिक दृष्टि से अशुद्ध नहीं हैं। किंतु हिंदी में नीरोग, नीरस का ही प्रचलन है।

हिंदी में कुछ ऐसे शब्द संयोग भी हैं, जो व्याकरण की कसौटी पर अशुद्ध ठहरते हैं किंतु उनका प्रचलन अब इतना सहज हो गया है कि उन्हें अशुद्ध घोषित नहीं किया जा सकता। इन्हें विसर्ग संधि के नियमों का अपवाद मानना चाहिए। मनोकामना, तेजोपुंज, पुनर्रचना ऐसे ही शब्द हैं।

3

शब्द विमर्श

'शब्द' किसी ध्वनि या ध्वनिसमूह से बनी वह भाषिक इकाई है, जिसमें स्वतन्त्र रूप से अर्थ को अभिव्यक्त करने की शक्ति हो। शब्द और अर्थ का नित्य संबंध है। जब हम किसी शब्द का उच्चारण करते हैं, तो उससे संबद्ध वस्तु, व्यक्ति, भाव, गुण, क्रिया आदि का मानस प्रत्यक्षीकरण हो जाता है। इसी प्रक्रिया को 'अर्थ बोध' कहते हैं। जब हम 'प् उ स् त् अ क् अ' ध्वनि-समूह का नैरन्तर्य से उच्चारण करते हैं, तो 'पुस्तक' शब्द बनता है, जिससे 'पुस्तक' वस्तु का अर्थबोध होता है। अर्थवत्ता शब्द की अनिवार्य शर्त है। इसीलिए अर्थहीन ध्वनि या ध्वनि-समूह को 'शब्द' नहीं कहा जाता। शब्द विचार के अंतर्गत शब्दों के स्रोत, व्युत्पत्ति और व्याकरणिक वर्गीकरण का विचार किया जाता है।

हिंदी शब्दों का स्रोत

स्रोत की दृष्टि से हिंदी में चार प्रकार के शब्द पाये जाते हैं—तत्सम, तद्भव, देशज और विदेशी।

तत्सम शब्द

'तत्सम' उन शब्दों को कहा जाता है, जो हिंदी में बिल्कुल उसी रूप में प्रचलित हैं, जिस रूप में वे संस्कृत में थे। पुस्तक, कवि, वृक्ष, मनुष्य, मुख, नयन, माता, पिता, जल, अग्नि, आकाश, पृथ्वी, समुद्र, नदी, सरोवर इसी प्रकार के शब्द हैं। इनमें से कुछ शब्द तो ऐसे हैं, जो हजारों वर्षों की विकास यात्रा में भी अपरिवर्तित रहे हैं, जैसे—जल, नदी, फल, देव, पति, गुरु आदि, और कुछ ऐसे हैं, जो प्राकृत, अपभ्रंश आदि भाषाओं से गुजरते हुए नहीं आये अपितु सीधे संस्कृत से ग्रहण कर लिये गये हैं। अतएव दूसरे वर्ग के शब्दों के तद्भव रूप भी पाये जाते हैं, और तत्सम भी। मुख (मुँह), वृक्ष (रूख), पुस्तक (पोथी), अग्नि (आग)

इसी प्रकार के शब्द हैं। बोलचाल की भाषा में इनके तद्भव रूप प्रचलित रहे और साहित्यिक अभिव्यक्ति के लिए तत्सम रूपों का प्रयोग होता रहा।

तत्सम शब्दों की एक अन्य जाति भी है। ये वे शब्द हैं, जो संस्कृत भाषा में न थे। इन्हें आधुनिक युग में नयी अभिव्यक्ति के लिए संस्कृत शब्दों, उपसर्गों और प्रत्ययों से संस्कृत की व्युत्पत्ति-प्रक्रिया के अनुसार गढ़ा गया है। आकाशवाणी (रेडियो), अभियंता (इंजीनियर), निदेशक (डाइरेक्टर), लिपिक (क्लर्क), नगरपालिका (म्युनिसिपैलिटी), वायुयान (हवाई ज़हाज) आदि इसी प्रकार के शब्द हैं। आधुनिक प्रशासनिक और वैज्ञानिक शब्दावली में अधिकतर इसी प्रक्रिया से निष्पन्न तत्सम शब्द हैं। केवल संज्ञा शब्द ही नहीं, अंगीकार करना, प्रार्थना करना, याचना करना, विरोध करना, व्यथित होना, मुक्त होना आदि सैकड़ों क्रियाएँ संस्कृत के कृदंत शब्दों में 'होना', 'करना' जोड़कर बनायी गयी हैं।

हिंदी में प्रचलित तत्सम शब्दों में कुछ तो संस्कृत के मूल प्रातिपदिक शब्द हैं और कुछ प्रथमा विभक्ति के एक वचन के रूप। अन्न, वस्त्र, फल, जल, अग्नि, कवि, रात्रि, लक्ष्मी आदि शब्द प्रातिपदिक हैं। संस्कृत में इन शब्दों के प्रथमा एकवचन के रूप अनुस्वार या विसर्ग लगकर बनते हैं। अनुस्वार और विसर्ग का प्रयोग हिंदी की प्रकृति के अनुकूल नहीं है। अतः इन्हें प्रातिपदिक रूप में ग्रहण किया गया है। दूसरी ओर कुछ शब्दों को प्रातिपदिक रूप में न लेकर प्रथमांत रूप में ग्रहण किया गया है। माता (मातृ), पिता (पितृ), नेता (नेतृ), श्रोता (श्रोतृ), राजा (राजन्), युवा (युवन्), विद्वान् (विद्वस्), भगवान् (भगवत्), श्रीमान् (श्रीमत्), धनवान् (धनवत्), स्वामी (स्वामिन्), मन्त्री (मन्त्रिन्), पक्षी (पक्षिन्) आदि शब्द कोष्ठस्थ प्रातिपदिक रूपों से भिन्न प्रथमांत रूप में प्रचलित हैं।

इसके अतिरिक्त कुछ शब्द ऐसे भी हैं, जिन्हें न तो मूल प्रातिपदिक रूप में ग्रहण किया गया और न ही प्रथमांत रूप में। इन शब्दों में या तो भाषा की प्रकृति के अनुसार ध्वनिपरिवर्तन कर लिया गया है, या मिथ्या सादृश्य या अज्ञान के कारण वे भिन्न रूप में प्रचलित हो गये हैं। चन्द्रमा, अप्सरा, यश, तेज, मन, तम, आदि शब्द मूल रूप में (चंद्रमस्, अप्सरस्) सकारांत हैं और प्रथमा विभक्ति के एकवचन में विसर्गान्त। आधीन (अधीन), प्रण (पण) आदि शब्दों को भी वस्तुतः तत्सम शब्दों में गिनना चाहिए क्योंकि इनमें हुए ध्वनिपरिवर्तन भाषावैज्ञानिक नहीं, भ्रांतिजन्य हैं।

अर्धतत्सम शब्द

भारतीय साहित्य में प्राचीन काल से ही अभिव्यक्ति की पूर्णता के लिए संस्कृत से शब्द ग्रहण करने की व्यापक प्रवृत्ति रही है। सूर, तुलसी, विहारी आदि कवियों की भाषा में परंपरागत तद्भव शब्दों के अतिरिक्त बहुत बड़ी संख्या

में ऐसे शब्द भी मिलते हैं जिन्हें निःसंदेह 'तत्सम' शब्द कहा जा सकता है। बिरथा (वृथा), परीति (प्रीति), अमरित (अमृत), ग्यान (ज्ञान), जनम (जन्म), धरम (धर्म), मूरख (मूर्ख), अरथ (अर्थ), रिसि (ऋषि) आदि इसी प्रकार के शब्द हैं, इन शब्दों को अवधी और ब्रजभाषा की प्रवृत्ति के अनुसार अपने ढाँचे में ढाल लिया गया है। संयुक्ताक्षरों का स्वरभक्ति के द्वारा सरलीकरण ऋ, ज्ञ आदि का उच्चारण के अनुसार लेखन आदि ध्वनिपरिवर्तन प्राचीन और अर्वाचीन ब्रजभाषा, अवधी, राजस्थानी आदि बोलियों में सामान्य रूप से पाये जाते हैं। ऐसे शब्दों को 'अर्धतत्सम' कहा जाता है। आधुनिक साहित्यिक भाषा में अर्धतत्सम शब्दों की संख्या अधिक नहीं है। कहानियों, उपन्यासों और नाटकों में स्वाभाविकता के आग्रह से ग्रामीण पात्रों की भाषा में 'अर्धतत्सम' शब्दों का प्रयोग हुआ है। मन्तर (मंत्र), किरपा (कृपा), सास्तर (शास्त्र), करम (कर्म), कारज (कार्य), किरिया (क्रिया), अगन (अग्नि), परजा (प्रजा), परसाद (प्रसाद) आदि शब्दों को 'अर्ध-तत्सम' वर्ग में परिगणित किया जा सकता है।

तद्भव शब्द

'तद्भव' उन शब्दों को कहा जाता है, जिनका मूल स्रोत तो संस्कृत ही है, परंतु जो पालि, प्राकृत, अपभ्रंश आदि स्थितियों से होते हुए हिंदी में आये हैं और इस लंबी यात्रा में अनेक ध्वनि परिवर्तनों के कारण बहुत कुछ बदल गये हैं, जैसे—आँख (<अँखि<अक्खि<अक्षि), काम (<कम्म<कर्म), चाक (<चक्क<चक्र), अँधेरा (अंधआर<अंधकार), आँसू (<अस्सु<अश्रु), कपड़ा (<कप्पड़<कर्पट<कर्पट), पानी (पानीअ<पानीय), दूध (<दूद्ध<दुग्ध)। हिंदी में सबसे अधिक संख्या तद्भव शब्दों की ही है। भाई, बहन, नाक, कान, मुँह, हाथ, पाँव, दूध, दही, अनाज, पानी, तेल, घी, तालाब, कुआँ, खेत, घर, नींद, भूख, प्यास, नाच-गाना, खेल-कूद आदि शब्द तद्भव ही हैं।

देशज शब्द

'देशज' या 'देशी' उन शब्दों को माना जाता है, जो या तो आर्येतर देशी भाषाओं से ग्रहण किये गये हैं या आर्यों ने ही उत्तरवर्ती काल में संस्कृतेतर धातुओं और शब्दों से गढ़े हैं। वस्तुतः यह पहचान पाना सरल नहीं है, कि कौन-सा शब्द आर्य भाषाओं से लिया गया है और कौन-सा आर्येतर भाषाओं से। संस्कृत में ही सैकड़ों शब्द ऐसे हैं, जिन्हें संस्कृत काल में आर्येतर भाषाओं से आया हुआ माना जाता है। शब्दों के स्रोतों का निर्दोष विश्लेषण व्यापक अध्ययन और अनुसंधान की अपेक्षा रखता है। अपभ्रंश काल में भी देशज शब्दों के संकलन का प्रयास हुआ था। आचार्य हेमचंद्र सूरि ने देशज शब्दों का एक कोश तैयार किया था, जो

'देशी नाम माला' के नाम से प्रसिद्ध है। इस कोश में अनेक तद्भव शब्दों को भी 'देशज' मानकर संगृहीत कर लिया गया है। टी० बरो ने आर्येतर शब्दों का अध्ययन किया था। उसके अनुसार कुछ प्रचलित शब्दों का स्रोत इस प्रकार है—

द्रविड़ भाषाओं से गृहीत—अनल (अग्नि), कज्जल (काजल), नीर (जल), पंडित (विद्वान), माला (हार), मीन (मछली)।

2. **आग्नेय भाषाओं से गृहीत**—कदली (केला), कर्पास (कपास), सर्षप (सरसों)।

वस्तुत: यह सब कल्पना विलास मात्र है। डा० भोलानाथ तिवारी, डा० हरदेव बाहरी प्रभृति विद्वानों ने इन्हें 'अज्ञात व्युत्पत्तिमूलक' शब्द कहा है। पंडित कामता प्रसाद गुरु ने तो 'देशज' की परिभाषा ही इस दृष्टि से की है। वे लिखते हैं, "देशज वे शब्द हैं जो किसी संस्कृत (या प्राकृत) मूल से निकले हुए नहीं जान पड़ते और जिनकी व्युत्पत्ति का पता नहीं लगता।"[1] डा० बाहरी ने गड़बड़, बड़बड़ाना, जगमग, झिलमिल, चिपचिपा आदि अनुकरण मूलक शब्दों तथा दादा, बाबा, काका आदि पारिवारिक शब्दों को भी 'देशज' शब्दों में गिना है।

विदेशी शब्द

इस वर्ग में वे शब्द आते हैं, जिन्हें आर्यों ने अरबी, फारसी, तुर्की, अंग्रेजी, फ्रांसीसी, पुर्तगाली आदि विदेशी भाषाओं से लिया है। जब हिंदी अपभ्रंश की उत्तरवर्ती स्थिति को छोड़कर अस्तित्व में आने का प्रयास कर रही थी, तभी से विदेशी आक्रांताओं की टुकड़ियाँ उत्तर-पश्चिम सीमाओं से भारत में प्रवेश करने लगी थीं। धीरे-धीरे मुसलमान शासकों ने यहाँ अपनी सत्ता स्थापित कर ली और उनकी भाषा और संस्कृति व्यापक भारतीय भाषा और संस्कृति का अंग बन गयीं। शताब्दियों के इस संपर्क के कारण हिंदी में अरबी, फारसी और तुर्की के हजारों शब्द घुल-मिल गये। इन शब्दों को एक ही वर्ग में रखना युक्तिसंगत होगा क्योंकि अरबी के शब्द हिंदी में फारसी के मध्यम से ही आये हैं। उधर तुर्की शब्दों की संख्या अत्यल्प है, जिनका पृथक उल्लेख आवश्यक नहीं।

कुछ प्रचलित अरबी-फारसी शब्द निम्नलिखित हैं—अल्लाह, न ाज, रोजा, बुर्का, कमीज, पायजामा, शहर, देहात, आइना, इत्र, सुरमा, जीना, बरामदा, सरकार, हाकिम।

योरोपीय भाषाओं की भी काफी बड़ी शब्दावली हिंदी में विद्यमान है। पुर्तगाली और फ्रांसीसी ही नहीं डच और जर्मन भाषा तक के शब्द अंग्रेजी के माध्यम से हिंदी शब्दों में घुलमिल गये हैं। योरोपीय भाषाओं के साथ हमारा संपर्क दो

---

1. हिंदी व्याकरण—पंडित कामता प्रसाद गुरु, पृ० 33

शताब्दियों से अधिक का नहीं है, किंतु इस अल्पकाल में ही शासन, वेशभूषा, खानपान, खेलकूद, रहन-सहन आदि से संबंधित हजारों शब्द हिंदी में आ गये हैं। जैसे—स्कूल, कालेज, यूनिवर्सिटी, अस्पताल, नर्स, डाक्टर, रेल, इंजिन, मोटर, ट्रैक्टर, पम्प, रेडियो, टेलीविजन, टेलीफोन, इंस्पेक्टर, डाइरेक्टर, पुलिस, पेन्ट, कोट, बुश्शर्ट, क्रिकेट, फुटबाल, हाकी, पोस्टकार्ड, मनीआर्डर आदि।

संकर शब्द—हिंदी में कई शब्द, विशेषकर सामासिक शब्द, ऐसे हैं, जिनका एक अंश एक भाषा का है तथा अन्य अंश दूसरी भाषा का। इन शब्दों को 'संकर शब्द' कहते हैं, जैसे—मोटर गाड़ी (अंग्रेजी + हिंदी), रेल यात्रा (अंग्रेजी + संस्कृत), बोरियत (अंग्रेजी + अरबी), चूहेदानी (हिंदी + फारसी), थानेदार (हिंदी + फारसी), घराना (हिंदी + फारसी) आदि।

डा० भोलानाथ तिवारी[1] के निष्कर्ष के अनुसार हिंदी में चारों प्रकार के शब्दों का प्रतिशत इस प्रकार है—

तत्सम—20 प्रतिशत
तद्भव—70 प्रतिशत
गृहीत (विदेशी)— 9 प्रतिशत
अज्ञात व्युत्पत्तिमूलक (देशज)— 1 प्रतिशत

शब्दों की व्युत्पत्ति

गठन की दृष्टि से वैयाकरणों ने शब्दों के तीन भेद माने हैं—रूढ़, यौगिक और योगरूढ़। सामान्यतया रूढ़ शब्दों के विषय में यह धारणा रही है कि वे यों ही किसी विशिष्ट अर्थ में प्रचलित हो गये। वस्तुतः भाषा में 'यों ही' कुछ नहीं होता। अतः रूढ़ शब्दों की व्युत्पत्ति का भी कोई-न-कोई स्रोत रहा होगा। किंतु आज हम उसे पहचान पाने में असमर्थ हैं और ऐसे शब्दों को रूढ़ कहकर संतोष कर लेते हैं। संस्कृत के घट, पट आदि शब्दों को 'रूढ़' कहा जाता है।

यौगिक शब्द धातुओं, रूढ़ शब्दों या व्युत्पन्न शब्दों में उपसर्ग, प्रत्यय या दोनों जोड़कर बनाये जाते हैं। संस्कृत में उपसर्ग और प्रत्ययों की सहायता से शब्द निर्माण करने की अद्भुत क्षमता है। अकेली 'कृ' धातु से कार्य, कर्तव्य, करणीय, कारण, कार, कारक, क्रिया, कर्ता, क्रियमाण, करण, कृति आदि बहुत-से शब्द बन जाते हैं। उपसर्ग इन शब्दों में और विविधता लाते हैं। जैसे 'कार' शब्द में विभिन्न उपसर्ग लगाकर प्रकार, संस्कार, आकार, अधिकार, उपकार, अपकार, विकार, प्रतिकार आदि अनेक शब्द निष्पन्न होते हैं।

योगरूढ वर्ग में उन यौगिक शब्दों की गणना होती है, जो दो या अधिक

---

1. हिंदी भाषा—डा० भोलानाथ तिवारी, पृ० 661

घटकों से मिलकर बनते हैं किंतु एक विशिष्ट अर्थ में रूढ़ हो जाते हैं। उदाहरणार्थ 'पंकज' शब्द की व्युत्पत्ति 'पंक' और 'ज' के संयोग से हुई है। इसका व्युत्पत्तिगम्य अर्थ है 'कीचड़ में पैदा होने वाला'। कीचड़ में कई वनस्पतियाँ और प्राणी पैदा होते हैं, किंतु किसी को भी 'पंकज' नहीं कहा जाता। यह शब्द केवल 'कमल' के लिए रूढ़ हो गया है। इसी प्रकार जलद (बादल), नागर (चतुर), गँवार (मूर्ख) आदि शब्द कोष्ठकों में दिये विशिष्ट अर्थ में रूढ़ हो गये हैं। अतः इन्हें 'योगरूढ़' कहा जाता है।

हिंदी को शब्द-निर्माण की प्रवृत्ति विरासत में मिली है। उपसर्ग, प्रत्यय, समास आदि साधनों के द्वारा नये-नये शब्दों का निर्माण कर भाषा अपने शब्द-वैभव को बढ़ाती रहती है। शब्दों की व्युत्पत्ति के संदर्भ में यहाँ इन भाषिक उपादानों का विवेचन अपेक्षित है।

उपसर्ग—'उपसर्ग' शब्द की व्युत्पत्ति उप + सृज् धातु से 'अ' प्रत्यय जोड़कर हुई है, जिसका अर्थ है 'पास आकर सृजन करने वाला'। वस्तुतः उपसर्ग धातु या शब्द के पास आकर 'अर्थ' का सृजन करता है। पाणिनि ने 'अष्टाध्यायी' में कहा है—''उपसर्गाः क्रिया योगे'' अर्थात् उपसर्ग क्रिया के साथ जुड़कर अर्थबोध कराते हैं। इससे स्पष्ट है कि उपसर्ग स्वतंत्र 'शब्द' नहीं होते। उनका एकाकी प्रयोग नहीं होता। वे तो किसी शब्द के आदि में जुड़कर उसके अर्थ को विशेष अभिव्यक्ति प्रदान करते हैं।

'वैयाकरण सिद्धांत कौमुदी' में उपसर्ग के प्रयोग की व्याख्या करते हुए एक कारिका में कहा गया है कि उपसर्ग से धातु का अर्थ बलपूर्वक बदल जाता है, जैसे —'हृ' धातु से निष्पन्न 'हार' शब्द से प्रहार, आहार, संहार, विहार, परिहार आदि कई शब्द बन जाते हैं। किंतु उपसर्ग से शब्द का अर्थ अनिवार्य रूप से बदल ही जाये, यह जरूरी नहीं। तोष-संतोष, यत्न-प्रयत्न आदि शब्दों में उपसर्ग केवल अर्थ तीव्रता उत्पन्न करता है। अस्तु, प्रकृति (मूल धातु या शब्द) और प्रत्यय के साथ उपसर्ग भी शब्द निर्माण का एक आवश्यक उपादान है।

संस्कृत उपसर्ग—संस्कृत व्याकरण में 22 उपसर्गों का उल्लेख मिलता है, जिन्हें 'प्रादि' कहा गया है—

प्र	अनु	दुस्	नि	सु	परि
परा	अव	दुर्	अधि	उत्	उप
अप	निस्	वि	अपि	अभि	
सम्	निर्	आ	अति	प्रति	

इन उपसर्गों के संयोग से बने कुछ शब्द निम्नलिखित हैं—

प्र—प्रदेश, प्रवेश, प्रवाह, प्रदान, प्रधान, प्रज्ञा, प्रजा, प्रकार, प्रचार,

प्रणाम, प्रस्थान, प्रमोद, प्रबल, प्रकाश, प्रवास, प्रदीप, प्रदोष, प्रणाम।

परा—पराजय, परामर्श, पराभव, पराक्रम।

अप—अपयश, अपमान, अपशब्द, अपकार, अपराध, अपहरण, अपशब्द, अपशकुन, अपभ्रंश।

सम्—संकट, संदेश, संदेह, संचय, संजय, संताप, संगम, संतोष, संयोग, संस्कार, संस्कृति, संस्करण।

अनु—अनुभव, अनुनय, अनुमान, अनुकरण, अनुगमन, अनुज, अनुताप, अनुसार, अनुवाद, अनुग्रह, अनुशासन।

अव—अवगुण, अवनति, अवस्था, अवधारणा, अवतार, अवसर।

निस्—निष्कपट, निष्प्राण, निष्पाप, निश्चल, निश्छल, निश्चित, निश्चित, निष्काम, निष्क्रिय, निष्कलंक, निश्चेष्ट।

निर्—निर्बल, निर्दय, निर्धन, निर्जन, निर्दोष, निर्देश, निर्णय, निरहंकार, निर्गुण, निर्लज्ज, निर्भय।

दुस्—दुष्कर, दुष्कर्म, दुश्चरित्र, दुस्तर, दुस्सह।

दुर्—दुर्ग, दुर्गम, दुर्गति, दुर्बोध, दुर्दान्त, दुराग्रह, दुर्जन।

वि—विजय, विचार, विकार, विवाद, विज्ञान, विदेश, विरूप, विलोम।

आ—आगमन, आदेश, आरोहण, आरोप, आचमन, आकर्षण।

नि—निकाय, निगम, निषेध, निपात, निरूपण, निधि, निधान।

अधि—अधिकार, अधिपति, अध्ययन, अधिकरण, अधिष्ठाता।

अपि—अपितु, अपिधान (अलोप)

अति—अतिक्रमण, अतिरिक्त, अतिरंजित, अतिशय, अत्यंत।

सु—सुगम, सुयोग, सुदेश, सुकर, सुजन, सुबोध, सुशील।

उत्—उत्कट, उत्कर्ष, उद्गम, उच्चारण, उज्ज्वल, उन्नति।

अभि—अभिनय, अभिरुचि, अभिसार, अभिमान, अभीष्ट, अभिशाप।

प्रति—प्रतिस्पर्धा, प्रतिज्ञा, प्रतीक्षा, प्रतिभा, प्रत्यय, प्रतिष्ठा।

परि—परिचय, परिणय, परिवार, परिश्रम, परिक्रमा, परीक्षा।

उप—उपकार, उपचार, उपस्थिति, उपदेश, उपयोग, उपहार।

कभी-कभी एक से अधिक उपसर्गों का प्रयोग भी देखा जाता है, जैसे—

प्र + आ = प्रारंभ, प्राकार

प्र + अधि = प्राधिकरण

अप + वि = अपव्यय

सम् + आ = समागम, समालोचना, समारोह, समाचार

सम् + उत् = समुन्नति, समुत्थान

अनु + सम् = अनुसंधान।

अनु + आ = अन्वादेश।

निस् + प्र = निष्प्रयोजन, निष्प्रभ।

निस् + सम् = निःसंदेह, निःसंतान।

निर् + अप = निरपराध।

निर् + आ निराधार, निराकरण, निरादर।

निर + उप = निरुपयोगी, निरुपद्रव।

दुस् + प्र = दुष्प्राप्य।

दुस् + परि = दुष्परिणाम।

दुर् + आ = दुराचार, दुराग्रह।

दुर् + उप = दुरुपयोग।

वि + आ = व्याघात, व्यापार, व्याधि।

वि + अव = व्यवहार, व्यवच्छेद।

अधि + आ = अध्यादेश, अध्याहार, अध्यारूढ़।

इसी प्रकार अत्याचार, स्वागत, उदाहरण, अभ्यागत, अभ्युदय, प्रत्यागत, प्रत्युपकार, पर्यवसान, पर्यावरण, उपाधि, उपनिवेश भी एकाधिक उपसर्गों के संयोग के उदाहरण हैं।

गतिशब्द—संस्कृत भाषा में अनेक शब्द उपसर्ग की तरह प्रयुक्त होने लगे थे। इनका स्वतंत्र प्रयोग अस्त हो चला था। इन्हें 'गतिशब्द' कहा जाता है। कुछ गतिशब्दों से बने शब्द निम्नलिखित हैं—

अ—अज्ञान, अविद्या, अनीति, अधर्म, असमर्थ, अलौकिक।

[यह वस्तुतः नञ् समास है। इसे हिंदी में 'उपसर्ग' मान लिया गया है।]

अन्—अनुचित, अनाचार, अनायास, अनुपस्थित।

[ये भी नञ् समास के उदाहरण हैं। संस्कृत में व्यंजन से पूर्व 'अ' तथा स्वर से पूर्व 'अन्' का प्रयोग होता था। हिंदी में यह भेद नहीं रहा। अ और अन का तद्भव शब्दों का प्रयोग द्रष्टव्य है।]

(1) **अ**—अछूत, अटल, अडिग, अचेत, अथक, अचूक, अथाह।

(2) **अन**—अनबन, अनचाहा, अनदेखा, अनपढ़, अनमेल, अनमोल, अनगिनत, अनजान, अनबूझ।

अन्तस्—(इसका अर्थ 'मध्य' या 'भीतर' है)—अंतःपुर, अंतःस्थ।

अन्तर्—अंतर्गत, अंतर्दशा, अंतर्देशीय, अंतर्मखी।

अधस्—(नीचे) – अधोगति, अधःपतन।

आविर्—(प्रकट होना) आविर्भाव, (आविस् भी, जैसे—आविष्कार)।

कु—(बुरा) कुपुत्र, कुचाल, कुपथ, कुठौर।

तिरस्—(छिपना) तिरोहित, तिरोभाव, तिरस्कार (अर्थपरिवर्तन)

पुरस्—(आगे) पुरोगामी, पुरोहित, पुरस्कार।

प्रादुर्—(प्रकट) प्रादुर्भाव।

स—(सहित) साकार, सार्थक, सकुशल, सानंद।

स्वी—(अपनाना) स्वीकार, स्वीकृति (इसी अर्थ में 'अंगी' का प्रयोग भी होता है, जैसे—अंगीकार।)

कुछ व्याकरणकारों ने अलम्, इति, चिर, पुरा, पुनर्, प्रातः, बहिर्, अग्र, अपर, उत्तर, उभय, तत्, दूर, नाना, प्राक्, बहु, मिथ्या, साक्षात् आदि ढेरों शब्दों को उपसर्गों या गतिशब्दों में समेट लिया है। वास्तव में ये शब्द संस्कृत में स्वतंत्र शब्द थे। उदाहरण देखिए—अलम् आक्रोशेन (आक्रोश न करो)।

इति सप्तमः समुल्लासः (सातवाँ समुल्लास समाप्त हुआ)।

वस्तुतः उपसर्ग और गतिशब्दों में मूलभूत अंतर है। उपसर्ग का न स्वतंत्र अर्थ होता है और न स्वतंत्र प्रयोग। वह तो शब्द के साथ जुड़कर अर्थ में परिवर्तन करता है या उसमें केवल तीव्रता लाता है। किंतु गतिशब्दों का स्वतंत्र अर्थ होता है। हाँ, उसका अकेले प्रयोग नहीं होता। जैसे—'वह कुपथगामी हो गया।' यहाँ कु एक गतिशब्द है, जो पथ के संयोग के बाद अर्थ को व्यक्त करता है। "वह व्यक्ति बहुत 'कु' है," ऐसे प्रयोगों में कु नहीं देखा जाता।

तद्भव उपसर्ग—ये हिंदी के अपने उपसर्ग माने जाते हैं। इनका विकास संस्कृत के उपसर्गों और गतिशब्दों से हुआ है। कुछ तद्भव उपसर्ग और उनके संयोग से बने शब्द निम्नलिखित हैं—

उ—(<उत्) उनींदा (उन्निद्र), उजला (उज्ज्वल), उथला (उत्तल), उधड़ा (उद्घाटित)

औ—(<अव) औगुन (अवगुण), औसर (अवसर), औतार (अवतार)

नि—(<नि, निस्, निर्) निडर, निकम्मा (निष्कर्म), निठल्ला।

दु—(<दुस, दुर्) दुबला (दुर्बल), दुहाग (दुर्भाग्य)

क—(<कु) कपूत।

कुछ विद्वानों ने अध (अधपका, अधखाया), बिन (बिन बुलाया, बिन ब्याहा), भर (भरपेट, भरदुपहरी) आदि की गणना भी तद्भव उपसर्गों में की है, परंतु ये सामासिक पद हैं।

फारसी उपसर्ग—ये उपसर्ग प्रमुख रूप से विदेशी शब्दावली में प्रयुक्त होते हैं।

गैर—यह विपरीत या अभाव अर्थ में प्रयुक्त होता है, जैसे—गैर हाजिर, गैर सरकारी, गैर मुमकिन आदि।

दर—यह अधिकरण की विभक्ति 'में' के अर्थ में प्रचलित है, जैसे—दर-असल, दरहकीकत आदि।

ना—यह उपसर्ग 'अभाव' अर्थ में प्रयुक्त होता है, जैसे—नालायक़, नाराज, नादान, नाखुश आदि।

—इसका प्रयोग तद्भव शब्दों के साथ भी होता है, जैसे—नासमझ।

ब—'के साथ' के अर्थ में अरबी-फारसी शब्दों में लगता है, जैसे—बखूबी, बतौर, बनाम आदि।

बा—यह भी 'के साथ' का वाचक है। बाक़ायदा, बाइज्जत, बाअदब, बावजूद।

बे—'रहित' अर्थ में प्रयुक्त उपसर्ग है, जो अरबी-फारसी के शब्दों के अतिरिक्त हिंदी शब्दों में भी प्रयुक्त होता है, जैसे विदेशी शब्दों में—बेरहम, बेईमान, बेशर्म बेहया, बेचारा, बेतुका आदि।

हिंदी शब्दों में—बेझिझक, बेढंग, बेधड़क, बेडौल, बेमन आदि।

ला—'अभाव में' या 'के बिना' के अर्थ में प्रयुक्त होता है, जैसे—लापरवाह, लाइलाज, लावारिस, लाचार, लाजवाब आदि।

हम—'बराबर' या 'साथी' अर्थ का वाचक है, जैसे—हमदर्द, हमसफर, हमउम्र, हमशक्ल, हमराही।

कुछ विद्वानों ने कम (कमजोर, कमसिन), खुश (खुशबू, खुशमिजाज), बद (बदतमीज, बदमिजाज), हर (हरसाल, हरवक्त) को भी उपसर्ग माना है, किंतु मेरे विचार से ये सब स्वतंत्र शब्द हैं। अतः इनसे निष्पन्न शब्दों को सामासिक पद मानना चाहिए। इन शब्दों का स्वतंत्र प्रयोग देखिए—

1. चाय में शक्कर **कम है**।
2. वह उस दिन बहुत खुश था।
3. **बद** अच्छा बदनाम बुरा।
4. हर समझदार आदमी की यही राय थी।

उपर्युक्त उपसर्गों में 'ग़ैर' (आप ग़ैरों की बात करते हैं।) और दर (दर-दर की ठोकरें खाना) भी स्वतंत्र शब्द हैं परंतु इन वाक्यों में इनका अर्थ क्रमशः 'पराया' और 'दरवाजा' है जबकि उपसर्ग के रूप में इनका अर्थ भिन्न है।

प्रत्यय

रूढ़ एवं व्युत्पन्न शब्दों और धातुओं (मूल क्रिया) में प्रत्यय जोड़कर शब्द बनाने की प्रवृत्ति हिंदी को विरासत में प्राप्त हुई है। संस्कृत प्रत्यय-प्रधान भाषा थी और उसमें प्रत्ययों की अद्भुत विविधता थी। संस्कृत व्याकरण में 'प्रत्यय' शब्द का प्रयोग व्यापकतर अर्थ में हुआ है। वहाँ शब्द निर्माण करने वाले कृत, तद्धित प्रत्ययों और लिंग-परिवर्तन करने वाले स्त्री प्रत्ययों के अतिरिक्त पदरचना करने वाली सुप् और तिङ् विभक्तियों को भी 'प्रत्यय' कहा जाता था। हिंदी में केवल शब्द निर्माण की प्रक्रिया में प्रयुक्त इकाइयों को ही 'प्रत्यय' कहा जाता

है, पद निर्माण करने वाले प्रत्ययों के लिए 'विभक्ति' शब्द प्रचलित हो गया है।

हिंदी में प्रत्ययों के तीन प्रमुख स्रोत हैं, 1. संस्कृत में तत्सम प्रत्यय, 2. प्राकृतों और अपभ्रंशों से गृहीत तद्भव प्रत्यय और 3. विदेशी प्रत्यय।

तत्सम प्रत्यय—इन प्रत्ययों का संबंध केवल तत्सम शब्दों से है। तद्भव, देशज और विदेशी शब्दों में इनका प्रयोग सामान्यतया नहीं होता। संस्कृत में प्रमुख रूप से दो प्रकार के प्रत्यय प्रचलित थे—1. कृत् प्रत्यय और 2. तद्धित प्रत्यय।

कृत् प्रत्यय—धातुओं के साथ (बाद में) जुड़कर शब्द बनाने वाले प्रत्ययों को 'कृत्' कहते हैं। इनसे बनने वाले शब्द 'कृदंत' कहलाते हैं, जैसे—कृति, स्मरणीय, मुक्त, भाव आदि।

तद्धित प्रत्यय—धातुओं के अतिरिक्त शब्दों (संज्ञा, सर्वनाम, विशेषण आदि) से शब्द निर्माण करने वाले प्रत्ययों को तद्धित कहते हैं। इनसे निष्पन्न शब्दों को 'तद्धितान्त' कहा जाता है। 'तद्धितांत' के लिए 'तद्धित' शब्द का प्रयोग भी होता है। वैदिक, लघुता, पाण्डित्य, बुद्धिमान् आदि शब्द तद्धित प्रत्ययों से बने हैं।

कृत् प्रत्यय—

(अ) **कर्तृवाचक प्रत्यय**—'करने वाला' अर्थ के वाचक प्रत्यय कर्तृवाचक कहलाते हैं। ण्वुल् (अक), तृच् (तृ), ल्युट् (अन) और अच् (अ) प्रमुख कर्तृ-वाचक प्रत्यय हैं।

[कोष्ठस्थ शब्द प्रत्ययों के 'आदेश' हैं। हिंदी में इन्हें ही वास्तविक प्रत्यय समझना चाहिए।]

1. अक प्रत्यय—

कृ—कारक, करने वाला।

चिंत्—चिंतक, विचार करने वाला।

धृ—धारक, धारण करने वाला।

पठ्—पाठक, पढ़ने वाला।

पच् – पाचक, पकाने वाले।

मुद्र्—मुद्रक, छापने वाला।

रक्ष्—रक्षक, रक्षा करने वाला।

लिख्—लेखक, लिखने वाला।

इसी प्रकार भक्षक, संयोजक, गायक, नायक, आलोचक, नर्तक, संपादक, व्यवस्थापक, निर्देशक, निरीक्षक, वाचक, वादक, मोहक, आकर्षक, दर्शक, प्रेक्षक, प्रचारक, ग्राहक, उपासक, पर्यटक आदि शब्द भी 'अक' प्रत्यय से बनते हैं। इस प्रत्यय के स्त्रीलिंग रूप 'इका' लगकर बनते हैं, जैसे—पाठिका, अध्यापिका, गायिका।

2. **तृ प्रत्यय**—इस प्रत्यय से बनने वाले दातृ, भोक्तृ आदि शब्द हिंदी में

प्रातिपदिक रूपों में नहीं, प्रथमा विभक्ति के एकवचन में प्रचलित हैं, जिनके रूप दाता, भोक्ता आदि होते हैं, जैसे—

दा—दाता, देने वाला।

नी—नेता, ले जाने वाला।

हृ—हर्ता, हरण करने वाला।

वि + जि — विजेता, जीतने वाला।

भुज्—भोक्ता, भोगने वाला।

श्रू—श्रोता, सुनने वाला।

कृ—कर्ता, करने वाला।

भृ—भर्ता, भरण-पोषण करने वाला।

इसी प्रकार रचयिता, धाता, त्राता, संहर्ता, हन्ता, आक्रांता, विधाता आदि शब्द भी 'तृ' प्रत्यय से बने हैं।

—द्रष्टा, स्रष्टा आदि शब्दों में 'त' का 'ट' हो गया है।

—तृ प्रत्ययांत शब्दों का स्त्रीलिंग में 'त्री' हो जाता है, जिससे धात्री, कर्त्री, आदि शब्द बनते हैं, किंतु 'कवयित्री' आदि अपवादों को छोड़कर हिंदी में नेता, श्रोता, कर्ता आदि शब्द स्त्रीलिंग में भी ज्यों के त्यों बने रहते हैं। 'नेत्री', 'श्रोत्री' नहीं होते।

3. अन प्रत्यय—

नन्द्—नंदन, आनंदित करने वाला।

मुह्—मोहन, मोहित करने वाला।

सूद्—सूदन, मारने वाला (मधुसूदन = विष्णु)।

पू—पावन, पवित्र करने वाला (पतित पावन सीताराम)

[यह प्रत्यय भाववाचक संज्ञा के अर्थ में भी होता है।]

4. अ प्रत्यय—

सृप्—सर्प, सरकने वाला।

ग्रह्—ग्राह, पकड़ने वाला।

हृ—हर, हरण करने वाला (विघ्नहर)

इसी प्रकार चोर, देव, बुध, धर (पयोधर, जलधर) में भी 'अ' प्रत्यय का प्रयोग हुआ है।

—ज्ञा (जानना), दा (देना), कृ (करना) आदि धातुओं से अ प्रत्यय लगाकर निष्पन्न कृदंतों ज्ञ, द, कर आदि का प्रयोग सामासिक शब्दों में होता है, जैसे संगीतज्ञ, बहुज्ञ, पयोद, जलद, भयंकर। उपसर्ग के योग से भी कुछ शब्द बनते हैं जैसे—अभिज्ञ, विज्ञ, प्रद (संतोषप्रद, भयप्रद), सुकर, दुष्कर आदि।

(आ) भाववाचक प्रत्यय—भाववाचक या क्रियार्थक संज्ञा बनाने के लिए इन

प्रत्ययों का प्रयोग किया जाता है—अ, अन, ति और या।

1. अ प्रत्यय—

कम्—काम (इच्छा)	हृ—हार, (विहार, प्रहार)
शुच्—शोक	खिद्—खेद
सृज—सर्ग	नी—नय (विनय, प्रणय)
जि—जय	क्रुध्—क्रोध
सृ—सार (संसार, प्रसार)	लुभ्—लोभ

इसी प्रकार—लाभ, (प्र)लाप, सं(ग्रह), भाग, श्रम, वाद, त्याग।

—अ प्रत्यय से स्त्रीलिंग का आ प्रत्यय जोड़कर भी भाववाचक संज्ञाएँ बनती हैं, जैसे—क्रीड् + अ + आ = क्रीडा, निद्रा, निंदा, चिंता, इच्छा, पूजा, शिक्षा, दया, कथा, सेवा, (आ) ज्ञा, ईक्षा (परीक्षा, प्रतीक्षा, समीक्षा)

2. अन प्रत्यय—

गै—गायन	गम्—गमन
चि—चयन	दा—दान
नी—नयन	ज्ञा—ज्ञान
क्रम्—क्रमण (आक्रमण)	भुज्—भोजन

इसी प्रकार—*भरण, *पोषण, वचन, शयन, पान, (नि)योजन, *रमण, मनन, *स्मरण, स्तवन, *तर्पण, वर्धन, दर्शन, *जागरण, कीर्तन, *परीक्षण, सेवन, पूजन, यान, वाहन, *(आ)भूषण, *(सं)रक्षण।

—अन प्रत्यय के साथ भी स्त्रीलिंग का 'आ' प्रत्यय जुड़ता है। इस संयोग से बने शब्दों की संख्या भी कम नहीं है। कुछ शब्द निम्नलिखित हैं—

घट् + अन + आ = घटना	रच्—रचना
विद्—वेदना	भाव् (भू + णिच)—भावना
चित्—चेतना	कम्—कामना
सूच्—सूचना	युज्—योजना

इसी प्रकार—तुलना, वंदना, प्र(अर्थना), सर्जना, वासना, उप(आसना), *धारणा, वि(वेचना) आदि।

3. ति प्रत्यय—

कृ—कृति	स्था—स्थिति
वच्—उक्ति	क्रम्—क्रांति
री—रीति	शम्—शांति
युज्—युक्ति	गम्—गति

---

* —[ऋ, र, ष के बाद न को ण हो गया है।]

इसी प्रकार—नीति, गीति, स्मृति, प्रीति, रति, स्तुति, मति, तृप्ति, कीर्ति, चिति, मुक्ति, शक्ति, (प्र)शस्ति, (प्र)णति। वृध्, सिध्, लभ् आदि धातुओं में 'ति' प्रत्यय लगने पर 'ति' 'धि' में बदल जाता है, जैसे—वृद्धि, सिद्धि, उपलब्धि।

—कुछ धातुओं के साथ 'ति' के स्थान पर 'टि' हो जाता है, जैसे—सृष्टि, दृष्टि, वृष्टि, संतुष्टि।

4. **या प्रत्यय**—

कृ—क्रिया।

विद्—विद्या।

चर्—चर्या (दिनचर्या)

शी—शय्या (यह वस्तुवाचक संज्ञा है।)

(इ) **इच्छार्थक प्रत्यय**—'... करने की इच्छा' अर्थ में 'सा' प्रत्यय का प्रयोग होता है। यह प्रत्यय सन् (स) और स्त्रीलिंग 'आ' प्रत्ययों के संयोग से बना है। 'सा' प्रत्यय के संयोग के समय क्रिया को द्वित्व हो जाता है।

[वास्तव में 'सन्' प्रत्ययांत क्रियाओं—चिकीर्ष्, चिकित्स् आदि से भाववाचक प्रत्यय अ और बाद में स्त्री प्रत्यय आ जोड़कर चिकीर्षा, चिकित्सा आदि शब्द बनते हैं।]

सा प्रत्यय के उदाहरण—

पा—पिपासा (पीने की इच्छा अर्थात् प्यास)।

भुज्—बुभुक्षा (खाने की इच्छा अर्थात् भूख)।

ज्ञा – जिज्ञासा (जानने की इच्छा अर्थात् कुतूहल)।

इसी प्रकार—लालसा, जिजीविषा, मीमांसा, जिगमिषा।

(ई) **वर्तमान कालिक प्रत्यय**—

1. शतृ (अत्) प्रत्यय—'करता हुआ' 'जाता हुआ' के अर्थ में परस्मैपदी धातुओं से 'अत्' प्रत्यय का प्रयोग होता है। इसका प्रयोग 'जगत्', ज्वलंत, जयंत आदि एक-दो शब्दों में ही देखा जाता है। इसका स्त्रीलिंग रूप 'पश्यंती' आदि में मिल जाता है।

2. **शानच्** (मान)—उपर्युक्त अर्थ में आत्मने पदी धातुओं से 'मान' प्रत्यय लगाकर निम्नलिखित शब्द बनते हैं—

वृध्—वर्धमान (बढ़ता हुआ)।

यज्—यजमान (यज्ञ करता हुआ, अर्थ परिवर्तन)।

विद्—विद्यमान।

कृ—क्रियमाण (कर्मवाच्य में, अर्थ—किया जाता हुआ इसी प्रकार म्रियमाण, देदीप्यमान, विराजमान।

[शोभायमान, चलायमान आदि अशुद्ध प्रयोग हैं।]

(3) **भूतकाल वाचक प्रत्यय**—'किया हुआ' आदि अर्थों में पूर्ण भूतकाल-वाचक विशेषण त प्रत्यय लगकर बनते हैं। कुछ उदाहरण निम्नलिखित हैं—

तृ— मृ—मृत (मरा हुआ)

गम्—गत (गया हुआ)

मुच्—मुक्त (छोड़ा हुआ)

भुज्—भुक्त (भोगा हुआ)

इसी प्रकार—तप्त, (वि)ख्यात, त्रस्त, ध्वस्त, श्रुत, हत, त्यक्त, च्युत, कृत, उक्त, दृप्त, ज्ञात, पीत, क्रीत, दत्त, (उद्)धृत, जित (पराजित, विजित), चित (संचित, निश्चित), क्षत (अक्षत), हृत आदि।

(इ) त—संस्कृत के वैयाकरणों ने धातुओं को सेट् (स + इट्) और अनिट् (इट् रहित), दो वर्गों में बाँटा है। सेट् धातुओं से प्रत्यय लगने पर बीच में इट् (इ) का आगम हो जाता है। इन्हीं धातुओं से निम्नलिखित त प्रत्ययांत रूप बनते हैं—

विद्+इ+त=विदित	चित्+इ+त चितित
मुद्—मुदित	पीड्—पीड़ित
छद्—छादित (आच्छादित)	कथ्—कथित
रच्—रचित	पठ्—पठित
लिख्—लिखित	मुद्र्—मुद्रित
चित्र् चित्रित	पत्—पतित

इसी प्रकार—निहित, पालित, याचित, रक्षित (आरक्षित, संरक्षित) संपादित, शिक्षित, (आ) नंदित, चरित (उच्चरित) आदि।

न—यह भी त प्रत्यय का ही 'आदेश' है। जैसे—छिन्न, खिन्न, भिन्न, भग्न, जीर्ण, शीर्ण, पूर्ण, लीन आदि।

ट—यह भी त का मूर्द्धन्यीकृत रूप है। पुष्ट, नष्ट, भ्रष्ट, इष्ट, हृष्ट, धृष्ट आदि कृदंत शब्द वस्तुतः त प्रत्ययांत ही हैं।

इसके अतिरिक्त पाणिनि ने पक्व और शुष्क के व और क प्रत्ययों को भी 'त' प्रत्यय का ही 'आदेश' माना है।

(उ) **विध्यर्थ प्रत्यय**—'करने योग्य' अर्थ वाले विशेषण तव्य, अनीय और य प्रत्यय लगकर बनते हैं।

तव्य—गम्—गंतव्य (जाने योग्य स्थान, मंजिल)

दा—दातव्य।

ध्या—ध्यातव्य।

वच्—वक्तव्य।

कृ—कर्तव्य।

इसी प्रकार—द्रष्टव्य, हर्तव्य, श्रोतव्य।

अनीय— स्मृ—स्मरणीय पठ्—पठनीय
दृश्—दर्शनीय रम्—रमणीय
मन्—माननीय चित्—चिंतनीय
निंद्—निंदनीय शुच्—शोचनीय

य—गम्—गम्य पूज्—पूज्य
ग्रह्—ग्राह्य दा—देय
श्रू—श्रव्य कथ्—कथ्य

इसी प्रकार वध्य, स्तुत्य, कार्य, दृश्य, प्रेय, गद्य, पद्य, वाच्य, गेय, पाल्य, भोज्य, खाद्य, मान्य, सेव्य, भेद्य आदि।

[सोपसर्ग – अभिनेय, विधेय, दुर्जेय, विवेच्य आदि।]

विविध कृत् प्रत्यय

प्रत्यय	अर्थ	उदाहरण
उक	कर्तृवाचक संज्ञा	इच्छुक, कामुक
आलु	विशेषण	दयालु, श्रद्धालु
इन् (प्रथमांत ई)	कर्तृवाचक	कामी, क्रोधी, त्यागी
इष्णु	कर्तृवाचक	सहिष्णु
न	भाववाचक संज्ञा	यत्न, विघ्न
उ	कर्तृवाचक	भिक्षु, साधु

तद्धित प्रत्यय

तद्धित प्रत्ययों का संयोग क्रिया छोड़कर अन्य किसी भी शब्द से होता है। इससे बनने वाले शब्दों को 'तद्धित' या 'तद्धितांत' कहते हैं।

(1) **भाववाचक प्रत्यय**—जातिवाचक संज्ञा या विशेषण शब्दों से भाववाचक संज्ञा बनाने वाले प्रत्ययों को 'भाववाचक प्रत्यय' कहते हैं। ता, त्व, अ, इमा और य प्रमुख भाववाचक प्रत्यय हैं।

ता—कटुता, मधुरता, लघुता, गुरुता, समता, दासता, मानवता, मूर्खता, विद्वत्ता, नवीनता, दुष्टता, आवश्यकता, स्वतन्त्रता, भव्यता, विशेषता, विशालता, संकीर्णता, धूर्तता, कुलीनता, सार्थकता आदि।

त्व—महत्त्व, गुरुत्व, द्रवत्व धनत्व, बन्धुत्व, सतीत्व, नारीत्व, कटुत्व, ग्राम्यत्व, अश्लीलत्व, व्यक्तित्व, कृतित्व आदि।

अ—इस प्रत्यय का संयोग होने पर मूल शब्द के प्रथम स्वर की वृद्धि हो जाती है, जैसे—

विभु—वैभव शिशु—शैशव
मुनि—मौन शुचि—शौच
गुरु—गौरव कुशल—कौशल

[सजातीय स्वरों का आ, ऐ, औ, और आर् में बदल जाना वृद्धि कहलाता है।]

[अ प्रत्यय का प्रयोग अपत्यार्थ में भी होता है, जैसे—भृगु—भार्गव, रघु—राघव, कुरु—कौरव]

इमा—अणु—अणिमा लघु—लघिमा
महत्—महिमा गुरु—गरिमा
मधुर—मधुरिमा नील—नीलिमा

[यह प्रत्यय संस्कृत में पुल्लिंग था, किंतु स्त्रीलिंग के आ प्रत्यय के सादृश्य के कारण हिन्दी में स्त्रीलिंग हो गया है।]

य—इस प्रत्यय से निर्मित शब्दों में भी प्रथम स्वर की वृद्धि हो जाती है, जैसे—

ईश्वर—ऐश्वर्य चतुर—चातुर्य
धीर—धैर्य तरुण—तारुण्य
पण्डित—पाण्डित्य शूर—शौर्य
मधुर—माधुर्य सुंदर—सौंदर्य
स्वस्थ—स्वास्थ्य पृथक्—पार्थक्य
करुण—कारुण्य गंभीर—गांभीर्य
शिथिल—शैथिल्य सधर्म—साधर्म्य
प्रचुर—प्राचुर्य निराश—नैराश्य
वहुल—बाहुल्य विविध—वैविध्य

(ख) **गुणवाचक विशेषण**—बनाने वाले प्रत्ययों में प्रमुख हैं—इक, ईय, ई, इम, ईन, मय और य।

इक—प्रथम स्वर की वृद्धि हो जाती है, जैसे—

धर्म—धार्मिक तत्त्व—तात्त्विक
मास—मासिक दिन—दैनिक
साहित्य—साहित्यिक मास—मासिक
वर्ष—वार्षिक समय—सामयिक

इसी प्रकार—वैदिक, ऐतिहासिक, नैतिक, सांस्कृतिक, भौतिक, आध्यात्मिक, शारीरिक, मानसिक, औद्योगिक, नैतिक, सैद्धांतिक, मार्मिक, कारुणिक, सांप्रदायिक, वास्तविक, पाशविक, औपन्यासिक, वैवाहिक आदि।

ईय—मानव—मानवीय देश—देशीय
नरक—नारकीय क्षेत्र—क्षेत्रीय
राष्ट्र—राष्ट्रीय स्वर्ग—स्वर्गीय
सम्पादक—सम्पादकीय भारत—भारतीय

यह प्रत्यय सर्वनाम शब्दों से भी होता है, जैसे मदीय, त्वदीय, तदीय, भवदीय आदि। इन शब्दों में से केवल 'भवदीय' ही हिंदी में प्रचलित है।

ई (इन् का प्रथमांत रूप)—यह प्रत्यय संज्ञा और विशेषण दोनों अर्थों में होता है।

शास्त्र—शास्त्रिन्>शास्त्री।

पक्ष – पक्षिन्>पक्षी।

दंड—दंडिन्>दंडी।

सुख– सुखिन्>सुखी।

इसी प्रकार दु:खी, विरागी, धनी, संयासी, प्रहरी।

इम—रक्त—रक्तिम　　अंत—अंतिम

स्वर्ण—स्वर्णिम　　अग्र—अग्रिम

ईन—कुल—कुलीन　　ग्राम—ग्रामीण

नव—नवीन　　प्राक्—प्राचीन

—इसी प्रकार समकालीन, अर्वाचीन, पारीण (सरयूपारीण)।

मय—जल—जलमय　　मधु—मधुमय

सुख—सुखमय　　तेज:—तेजोमय

—इसी प्रकार प्रभामय, करुणामय, ज्योतिर्मय, महिमामय।

य—दिव्य, वन्य, सभ्य, ओष्ठय, न्याय्य।

इल—स्वप्निल, फेनिल, जटिल।

इष्ट-ठ—स्वादिष्ट, बलिष्ठ

क— विषयक, नामक

तन—पुरातन, सनातन (<सदा + तन), अद्यतन, प्राक्तन।

(ग) **तारतम्य वाचक प्रत्यय**—विशेषण की तुलनात्मक अर्थवत्ता व्यक्त करने के लिए तर और तम प्रत्ययों का प्रयोग होता है।

तर—दो व्यक्तियों या वस्तुओं में से एक की श्रेष्ठता व्यक्त करने के लिए 'तर' प्रत्यय का प्रयोग होता है, जैसे—अधिकतर, लघुतर, गुरुतर, उच्चतर (<उच्चैस्तर:), सुंदरतर।

तम—किसी वस्तु या व्यक्ति की 'सर्वोत्तमता' की अभिव्यक्ति के लिए 'तम' प्रत्यय का प्रयोग होता है, जैसे—अधिकतम, महत्तम, लघुतम, उच्चतम (<उच्चैस्तम:) आदि।

(घ) 'धनवाला' 'बलवाला' आदि के अर्थ में **मतुप्** (मत्) और **वतुप्** (वत्) प्रत्ययों का प्रयोग होता है। 'वतुप्' प्रत्यय अकारांत अथवा आकारांत शब्दों में लगता है और मतुप् इकारांत, उकारांत शब्दों में। इन दोनों प्रत्ययों से निष्पन्न शब्द अपने प्रातिपदिक रूप में नहीं प्रथमा एकवचन के रूप में प्रयुक्त होते हैं।

उदाहरण द्रष्टव्य हैं—

वत् प्रत्यय—धनवत्—धनवान्,

बलवत्—बलवान् विद्यावत्—विद्यावान्

निष्ठावत्—निष्ठावान् दयावत्—दयावान्

इसी प्रकार धैर्यवान्, पुण्यवान्, आस्थावान्, शीलवान्, चरित्रवान्, गुणवान्, रूपवान्, ज्ञानवान्, भाग्यवान् ।

मत् प्रत्यय—

श्रीमान्, बुद्धिमान्, नीतिमान्, अंशुमान्, गतिमान्, आयुष्मान्, कीर्तिमान् आदि ।

विविध तद्धित प्रत्यय (1)

प्रत्यय	अर्थ	उदाहरण
इ	अपत्यार्थक	मारुति, दाशरथि ।
एय	अपत्यार्थक	कौंतेय, गांगेय ।
क	लघुतावाचक	भिक्षुक, बालक ।
म	क्रमवाचक संख्या	नवम, दशम ।

[प्रथम, द्वितीय, तृतीय और चतुर्थ के बाद की संख्याओं में, कुछ अपवादों को छोड़कर, म प्रत्यय लगता है ।]

वी (विन्)	विशेषण	तेजस्वी, यशस्वी, मनस्वी

[यह प्रत्यय सकारांत शब्दों में लगता है । प्रातिपदिक रूप तेजस्विन्, मनस्विन् होते हैं, हिंदी में प्रथमांत रूप प्रचलित हैं ।]

संस्कृत के स्वाधीन, पराधीन, भाग्यशाली, गौरवशाली, विद्यार्थी, परीक्षार्थी, कामातुर, चिंतातुर, धनाढ्य, बलाढ्य, मौर्यकालीन, मुगलकालीन, चिंताग्रस्त, रोगग्रस्त, बुद्धिजीवी, श्रमजीवी, लाभदायक, फलदायक, सहनशील विचारशील, धर्मज्ञ, शास्त्रज्ञ आदि शब्दों में भी वैयाकरणों ने क्रमशः अधीन, शाली, अर्थी, आतुर, आढ्य, कालीन, ग्रस्त, जीवी, दायक, शील, ज्ञ, आदि प्रत्ययों की कल्पना की है । वस्तुतः ये सब स्वतंत्र शब्द हैं और इनसे बनने वाले शब्द सामासिक शब्द ।

तद्भव प्रत्यय—प्राकृतों और अपभ्रंशों से गृहीत तद्भव प्रत्यय हिंदी की बिल्कुल अपनी चीज है । इन प्रत्ययों से बनने वाले शब्द संख्या में कम होते हुए भी हमारी भाषिक प्रवृत्ति के अधिक अनुकूल हैं । तत्सम प्रत्यय तो केवल तत्सम शब्दों में लगते हैं । बल्कि यह कहना अधिक उचित होगा कि इनमें से अधिकतर प्रत्यय संस्कृत के कृदंत और तद्धित शब्दों के विश्लेषण से गृहीत घटक मात्र हैं । इन प्रत्ययों से, पारिभाषिक शब्दावली को छोड़कर, नये शब्दों का निर्माण कम ही हुआ है ।

कुछ तद्भव प्रत्ययों से निष्पन्न शब्द निम्नलिखित हैं—

कृत प्रत्यय

(अ) कर्तृवाचक प्रत्यय

(1) अक्कड़—

भूलना—भुलक्कड़ बूझना—बुझक्कड़
पीना—पियक्कड़ घूमना—घुमक्कड़

(2) एरा—

कमाना—कमेरा चीतना—चितेरा
लूटना—लुटेरा

(3) इयल—

अड़ना—अड़ियल सड़ना—सड़ियल
मरना—मरियल

(4) इया—

जड़ना—जड़िया गढ़ना—गढ़िया

(5) आऊ—

कमाना—कमाऊ चलना—चलाऊ (काम-चलाऊ)

(6) आरी-आड़ी—

जुआ खेलना—जुआरी, भीख मांगना—भिखारी, पूजना—पुजारी, खेलना—खिलाड़ी।

(आ) भाववाचक प्रत्यय

भाववाचक संज्ञा या क्रियार्थक संज्ञा बनाने वाले तद्‌भव प्रत्यय हैं, अ, आ, आई, अन, अत, आव, आवा, आवट, आहट, ई, नी, ती, (औ)ती, आती, अंत आदि। उदाहरण द्रष्टव्य हैं—

अ—खेलकूद, दौड़, लूट, मार, पीट, मेल, परख, चीख, समझ।

आ—झगड़ा, खटका, फेरा, मेला, घेरा आदि।

आई—पढ़ाई, लिखाई, लड़ाई, चढ़ाई, पिसाई, कुटाई आदि।

अन—मिलन, जलन, खान, पान, लेन, देन, रहन, सहन आदि।

अत—खपत, बचत।

आव—जमाव, घुमाव, बचाव, पड़ाव, रखाव (रख-रखाव)।

आवा—भुलावा, पहनावा, दिखावा, पछतावा, बुलावा।

आवट—सजावट, बनावट, मिलावट, रुकावट, लिखावट।

आहट—चिल्लाहट, घबराहट, जगमगाहट, सनसनाहट।

ई—हंसी, चोरी, धमकी, घुड़की, बोली, कही (कही-अनकही)

ती (अती)—गिनती, भरती।

(औती)—मनौती, फिरौती, चुनौती

(आती)—सुहाती (ठकुरसुहाती)

अंत—भिडंत, गढ़ंत (मनगढ़ंत), रटंत (तोतारटंत)

(इ) **विशेषण बनाने वाले प्रत्यय**—क्रिया से विशेषण बनाने वाले प्रमुख तद्भव प्रत्यय हैं, आलू, आवना, आ, ओड़, आकू, आऊ, औना। कुछ उदाहरण द्रष्टव्य हैं—

आलू—(स्वभाव अर्थ में)—लजालू, झगड़ालू।

आवना—लुभावना, डरावना।

आ—चला (मनचला), चढ़ा (नीमचढ़ा करेला), बोला (रामबोला, मिठबोला), लेवा (जानलेवा) स्पष्ट है। यह प्रत्यय अधिकतर उपपद तत्पुरुष के अंग के रूप में होता है।

ओड़—हँसोड़।

ओड़ा—हँसोड़ा, भगोड़ा।

आकू—लड़ाकू, उड़ाकू।

आक—तैराक।

आऊ—यह प्रत्यय 'के योग्य' के अर्थ में प्रयुक्त होता है, जैसे बिकाऊ, दिखाऊ, जलाऊ, चलाऊ (कामचलाऊ)।

तद्धित प्रत्यय—

(क) **भाववाचक संज्ञा बनाने वाले प्रत्यय**—विशेषण या जातिवाचक संज्ञा शब्दों से भाववाचक संज्ञा बनाने वाले प्रमुख प्रत्यय हैं—आई, ई, पन, आपा, आस और आहट।

आई—अच्छाई, बुराई, भलाई, चतुराई, चिकनाई, पंडिताई, ढिठाई, लंबाई, चौड़ाई, सच्चाई, बड़ाई।

ई—नेकी, बदी, खूबसूरती, खूबी, अमीरी, गरीबी, चुस्ती, फुर्ती, मस्ती, चालाकी, चाकरी, नौकरी, दलाली, दोस्ती, दुश्मनी, खेती, सर्दी, गर्मी, सफेदी।

पन—बचपन, लड़कपन, अनाड़ीपन, बड़प्पन।

आपा—बुढ़ापा, मुटापा या मोटापा।

आस—मिठास, उजास।

आहट—चिकनाहट, कड़ुवाहट।

(ख) **कर्तृवाचक संज्ञा बनाने वाले प्रत्यय** हैं, आर, ई, इयाची, ऐत आदि। उदाहरण द्रष्टव्य हैं—

आर—ये प्रत्यय व्यवसायी या शिल्पी अर्थ में प्रयोग में आते हैं, जैसे—कुम्हार, चमार, लुहार, सुनार।

ई – माली, तेली, तमोली।

इया—धुनिया, आढ़तिया, रसोइया, ढोलकिया।

ची—तबलची, तोपची।

ऐत—लठैत, डकैत।

(ग) **विशेषण बनाने वाले प्रत्यय**—आ, ईला, ई, इया, ला।

आ—भूखा, प्यासा, मैला, प्यारा।

ईला—रंगीला, नशीला, रसीला, छबीला, फुर्तीला, चमकीला, भड़कीला, नुकीला, सुरीला, जोशीला।

ई—शहरी, जंगली, आलसी, खूनी, घमंडी, बैंगनी (रंग), देशी, विदेशी, पहाड़ी आदि। यह प्रत्यय 'निवासी' अर्थ में भी होता है, जैसे—जापानी, चीनी, नेपाली, पंजाबी, बंगाली, मद्रासी, राजस्थानी, गुजराती आदि।

इया—बम्बइया, जयपुरिया।

ला—अगला, पिछला, पहला।

(घ) **लघुता वाचक प्रत्यय**—ई, इया, क (की), ओला।

ई—टोकरी, कोठड़ी, डोरी, कटोरी, पहाड़ी, चिमटी।

इया—चदरिया, पुड़िया, डिबिया, खटिया।

क या **की**—ढोलक, ढोलकी।

ली—डफली, टिकुली।

ला—खटोला, सँपोला।

(ङ) **स्वार्थक प्रत्यय**—इन प्रत्ययों के संयोग से अर्थ नहीं बदलता, केवल अभिव्यक्ति में तीव्रता आ जाती है।

ड़ा—दुःखड़ा, मुखड़ा, बछड़ा, टुकड़ा, चमड़ा।

ल—शीतल, श्यामल, मृदुल।

इया—बकरिया, गठरिया, कोठड़िया, बिदेसिया, बगिया।

वा—अँगनवा, मनवा।

इया, वा प्रत्यय लोक भाषा में अधिक प्रयुक्त होते हैं।

(च) **समूह वाचक**—क और ई प्रत्यय—

क—दशक, सप्तक, शतक, अष्टक।

ई—बत्तीसी, पच्चीसी, सदी।

विविध अर्थों के वाचक प्रत्यय—

आभूषण—**ई** : अंगूठी, कंठी (कंठमाला)।

औजार—**नी** : धौंकनी, कतरनी, चलनी।

ध्वनि—**टा** : खर्राटा, फर्राटा।

सम्बन्ध—**एरा** : चचेरा, ममेरा, फुफेरा।

विदेशी प्रत्यय—अरबी-फारसी के प्रत्ययों ने हमारी शब्द निर्माण-प्रक्रिया को गहराई तक प्रभावित किया है। इन भाषाओं के सैंकड़ों प्रत्यय हिंदी में प्रचलित हो गए हैं। इन प्रत्ययों का प्रयोग विदेशी शब्दों में ही नहीं, कहीं-कहीं हिंदी के तद्‌भव शब्दों में भी देखा जाता है। पाश्चात्य भाषाओं का प्रभाव इस दृष्टि से अवश्य ही कम रहा है। अंग्रेजी की शब्दावली तो विपुल परिमाण में हिंदी में आई, परंतु उसके प्रत्यय हमारी भाषाओं की प्रकृति के साथ अपना तालमेल नहीं बैठा सके। इसीलिए अंग्रेजी के इस्ट (टाइपिस्ट, स्पेशलिस्ट) इज्म (रियलिज्म, केपिटलिज्म) आदि प्रत्यय अंग्रेजी शब्दावली से आगे नहीं बढ़ पाए अतः विदेशी प्रत्ययों का अध्ययन फारसी प्रत्ययों या उसके माध्यम से आए अरबी प्रत्ययों तक ही सीमित हैं।

अरबी-फारसी के प्रत्यय

कृत्प्रत्यय—अरबी फारसी से गृहीत शब्दावली में कृदन्तों की संख्या कम ही है। प्रमुख प्रत्यय निम्नलिखित हैं—

इंदा—यह कर्तृवाचक ('करने वाला' अर्थ का वाचक) प्रत्यय है। कार्—कारिंदा, बाश्—बाशिंदा, जी—जिंदा शब्द इसके संयोग से निष्पन्न होते हैं।

आ—(करने वाला)—

दान्—दाना (जानने वाला)। नादान दोस्त से दाना दुश्मन अच्छा होता है।

रिह्—रिहा (मुक्त होने वाला)

अ

परवर्—परवर (रक्षा करने वाला) (बंदा परवर)

इश्—यह भाववाचक (क्रियार्थक) संज्ञा बनाने वाला प्रत्यय है।

उदाहरण—कोश्—कोशिश

बंद्—बंदिश

इसी प्रकार मालिश, परवरिश, फरमाइश, आजमाइश।

अ—(भाववाचक या क्रियार्थक संज्ञा)।

आमद्—आमद (आना)।

रफ्त्—रफ्त (जाना)।

नी—(भाववाचक या क्रियार्थक संज्ञा)।

आमद्—आमदनी (आय)।

गुफ्त्—गुफ्तनी (बातचीत)।

खुर्द—खुर्दनी (खाना)।

विविध तद्धित प्रत्यय (2)

(क) कर्तृवाचक ('करने वाला' अर्थ के वाचक) प्रत्यय—कार, गार, गर, दाँ, दार, ची, खोर, वान। इन प्रत्ययों से बनने वाले शब्द कहीं संज्ञा, कहीं विशेषण और कहीं दोनों होते हैं।

कार— अदा—अदाकार (अभिनेता)।
काश्त—काश्तकार (किसान)।
दस्त—दस्तकार (हस्त व्यवसायी)।

इसी प्रकार सलाहकार, पेशकार, बदकार।

गार— मदद—मददगार
गुनाह—गुनाहगार
खिदमत—खिदमतगार

गर (व्ययसायी)
जादू—जादूगर
बाजी—बाजीगर

इसी प्रकार कारीगर, रफूगर,

दार—(रखने वाला, चलाने वाला)

दूकानदार, चौकीदार, मालदार, जानदार, इज्जतदार, आबरूदार, खुशबूदार, आबदार, ओहदेदार, जमींदार, यह प्रत्यय तद्भव शब्दों में भी लगता है, जैसे—समझदार, चमकदार।

ची—नकलची, तबलची (तबला वादक), बंदूकची, तोपची, मशालची, खजांची। यहाँ यह प्रत्यय 'संचालित करने वाला' के अर्थ में है।

दाँ—(जानने वाला)—कानूनदाँ (दान भी), कद्रदान, जबानदान (भाषा का ज्ञाता)।

वान—गाड़ीवान, कोचवान, फीलवान।

(ख) विशेषण बनाने वाले प्रत्यय—ईन, वर, वार, मंद, बान, आना, नाक, ई।

ईन—शौकीन, नमकीन, रंगीन।

वर—जानवर (प्राणी), ताकतवर, हमलावर।

वार—कसूरवार, खतावार।

मंद—अक्लमंद, भरोसेमंद, जरूरतमंद, दौलतमंद, इज्जतमंद।

बान—मेहरबान, दरबान, बागबान।

आना—(<आनः) सालाना, रोजाना, मर्दाना, मस्ताना। यह प्रत्यय 'प्रदेय राशि' के अर्थ में भी आता है। जैसे—हर्जाना, जुर्माना नजराना। कहीं-कहीं भाव-

वाचक संज्ञा भी—दोस्ताना, याराना।

नाक—खतरनाक, खौफनाक, दर्दनाक, शर्मनाक।

बाज—दगाबाज, चालबाज, 'व्यसनी' के अर्थ में भी—पतंगबाज, कबूतर-बाज, नशेबाज।

ई—शराबी, खुशामदी, (बे) दर्दी, खानदानी।

(ग) विशेषण से भाववाचक संज्ञा बनाने वाले प्रत्यय—ई, इयत, गी।

ई—मेहरबानी, कद्रदानी, खुशी, दोस्ती, दस्तकारी, रंगीनी, जमींदारी, रिश्वतखोरी।

इयत—इंसानियत, खैरियत, अहमियत, असलियत काबलियत, बोरियत (संकर शब्द)।

गी—आवारगी, दीवानगी, बंदगी, जिंदगी, गंदगी।

विविध तद्धित प्रत्यय (3)

जाद—(जादा=पुत्र, जादी=पुत्री)—शहजादा, नवाबजादा, रईसजादा, हरामजादा (गाली)।

स्तान—(देश-प्रदेश) हिंदुस्तान, पाकिस्तान, रेगिस्तान, नखलिस्तान (मरु-उद्यान), कब्रिस्तान।

गाह—(स्थान वाचक)—ईदगाह, आरामगाह, बंदरगाह।

खाना—(घर) दौलतखाना, मुसाफिरखाना, डाकखाना, दवाखाना।

आबाद—(शहर, बस्ती) मुरादाबाद, हैदराबाद, औरंगाबाद, इलाहाबाद।

बीन—(देखने वाला)—तमाशबीन। यह प्रत्यय 'उपकरण' के अर्थ में भी प्रयुक्त होता है—खुर्दबीन, दूरबीन।

दान-दानी (पात्र)—गुलदान, इत्रदान, पीकदान। तद्भव शब्दों से भी—चायदानी, दूधदानी, सुरमेदानी, मच्छरदानी।

फरोश (विक्रेता)—इत्रफरोश, 'गीतफरोश'।

स्त्री प्रत्यय—पुल्लिग शब्दों को स्त्रीलिंग बनाने के लिए जिन प्रत्ययों का प्रयोग होता है, उन्हें 'स्त्री प्रत्यय' कहते हैं—ई, इया, इन, आइन, आनी, नी, आई प्रमुख स्त्री प्रत्यय हैं।

ई—(1) प्राणी—

मुर्गा—मुर्गी	घोड़ा—घोड़ी
गधा—गधी	बकरा—बकरी

इसी प्रकार बंदरी, खच्चरी, कबूतरी आदि।

(2) संबंधों के वाचक शब्द—

मामा—मामी	दादा—दादी

चाचा—चाची बेटा—बेटी

इसी प्रकार नानी, साली आदि।

(3) पदार्थवाचक शब्दों में 'ई' लघुतावाचक स्त्रीलिंग का प्रत्यय है, जैसे—

टोकरा—टोकरी कटोरा—कटोरी

थैला—थैली मटका—मटकी

इसी प्रकार—पत्ती, डोरी।

ई प्रत्यय का प्रयोग विशेषणों, सर्वनामों और क्रियापदों के साथ भी होता है, जैसे—

विशेषण—मैला-मैली, हल्का-हल्की, छोटा-छोटी, बड़ा-बड़ी, पतला-पतली, मोटा-मोटी।

सर्वनाम—उसका—उसकी मेरा—मेरी
उनका—उनकी हमारा-हमारी
तुम्हारा—तुम्हारी

[वस्तुत: ये शब्द भी सार्वनामिक विशेषण हैं। इनका लिंग उत्तरवर्ती संज्ञा के लिंग पर आधारित होता है।]

क्रिया—जाता है—जाती है, गया—गयी, था—थी आदि।

इया—चूहा—चुहिया कुत्ता—कुतिया
बछड़ा—बछिया बूढ़ा—बुढ़िया

लघुतावाचक 'इया'—पूड़ा-पुड़िया, लोटा-लुटिया

इन—(व्यवसायिओं के वाचक शब्दों से)—
माली—मालिन नाई—नाइन
धोबी—धोबिन तेली—तेलिन

इसी प्रकार कूंजड़िन, भटियारिन, बनजारिन आदि प्राणिवाचक शब्दों में भी—बाघिन, साँपिन।

आइन—पंडित—पंडिताइन चौधरी—चौधराइन
ठाकुर—ठकुराइन मिसर—मिसराइन
बाबू—बबुआइन बनिया—बनियाइन
पंडा—पंडाइन आदि

आनी—पारिवारिक संबंधों के वाचक शब्दों से—
जेठ—जेठानी
देवर—देवरानी

जातियों के लिए—
सेठ—सेठानी
नौकर—नौकरानी

क्षत्रिय—क्षत्राणी (ध्वनि परिवर्तन)

नी—प्राणियों के लिए

ऊँट—ऊँटनी शेर—शेरनी

मोर—मोरनी हाथी—हथिनी

व्यवसायियों और अधिकारियों के लिए—

सुबेदार—सूबेदारनी जमादार—जमादारनी

मास्टर—मास्टरनी डाक्टर—डाक्टरनी।

आई—यह प्रत्यय सीमित शब्दों में प्रयुक्त होता है, जैसे—

लोग—लुगाई भाई—भौजाई

पुं प्रत्यय 'आ'

यह पुं प्रत्यय हिंदी की अपनी व्याकरणिक विशेषता है। संस्कृत में इसका कहीं अस्तित्व नहीं था। जो शब्द मूल रूप में स्त्रीलिंग होते हैं, उन्हें पुं प्रत्यय जोड़कर पुल्लिग बनाया जाता है।

इसके संयोग के कुछ उदाहरण देखिए—

भैंस—भैंसा

रस्सी—रस्सा

जीजी—जीजा

चींटी—चींटा आदि।

पुं प्रत्यय का प्रयोग ऐसे शब्दों के साथ भी होता है, जो संस्कृत में पुल्लिग थे, परन्तु हिंदी में पुल्लिग में 'आ' प्रत्यय लगाकर तथा स्त्रीलिंग में 'ई' प्रत्यय लगाकर प्रयुक्त होते हैं। संस्कृत के कई अकारांत शब्दों से हिंदी के आकारांत पुल्लिग और ईकारांत स्त्रीलिंग शब्द इसी प्रक्रिया से बनते हैं। जैसे—

मूल शब्द	पुल्लिग (आ प्रत्यय)	स्त्रीलिंग (ई प्रत्यय)
घोटक	घोड़ा	घोड़ी
घट	घड़ा	घड़ी
गर्दभ	गधा	गधी
भागिनेय	भानजा	भानजी
भ्रातृव्य	भतीजा	भतीजी

—संज्ञाओं के अतिरिक्त सर्वनाम, विशेषण और क्रिया पदों में भी पुं प्रत्यय 'आ' का प्रयोग होता है, जैसे—

सर्वनाम—मेरा, हमारा, तेरा, तुम्हारा, कोन-सा आदि।

विशेषण—अच्छा, बुरा, मोटा, पतला, छोटा, बड़ा आदि।

क्रिया—गया, जाएगा, जाता है, जा रहा है आदि ।

इसके अतिरिक्त परसर्ग 'का' में भी पुं प्रत्यय विद्यमान है ।

एक अन्य पुं प्रत्यय ओई है, जो संबंधों के वाचक एक-दो शब्दों में लगता है । जैसे—

ननद	ननदोई
बहन	बहनोई

संस्कृत के बालिका, अध्यापिका आदि शब्दों में प्रयुक्त 'आ' हिंदी में विशेष प्रचलित नहीं है, न ही अरबी-फारसी के माशूका, वालिदा में प्रयुक्त 'आ' ।

दाता के लिए 'दात्री', महोदय के लिए 'महोदया' आदि स्त्रीलिंग प्रयोग भी हिंदी की प्रकृति से मेल नहीं खाते । इसी प्रकार अध्यक्षा, मंत्रिणी आदि का प्रयोग भी हिंदी में व्याकरण-सम्मत नहीं है ।

4

समास विमर्श

शब्द निर्माण की प्रक्रिया में 'समास' का महत्त्वपूर्ण स्थान है। समास का शाब्दिक अर्थ है, संक्षेपण। किंतु पारिभाषिक अर्थों में दो या अधिक शब्दों को जोड़कर एक शब्द बनाने की प्रक्रिया को 'समास' कहा जाता है।

पाणिनीय व्याकरण में समास के चार प्रमुख भेद माने गए हैं—

1. अव्ययीभाव
2. तत्पुरुष
3. बहुब्रीहि
4. द्वंद्व

इनके अतिरिक्त 'कर्मधारय' और 'द्विगु' नाम के दो भेदों का और उल्लेख किया जाता है। किंतु कर्मधारय वास्तव में तत्पुरुष का ही एक उपभेद है। यह वस्तुतः 'समानाधिकरण तत्पुरुष समास' होता है। 'द्विगु' 'कर्मधारय' का उपभेद है, जिसमें पूर्वपद संख्यावाचक विशेषण होता है। इस बात को अस्वीकार नहीं किया जा सकता कि इन चार-छह भेदों में सारे सामासिक शब्दों का अंतर्भाव नहीं हो पाता। इस संदर्भ में पंडित किशोरीदास वाजपेयी का मत द्रष्टव्य है। वे लिखते हैं, "समास का विषय इतना व्यापक है कि इन व्यापक भेदों से बाहर कुछ और समास रह ही जाते हैं···इसीलिए संस्कृत के वैयाकरणों ने कहा है, समासश्चतुर्विध इति तु प्रायोवादः"[1]

अस्तु, इस प्रायोवाद को स्वीकार करते हुए यहाँ परंपरागत भेदों की दृष्टि से ही समासों का विवेचन किया जाएगा।

भारतीय आर्य भाषाओं में समास करने की प्रवृत्ति आदि काल से ही चली आती है। वैदिक भाषा में बहुत लंबे समासों का प्रचलन नहीं था। प्रायः दो-तीन

1. हिन्दी शब्दानुशासन—पं० किशोरीदास वाजपेयी, पृ० 306

शब्दों का ही समास होता था। लौकिक संस्कृत में समासों की जटिलता निरंतर बढ़ती गई और आठ-आठ, दस-दस शब्दों के समासों तक पहुँच गई। किंतु मध्य-कालीन आर्यभाषाओं में यह प्रवृत्ति फिर निरंतर क्षीण होती गई और हिंदी तक आते-आते दो-तीन शब्दों के समास तक सीमित रह गई।

1. अव्ययीभाव समास

अव्ययों अथवा उपसर्गों के साथ संज्ञा शब्दों का समास 'अव्ययीभाव' समास कहलाता है। संस्कृत वैयाकरणों ने इसे 'पूर्वपदप्रधान' समास कहा है। इस समास में पूर्वपद अव्यय होता है। अतः संपूर्ण सामासिक पद भी अव्यय बन जाता है। इस समास से बनने वाले पद बहुधा क्रिया विशेषण होते हैं। अतएव मोनेर विलियम ने इसे 'क्रिया विशेषणीय समास' (Adverbials) नाम दिया है।

हिंदी में अव्ययीभाव समास से निष्पन्न पदों को तीन वर्गों में विभाजित किया जा सकता है

1. संस्कृत के उपसर्गों, गतिशब्दों और अव्ययों के संयोग से बने सामासिक पद।
2. अरबी-फारसी के अव्ययों के संयोग से बने सामासिक पद। और,
3. हिंदी की अपनी प्रक्रिया से निष्पन्न सामासिक पद।

संस्कृत के परंपरागत अव्ययीभाव समास का हिंदी में प्रचुर मात्रा में प्रयोग होता है। संस्कृत में अव्ययीभाव समास इन अर्थों में प्रचलित था, विभक्ति, सामीप्य, समृद्धि, व्यृद्धि (समृद्धि का नाश), अभाव, नाश, अनुचित, शब्द की अभिव्यक्ति, पश्चात्, यथा, क्रम, पूर्ण, समानता, संपत्ति, संपूर्णता और अंत। इनमें से कुछ अर्थों में प्रचलित सामासिक शब्द निम्नलिखित हैं—

प्रतिदिन, प्रतिमास, प्रतिवर्ष, प्रत्यक्ष।
आमरण, आजन्म, आजीवन।
यथाक्रम, यथासमय, यथाशक्ति, यथासंभव, यथास्थान।
यथाविधि, यथावसर।
समुचित, समक्ष।
सकुशल, ससम्मान, सादर, सोद्देश्य, सपरिवार।
निरर्थक, निरुद्देश्य।

2. अरबी-फारसी के उपसर्गों से बने सामासिक पदों की संख्या भी उपेक्षणीय नहीं है। कुछ पद निम्नलिखित हैं—

बेमतलब, बेकार, बेवजह, बेखटके, बेशक।
दरअसल, दरहकीकत।
हरगिज, हर जगह।
बखूबी, बदस्तूर, बनाम।

नाहक, नामुकिन, नामंजूर।

सरेआम, सरेबाजार।

3. हिंदीं की अपनी प्रक्रिया से निष्पन्न सामासिक शब्दों के 3 भेद हैं—

1. **पुनरुक्त शब्द** – घर-घर, पल-पल, रातों-रात, दिनों-दिन, हाथों-हाथ, एकाएक, सरासर, धड़ाधड़, नगरी-नगरी।

2. **अपने (तद्भव) उपसर्गों से बने शब्द**—भरपेट, भरदुपहरी, बिनजाने, बिनपहचाने, नजाने।

3. **संकर शब्द**—बेधड़क, हर घड़ी, भर बाजार, पीढ़ी-दर-पीढ़ी।

2. तत्पुरुष समास

यह समास 'उत्तरपदप्रधान' होता है। इसमें पूर्ववर्ती पद में निहित विभक्ति का लोप हो जाता है। संस्कृत में जिस विभक्ति वाले पद के साथ उत्तरवर्ती पद का समास होता है, उसके नाम के अनुसार इसे 6 भेदों में वर्गीकृत किया जाता है, द्वितीया तत्पुरुष, तृतीया तत्पुरुष, चतुर्थी तत्पुरुष, पंचमी तत्पुरुष, षष्ठी तत्पुरुष और सप्तमी तत्पुरुष। हिंदी में इन्हें क्रमशः कर्म तत्पुरुष, करण तत्पुरुष, संप्रदान तत्पुरुष, अपादान तत्पुरुष, संबंध तत्पुरुष और अधिकरण तत्पुरुष कहा जाता है, पूर्वपद और उत्तरपद में भिन्न-भिन्न विभक्तियां होने के कारण इसे 'व्यधिकरण' तत्पुरुष कहा जाता है। कुछ उदाहरण द्रष्टव्य हैं—

1. राज्याश्रित, सुखप्राप्त, शुभचिंतक, आशातीत, दिवंगत, अवकाश प्राप्त, मतदाता।

2. क्रोधान्ध, मदान्ध, मोहान्ध, ईश्वरकृत, अकालग्रस्त, बाढ़ पीड़ित, अनुभव-गम्य, मदमाता, भावविह्वल, शोकसन्तप्त, मुँहमाँगा, मनचाहा, कष्टसाध्य, गुरु-प्रताड़ित, देवशापित, दैन्याहत, गौरवान्वित, रेलयात्रा।

3. देशप्रेम, हवन सामग्री, देशभक्ति, मुसाफिरखाना, रसोईघर, कन्या-पाठशाला, शस्त्रागार।

4. पथभ्रष्ट, देश निकाला, पदच्युत, पदमुक्त, अधिकारशून्य, सामर्थ्यहीन, कर्त्तव्य विमुख।

5. राजकुमार, सेनापति, दासीपुत्र, नरेश, दिनेश, शस्त्राभ्यास, परीक्षाफल, राजमार्ग, राजप्रासाद, देवालय, राजदरबार, कूपमण्डूक, देवराज, राजहंस (विपर्यय)।

6. वनवास, निशाचर, पनडुब्बी, कला-कौशल, गृह प्रवेश, दुःखमग्न, दान-वीर, सत्तारूढ़, सत्तासीन।

उपपद तत्पुरुष—यदि तत्पुरुष समास का उत्तर पद प्रत्यय के रूप में प्रयुक्त कृदंत शब्द हो, तो समास उपपद तत्पुरुष कहलाता है, जैसे—

कारी—गुणकारी, आज्ञाकारी।

ज्ञ—धर्मज्ञ, नीतिज्ञ, गुणज्ञ, मर्मज्ञ, राजनीतिज्ञ।

(प्र)द—लाभप्रद, हानिप्रद, भयप्रद, जलद, वारिद।

चर—जलचर, थलचर, नभचर।

स्थ—मध्यस्थ, दूरस्थ, तटस्थ, उदरस्थ, मार्गस्थ, गृहस्थ।

हर—शोकहर, विघ्नहर, दुःखहर, पापहर।

नि(ष्ठ)—कर्तव्यनिष्ठ, धर्मनिष्ठ।

गम—हृदयंगम।

ग—उरग, विहग।

उपपद तत्पुरुष के उदाहरण तद्भव शब्दों में भी मिलते हैं, जैसे—मुँहमाँगा, मनचाहा, तिलचट्टा (कीड़ा), मुँहबोला, चिड़ीमार, कठफोड़वा, पनडुब्बी, बटमार आदि।

अलुक् समास—जिस समास में पूर्ववर्ती पद की विभक्ति लुप्त नहीं होती, उसे 'अलुक् समास' कहते हैं। हिंदी में अलुक् समास के उदाहरण बहुत कम मिलते हैं, जैसे—सरसिज, मनसिज, आत्मनेपद, पदेनसदस्य आदि।

नञ् समास—'न' शब्द का संज्ञा शब्द के साथ समास 'नञ् समास' कहलाता है। हिंदी व्याकरण में इसकी गणना अ, अन्, अन, ना आदि उपसर्गों में होने लगी है। कुछ उदाहरण द्रष्टव्य हैं।

अ—अभाव, अज्ञान, अविद्या, अन्याय, अधर्म।

अन्—अनुचित, अनुपस्थित, अनुपयोगी, अनलंकृत।

अन (तद्भव)—अनहोनी, अनजाना, अनमोल, अनमेल।

ना—(फारसी) नासमझ, नालायक, नामुमकिन।

कर्मधारय समास—यह तत्पुरुष का ही एक भेद है। जिस समास में पूर्वपद और उत्तरपद में एक ही विभक्ति हो, या कोई विभक्ति न हो उसे 'कर्मधारय समास' कहते हैं। इसके 3 भेद हैं, संज्ञा और संज्ञा का समास, विशेषण-विशेष्य समास और उपमान-उपमेय समास।

1. **संज्ञा और संज्ञा का समास**—इस समास में दोनों पद संज्ञा होते हैं और दोनों का केंद्र एक होता है, जैसे—'विन्ध्याचल' पद में 'विन्ध्या' और 'अचल' संज्ञाओं का समास हुआ है, जिसमें दोनों का केंद्र (अर्थबिंदु) एक ही है। अतएव इसे वैयाकरणों ने समानाधिकरण तत्पुरुष भी कहा है। व्यक्तिवाचक और जाति-वाचक संज्ञाओं के समास इसी वर्ग में आते हैं, जैसे—मान सरोवर, सह्याद्रि, मलयाचल, भारतदेश, सिंधुदुर्ग, शिवराज, लक्ष्मीदेवी, दुर्गामाता आदि।

2. **विशेषण-विशेष्य का समास**—सामान्यतया यह समास 'विशेषण पूर्व

पद' होता है, किंतु कुछ उदाहरण 'विशेष्य पूर्व पद' के भी मिलते हैं, जैसे—

विशेषण पूर्व पद—रक्त कमल, पीतांबर, कालीमिर्च, बालकवि, महाजन, शुभागमन, काला बाजार, पूर्ण पुरुष, भद्र महिला, शुभ मुहूर्त आदि।

विशेष्य पूर्व पद—पुरुषोतम, नराधम, भक्तवर।

उपमान-उपमेय का समास—घनश्याम, खंजननयन, हंसधवल, दुग्धधवल, पाषाणहृदय, बज्रप्राण आदि।

इस समास में उपमेय पूर्व पद के उदाहरण भी मिलते हैं, जैसे—करकमल, चरणकमल।

इसके अतिरिक्त वैयाकरणों ने 'विशेषणोमय पद (काला-गोरा, अच्छा-बुरा, ऊँच-नीच, खट्टा-मीठा) और अव्यय पूर्व पद (दुर्दिन, निराशा, सुयोग) को भी कर्मधारय के भेदों में गिना है, किंतु तात्त्विक दृष्टि से देखें तो ये वैकल्पिक द्वंद्व और उपसर्ग-संयोग के उदाहरण सिद्ध होते हैं। कर्मधारय तत्पुरुष का भेद होने के कारण उत्तर पद प्रधान होता है, जबकि काला-गोरा आदि पद उभय पद प्रधान हैं।

द्विगु समास—यह कर्मधारय का ही उपभेद है। जिस विशेषण-विशेष्य समास में पूर्वपद संख्यावाचक विशेषण होता है, उसे 'द्विगु' कहते हैं। द्विगु समास समाहार (समूह) अर्थ में होता है, जैसे—सतसई, पंसेरी, पंचवटी, त्रिभुवन, चौराहा, चवन्नी, त्रिलोक, चौमासा, सप्ताह, शताब्दी, सहस्राब्दी, नवरात्र, पंचामृत, सप्तपदी, चतुर्दिक आदि।

3. बहुव्रीहि समास

बहुव्रीहि 'अन्य पद प्रधान' समास होता है। इस समास में न तो पूर्वपद का महत्त्व होता है, न उत्तर पद का, अपितु दोनों से भिन्न कोई दूसरा ही पद महत्त्वपूर्ण होता है। वही 'अन्यपद' सामासिक पद के अर्थ का केंद्र होता है। बहुव्रीहि समास से निष्पन्न पद प्रायः विशेषण होता है। यदि अन्य समासों का विग्रह विशेषण के तौर पर किया जाए, तो वे बहुव्रीहि बन जाते हैं, जैसे—'प्रमुदितनयन (प्रसन्न आँखें) कर्मधारय समास है, किंतु 'प्रमुदित नयन वाला' या संस्कृत-शैली में 'प्रमुदित हैं नयन जिसके' जैसा विग्रह किया जाए, तो यह बहुव्रीहि समास कहलाएगा।

बहुव्रीहि समास के तीन भेद होते हैं—

1. समानाधिकरण बहुव्रीहि
2. व्यधिकरण बहुव्रीहि और
3. व्यतिहार बहुव्रीहि

(1) **समानाधिकरण बहुव्रीहि**—इस समास में दोनों पद समानाधिकरण

होते हैं। दोनों में समान कारक विभक्तियों का प्रयोग होता है।

इसके कई उपभेद हैं, जैसे—

क. संज्ञा पूर्व पद—

धरतीधन—धरती है धन जिसका, किसान।

करपात्री—कर हैं पात्र जिसके, संन्यासी।

टटपूंजिया—टाट ही है पूंजी जिसकी, अकिंचन।

ख. उपमान पूर्व पद—

खंजननयन—खंजन के समान हैं नयन जिसके।

मृगनयनी—मृग के समान हैं नयन जिसके।

पिकबैनी—पिक के समान हैं बैन (वचन) जिसके।

ग विशेषण पूर्व पद—

बड़भागी—बड़े हैं भाग्य जिसके।

बहुरूपिया—बहुत हैं रूप जिसके।

लंबोदर—लंबा है उदर जिसका।

मंदबुद्धि—मंद है बुद्धि जिसकी।

घ. संख्या पूर्व पद—

बारहसिंगा—बारह हैं सींग जिसके।

पंचानन—पाँच हैं आनन जिसके।

चतुर्भुज—चार हैं भुजाएँ जिसकी।

2. व्यधिकरण बहुब्रीहि—जिस समास के दोनों पदों में भिन्न-भिन्न कारक विभक्तियाँ निहित रहती हैं, उसे 'व्यधिकरण बहुब्रीहि' कहते हैं। सामान्यतया इसके पूर्व पद में कर्ता कारक की विभक्ति (प्रथमा विभक्ति) और दूसरे पद में अन्य कोई कारक-विभक्ति प्रयुक्त होती है, जैसे—

चक्रपाणि—चक्र है पाणि (हाथ) में जिसके, (विष्णु)

चंद्रशेखर—चंद्र है शेखर पर जिसके, (शिव)

वीणापाणि—वीषा है पाणि में जिसके, (सरस्वती)

3. व्यतिहार बहुब्रीहि—संस्कृत में यह समास प्रमुखतया लड़ाई-झगड़े के संदर्भ में होता था। लड़ाई में दोनों पक्षों की ओर से जिस शस्त्र का समान रूप से प्रयोग होता था, उसका द्वित्वमय प्रयोग इस समास का वास्तविक स्वरूप था, जैसे—मुष्टामुष्टि, दण्डादण्डि, केशाकेशि आदि। हिंदी में यह समास व्यापकतर संदर्भों में प्रयुक्त होता है। कुछ उदाहरण द्रष्टव्य हैं—

क. लड़ाई-झगड़ा—

मारामारी, मुक्कममुक्का, लट्ठमलट्ठा, कहासुनी, खींचातानी, लातमलात।

ख. गतानुगतिकता—

भागमभाग, देखादेखी, धक्कामुक्की इसके अतिरिक्त आपाधापी (स्वार्थ) गालीगलौज।

4. द्वंद्व समास

द्वंद्व समास उभयपद प्रधान होता है। यह समास 'च' के अर्थ में होता है। संस्कृत व्याकरण में 'च' के चार अर्थ बताए गए हैं, समुच्चय, अन्वाचय, इतरेतर योग और समाहार। हिंदी में द्वंद्व समास का स्वरूप वही नहीं है, जो संस्कृत में था। संस्कृत में दो शब्दों का समास द्विवचनांत होता था, जैसे राम-लक्ष्मणौ, और दो से अधिक शब्दों का बहुवचनांत, जैसे 'वसंत-ग्रीष्म-शरदः'। किंतु हिंदी में सामासिक पद अधिकतर एकवचन ही बने रहते हैं, जैसे रामराज्य में 'सब नरनारी सुखी और सम्पन्न थे।' इस वाक्य में 'नरनारी' शब्द बहुवचन 'नरनारियाँ' में परिवर्तित नहीं हुआ। हाँ, उसके अंतर्निहित अर्थ में बहुवचनत्व जरूर आ गया है, और क्रिया 'थे' बहुवचन में प्रयुक्त हुई है। इसी प्रकार 'भाई-बहन बड़े प्यार से रहते थे।' या 'लक्ष्मण ने उसके नाक-कान काट लिए।' आदि वाक्यों में क्रियाएँ वहुवचन में ही प्रयुक्त होती हैं।

एक और उल्लेखनीय अंतर पदों की संख्या को लेकर है। संस्कृत में द्वंद्व समास दो से अधिक पदों में भी होता था, किंतु हिंदी में केवल दो पदों तक सीमित हो गया है। ऐसा प्रतीत होता है कि वैदिक भाषा में भी द्वंद्व दो पदों का ही समास था। 'द्यावापृथिवी' 'सूर्याचंद्रमसौ' आदि शब्द इस तथ्य का संकेत देते हैं। 'द्वंद्व' शब्द का अर्थ भी 'जोड़ा' है, जो दो पदों के समास का द्योतक है।

अस्तु, हिंदी में द्वंद्व समास के तीन भेद हैं—

(1) इतरेतर द्वंद्व

(2) वैकल्पिक द्वंद्व

(3) समाहार द्वंद्व

1. **इतरेतर द्वंद्व**—जिस समास में दोनों पदों के बीच 'और' अर्थ निहित रहता है, उसे 'इतरेतर' द्वंद्व कहते हैं।

जैसे—

सुख-दुःख—सुख और दुःख।

लाभ-हानि—लाभ और हानि।

जय-पराजय – जय और पराजय।

ऋषि-मुनि—ऋषि और मुनि।

माता-पिता—माता और पिता।

इसी प्रकार भोजन-वस्त्र, भाई-बहन, गिल्ली-डंडा, शंकर-पार्वती, सीता-राम,

राधा-कृष्ण, खान-पान, लंबा-चौड़ा, हृष्ट-पुष्ट।

2. **वैकल्पिक द्वंद्व**—जहाँ दोनों पदों के बीच 'विकल्प' अर्थ निहित रहता है, वहाँ 'वैकल्पिक द्वंद्व' समास होता है, जैसे—

सुख-दुःख—सुख या दुःख।

भला-बुरा--भला या बुरा।

ऊँच-नीच—ऊँच या नीच।

इसी प्रकार पाप-पुण्य, उल्टा-सीधा, हल्का-भारी, जात-कुजात, रूप-कुरूप, धर्म-अधर्म, राजा-प्रजा, चार-पाँच, हिंदू-मुसलमान, देश-परदेश, सोना-चाँदी।
—यह समास प्रायः एकवचन होता है।

3. **समाहार द्वंद्व**—जहाँ सामासिक पदों के अतिरिक्त अन्य मिलते-जुलते अर्थ का भी बोध होता है, वहाँ समाहार द्वंद्व समास होता है। इस समास में दोनों पदों के बाद 'आदि' अर्थ छिपा रहता है। जैसे—

कंकड़-पत्थर—कंकड़, पत्थर आदि।

कीड़ा-काँटा—कीड़ा, काँटा आदि।

दाल-रोटी—दाल, रोटी आदि।

तेली-तमोली—तेली, तमोली आदि।

इसी प्रकार घर-बार, टाँग-बाँह, पान-सुपारी, भूत-प्रेत।

समानार्थी शब्द युग्मों में भी 'आदि' अर्थ निहित रहता है। अतः इन्हें भी समाहार द्वंद्व मानना चाहिए, जैसे—

बर्तन-भांडे, बाल-बच्चे, जीव-जंतु, भाई-बंधु, साँप-सँपोला आदि।

समाहार द्वंद्व समास अधिकतर बहुवचन होता है, क्योंकि आदि शब्द में 'बहुत्व' अर्थ निहित होता है। समानार्थी शब्द युग्मों में बहुत्व की अभिव्यक्ति के लिए उत्तरपद बहुवचन में प्रयुक्त होता है।

द्वंद्व समास के वचन-निर्धारण के संबंध में कुछ बातें ध्यान देने योग्य हैं।

(क) यदि दोनों पद मिलकर एक इकाई का बोध कराते हैं, तो सामासिक पद एकवचन में होता है और यदि वे बहुत्व का बोध कराते हैं, तो बहुवचन में। जैसे—

(1) रास्ता साफ-सुथरा है। (एकवचन)

(2) बाल-बच्चे सानंद हैं। (बहुवचन)

(ख) यदि दोनों पद स्वतंत्र रूप से बहुवचन में हों तो सर्वत्र (वैकल्पिक द्वंद्व में भी) बहुवचन का प्रयोग होता है, जैसे—

(1) उल्टे-सीधे सवाल न करें।

(2) उसके भाई-बंधु भी उसका सम्मान नहीं करते।

(3) हिंदू-मुसलमान समान रूप से इस मेले में भाग लेते हैं।

1. **लिंग निर्धारण**—यदि सामासिक पद के दोनों घटक एक ही लिंग के हों तो लिंग के संबंध में कोई भ्रम नहीं होता। सामासिक पद उसी लिंग का अनुसरण करता है, जैसे—

1. सुख-दुःख जीवन-सरिता के दो किनारे हैं। (पु०)
2. ऋषि-मुनि धर्मसाधना में लीन रहते थे। (पु०)
3. बहुत दिनों से चिट्ठी-पत्री नहीं आई। (स्त्री०)
4. दादी-नानी हमें परियों की कहानियाँ सुनाती हैं। (स्त्रीलिंग)

2. यदि द्वंद्व समास का एक पद पुंल्लिग और अन्य स्त्रीलिंग हो, तो सामासिक पद पुंल्लिग होता है। जैसे—

1. मेरे भाई-बहन अभी छोटे हैं। (पुंल्लिग)
2. उसके माता-पिता बड़े धर्मपरायण थे। (पुंल्लिग)
3. राजा-रानी गुरु वशिष्ठ के आश्रम में गए। (पुंल्लिग)
4. शेर-बकरी एक घाट पर पानी पीते थे। (पुंल्लिग)

—इस नियम के कुछ एक-आध अपवाद भी मिल जाते हैं, जैसे—
इस प्रदेश की जलवायु अच्छी नहीं है।

[वस्तुत: 'जलवायु' शब्द सामासिक पद होते हुए भी एक अखंड इकाई बन गया है, और स्त्रीलिंग में प्रयुक्त होता है।]

लुप्त पद समास—तत्पुरुष और बहुब्रीहि समासों में कई बार दोनों के बीच कोई पद लुप्त रहता है। इसे 'लुप्त पद समास' या 'मध्य पद लोपी' समास कहते हैं, जैसे—

कपड़ाबास—कपड़ा जलने की बास (तत्पुरुष)
पर्णकुटी—पर्ण निर्मित कुटी (तत्पुरुष)
घृतान्न—घृत में पकाया भोजन (तत्पुरुष)
मृगनयनी—मृग के नयनों के समान हैं नयन जिसके (बहुब्रीहि)
वृकोदर—वृक के उदर के समान है उदर जिसका (बहुब्रीहि)

आंतरिक ध्वनि परिवर्तन—कभी-कभी समास में प्रयुक्त पदों में आंतरिक ध्वनि परिवर्तन देखा जाता है। कुछ महत्त्वपूर्ण ध्वनि परिवर्तन निम्नलिखित हैं—

1. प्रथम पद का प्रथम स्वर ह्रस्व हो जाता है। यदि वह स्वर ए हो तो इ में और ओ हो तो उ में परिवर्तित हो जाता है, जैसे—मिठ बोला इकतारा, दुधमुँहा, मुंछमुंड़ा, रजवाड़ा, कनपटी।

2. प्रथम पद का अंतिम स्वर 'आ' हो तो अ हो जाता है, जैसे—कपडगंध, घुड़दौड़, घुड़सवार, अधमरा, अधपका।

3. कभी-कभी अनियमित ध्वनि परिवर्तन भी देखे जाते हैं, जैसे पनघट में 'पानी' का ई 'अ' हो गया है।

4. यदि पूर्वपद संख्यावाचक हो तो एक, दो, तीन, चार, पाँच, छह, सात और आठ की जगह क्रमशः इक, दु, ति, चौ, पँच, छ, सत और अठ हो जाते हैं, जैसे—इकतीस, दुलत्ती, तिकोन, चौपाया, पँचमेल, छमाही, सतसई, अठतालीस।

—इन सभी नियमों के अपवाद भी प्रचुर मात्रा में मिल जाते हैं। वस्तुतः भाषा एक परिवर्तनशील वस्तु है। वह व्याकरण के बंधनों की उपेक्षा कर उन्मुक्त गति से आगे बढ़ना पसंद करती है। इसीलिए 'घुड़सवार' वाला ध्वनि परिवर्तन 'घोड़ागाड़ी' में नहीं हुआ। 'दोराहा' में 'दो' ज्यों का त्यों बना रहा और 'दूधभात' में 'दूध' अविकृत रहा। 'चारपाई' और 'चौपाई' दोनों सामासिक रूप समान शब्दों से बने, पर अर्थ भिन्न-भिन्न हो गए। 'पनघट' और 'पनवाड़ी' में एक 'पन' 'पानी' का परिवर्तित रूप है तो दूसरा 'पान' का। तात्पर्य यह है कि आंतरिक ध्वनि परिवर्तन को नियमों के कटघरे में बंद करना सहज काम नहीं।

यह प्रवृत्ति केवल तद्भव शब्दों तक ही सीमित नहीं, तत्सम शब्दों में भी ऐसी अनियमितता मिलती है। जैसे—

मूसल जैसी धार वाली—मूसलाधार (बहुब्रीहि)

सत्य नाश—सत्यानाश (कर्मधारय)

दीनों के नाथ—दीनानाथ (तत्पुरुष)

इस प्रकार के प्रचलित शब्दों में व्याकरण के नियमों का विश्लेषण नहीं किया जा सकता। अतः हम इन्हें 'नियमों के अपवाद' कहकर संतोष कर लेते हैं।

आंतरिक ध्वनि परिवर्तन की तरह संधि का प्रश्न भी हिंदी भाषा की प्रकृति के परिप्रेक्ष्य में विचारणीय है। संस्कृत व्याकरण में सामासिक पदों में संधि करना अनिवार्य माना जाता था। अतएव प्रत्यक्ष, शापाहत, पीताम्बर, पंचरात्र, वृकोदर, कृष्णार्जुन आदि पदों में संधि पाई जाती है। हिंदी में गृहीत तत्सम सामासिक पदों में भी संधि की अनिवार्यता को स्वीकार करने में कोई आपत्ति नहीं। किंतु नव-निर्मित शब्दों में संस्कृत की संधि योजना को ज्यों का त्यों स्वीकार नहीं किया जा सकता। इसीलिए कट्वनुभव, विद्यार्थ्याश्रम, ससत्पटु, अंताराष्ट्रीय, यशोलाभ, तेजःपुंज, दातृगण, नेतृपुराण, मत्रिमहोदय आदि पद व्याकरणिक दृष्टि से शुद्ध होते हुए भी अटपटे लगते हैं, और अव्यावहारिक हैं। हम इन पदों को कटु-अनुभव, विद्यार्थी-आश्रम, संसद्-पटु, अंतर्राष्ट्रीय, यशलाभ, तेजपुंज, दातागण, नेतापुराण, मत्री महोदय आदि रूपों में भी ग्रहण करें तो हिंदी की प्रकृति के अधिक अनुकूल होगा।

विग्रह—सामासिक पदों के अंतर्निहित अर्थ को व्यक्त करने वाली शब्दावली को 'विग्रह' कहते हैं। समास योजना में विग्रह का अत्यन्त महत्त्वपूर्ण स्थान है और 'विग्रह' के आधार पर ही समास के स्वरूप को समझा जा सकता है। भिन्न-भिन्न विग्रह करने से सामासिक पदों के अर्थ भी भिन्न-भिन्न हो जाते हैं, जैसे—

(1) धरती का धन—धरतीधन—तत्पुरुष
धरती रूपी धन—धरतीधन—कर्मधारय
धरती है धन जिसका—धरतीधन—बहुव्रीहि
धरती और धन—धरतीधन—द्वंद्व

(2) पीत अम्बर—पीताम्बर (पीलावस्त्र)—कर्मधारय
पीत है अम्बर जिसका—पीताम्बर (विष्णु)—बहुव्रीहि

(3) दश मुख—दस मुखों का समूह—द्विगु
दश मुख हैं जिसके—दशमुख (रावण)—बहुव्रीहि

इसी तरह 'आचार्य देव पधार रहे हैं', में कर्मधारय है, तो 'आचार्य देवो भव' में बहुव्रीहि। 'चार पाई' में पूर्वपद संख्यावाचक होते हुए भी 'बहुव्रीहि' है 'द्विगु' नहीं, क्योंकि यह पद 'चार पायों का समूह' अर्थ की अभिव्यक्ति नहीं करता।

तात्पर्य यह है कि समास के स्वरूप को समझने के लिए 'समास विग्रह' का ज्ञान आवश्यक है।

5

पद विमर्श (एक)

नाम

शब्द भाषा की लघुतम सार्थक इकाई है। किंतु सार्थक होने के बावजूद वाक्य में शब्दों का मूल रूप में प्रयोग नहीं होता। प्रयोगार्हता लाने के लिए उन्हें 'पद' बनाना पड़ता है। संस्कृत व्याकरण में कहा गया है, 'अपदं न प्रयुंजीत' अर्थात् पद बनाये बिना शब्द का प्रयोग नहीं करना चाहिए। पद बनाने के लिए शब्द में विभक्ति या परसर्ग जोड़ना आवश्यक होता है। इसे भाषा वैज्ञानिक 'संबंध तत्त्व' कहते हैं।

पाणिनि ने अष्टाध्यायी में सुबंत और तिङन्त शब्दों को पद कहा है। 'सुप्' प्रत्यय संज्ञा, सर्वनाम और विशेषण शब्दों में लगते हैं और 'तिङ्' प्रत्यय धातुओं में। क्रिया विशेषण आदि शब्द 'अव्यय' होते हैं। उनमें किसी प्रत्यय आदि के जोड़ने की आवश्यकता नहीं होती।

शब्दों के भेद

संस्कृत वैयाकरणों ने शब्दों को चार वर्गों में विभाजित किया है। नाम, आख्यात, उपसर्ग और निपात। यह वर्गीकरण पूर्णतया स्पष्ट और वैज्ञानिक है। 'नाम' के अंतर्गत संज्ञा, सर्वनाम और विशेषण शब्दों का अंतर्भाव हो जाता है। उधर 'निपात' में सभी अव्ययों का। 'आख्यात' के अंतर्गत क्रियाएँ आती हैं और 'उपसर्ग' नाम या संज्ञा के पूर्व प्रयुक्त होने वाले भाषिक घटक हैं।

आज का हमारा शब्दों का वर्गीकरण नितांत अवैज्ञानिक और अंग्रेजी व्याकरण की अंधी नकल है। यदि अव्ययों के क्रिया विशेषण, संबंधबोधक, समुच्चयबोधक और विस्मयादि बोधक भेद अपेक्षित हैं, तो यहीं क्यों ठहरते हैं? कालवाचक, स्थानवाचक, सादृश्यवाचक, उपमानवाचक, विरोधवाचक, शोकवाचक, हर्षवाचक—आदि अनंत भेद करते जाइए। अर्थों और मनोभावों की

कोई सीमा नहीं। अतः अव्ययों के भेद-विभेद करना अनावश्यक है।

दूसरी ओर संज्ञा, सर्वनाम और विशेषण व्याकरणिक दृष्टि से एक ही जाति के शब्द हैं। सभी में लिंग, वचन और कारकगत परिवर्तन होते हैं। अर्थ की दृष्टि से भी ये तीनों 'नाम' हैं। संज्ञाएँ तो प्रत्यक्ष नाम हैं ही (मराठी में इन्हें 'नाम' कहते भी हैं)। सर्वनाम नाम के बदले प्रयुक्त नाम हैं और विशेषण इन दोनों के 'विशेषक' नाम हैं। 'आख्यात' दूसरी जाति के पद हैं। ये काल, पुरुष और वचन के आधार पर बदलते हैं। हिंदी के क्रियापदों में लिंगगत परिवर्तन भी होता है, क्योंकि ये कृदंतों से विकसित हुए हैं।

आधुनिक हिंदी व्याकरण के वर्गीकरण को सैद्धांतिक दृष्टि से अस्वीकार करते हुए भी यहाँ व्यावहारिक दृष्टि से संज्ञा, सर्वनाम आदि शब्दभेदों का विवेचन प्रस्तुत है।

संज्ञा

किसी वस्तु, व्यक्ति, स्थान, भाव, स्थिति, क्रिया, गुण आदि के नाम को संज्ञा कहते हैं। संज्ञा के तीन भेद हैं—

1. जातिवाचक, 2. व्यक्तिवाचक और 3. भाववाचक।

1. **जातिवाचक संज्ञा**—जिस संज्ञा से एक जाति के सब पदार्थों या व्यक्तियों का बोध हो, उसे 'जातिवाचक संज्ञा' कहते हैं। उदाहरणार्थ 'लड़का' शब्द से राम, मोहन, श्याम, सोहन—सब लड़कों का बोध होता है। इसी प्रकार 'पर्वत' शब्द से हिमालय, विंध्याचल, सह्याद्रि—सब पर्वतों का बोध होता है। 'नदी' शब्द से गंगा, जमना, रावी, ताप्ती आदि सभी नदियों का बोध होता है। अतः लड़का, पर्वत, नदी जातिवाचक संज्ञाएँ हैं।

[जातिवाचक संज्ञा में सभी मूर्त वस्तुओं, व्यक्तियों और स्थानों के सामान्य नामों का अंतर्भाव हो जाता है। कई व्याकरणकारों ने पदार्थवाचक, समूहवाचक आदि अनावश्यक भेद किए हैं। मिट्टी, लोहा आदि पदार्थ वास्तव में मूर्त वस्तुएँ ही हैं। इनके लिए किसी पृथक शब्दभेद की कल्पना निरर्थक है। दूसरे, हिंदी में पार्टी, कक्षा, सेना, सरकार आदि शब्द भी संज्ञाएँ ही हैं। इनका प्रयोग, यों भी एकवचन में होता है। जैसे—पुलिस आ गई, सेना बुलाई गई।]

2. **व्यक्तिवाचक संज्ञा**—जिस शब्द से किसी व्यक्ति, वस्तु या स्थान के विशिष्ट या वैयक्तिक नाम का बोध होता है, उसे व्यक्तिवाचक संज्ञा कहते हैं, जैसे—राम, मोहन, श्याम, गंगा, यमुना, सरस्वती, हिमालय, विंध्याचल। जब 'मोहन' नाम का प्रयोग किया जाता है, तो एक विशिष्ट व्यक्ति का बोध होता है। इसी तरह 'गंगा' से विशिष्ट नदी का, 'हिमालय' से विशिष्ट पर्वत का और 'दिल्ली' से विशिष्ट नगर का बोध होता है।

3. **भाववाचक संज्ञा**—अमूर्त भाव, विचार, गुण, क्रिया, स्थिति आदि के नाम को भाववाचक संज्ञा कहते हैं, जैसे —क्रोध, प्रेम, दया, ईर्ष्या, सर्दी, गर्मी, विद्वत्ता, मिठास, कड़ुवाहट, जवानी, बचपन, क्रीड़ा, पीड़ा, व्यथा, व्यवस्था, समाजवाद, साम्यवाद, मनन, चिंतन, कृति, योजना आदि शब्द भाववाचक संज्ञाएँ कहलाते हैं।

संज्ञा के रूप—

(1) लड़का पढ़ता है।
(2) लड़की पढ़ती है।
(3) लड़के पढ़ते हैं।
(4) लड़कियाँ पढ़ती हैं।
(5) लड़के को पढ़ाओ।
(6) लड़कों को पढ़ाओ।
(7) लड़की को पढ़ाओ।
(8) लड़कियों को पढ़ाओ।

उपरिलिखित वाक्यों में 'लड़का' शब्द के 'लड़का', 'लड़की' 'लड़के', 'लड़कियाँ', 'लड़के को', 'लड़कों को', 'लड़की को', 'लड़कियों को'—आठ रूप हो गए हैं। ये रूप लिंग, वचन और कारक पर आधारित हैं। संज्ञा की रूप रचना इन्हीं तीन बातों पर आधारित है। अतः संज्ञा के रूपों पर विचार करने से पूर्व इनके स्वरूप पर विचार करना प्रासंगिक होगा।

लिङ्ग

जीवधारियों में दो जातियाँ होती हैं, पुरुष और स्त्री। भाषा के विकास के प्रथम चरण में लिंग-निर्धारण का आधार ये जातियाँ ही रही होंगी और बाद में चलकर निर्जीव पदार्थों के लिए नपुंसक लिंग की कल्पना कर ली गई होगी। संस्कृत में नपुंसक लिंग भी था, जो गुजराती, मराठी आदि भाषाओं में आज भी सुरक्षित हैं। संस्कृत व्याकरण को देखने से ऐसा प्रतीत होता है कि नपुंसक लिंग की व्यर्थता पाणिनि के समय ही अनुभव होने लगी थी। इसीलिए नपुंसक लिंग के रूप केवल प्रथमा और द्वितीया विभक्ति में भिन्न होते थे। शेष विभक्तियों में पुल्लिंग शब्दों के समान थे। पाली और प्राकृत में नपुंसक लिंग का प्रयोग शनैः-शनैः कम होता गया और अपभ्रंश तक पहुंचते-पहुंचते प्रायः लुप्त हो गया। आज सैद्धांतिक रूप से हिंदी में नपुंसक लिंग का अस्तित्व शेष नहीं है, यद्यपि व्यावहारिक दृष्टि से उसे पूर्णतया अस्वीकार नहीं किया जा सकता। उदाहरणार्थ, 'मैं बच्चे को लाने स्कूल जा रहा हूं' और 'मैं सब्जी लाने बाजार जा रहा हूँ' वाक्यों में को परसर्ग के प्रयोग की भिन्नता नपुंसक लिंग के अस्तित्व को सिद्ध करती है।

अधिकतर भाषाओं में नपुंसकलिंग का संबंध निर्जीव पदार्थों से माना गया

है, किंतु संस्कृत में कई निर्जीव पदार्थों के वाचक घट, पट, तड़ाग आदि शब्द पुल्लिग और धरा, खट्वा, नदी आदि शब्द स्त्रीलिंग होते थे। लोभ, शोक, जय, पराजय आदि भाववाचक संज्ञाएँ पुल्लिग और आशा, चिंता, निद्रा, इच्छा आदि भाववाचक संज्ञाएँ स्त्रीलिंग थीं। दूसरी ओर मित्र, कलम आदि शब्द नपुंसकलिंग थे। केवल इतना ही नहीं, शरीर के वाचक देह, तनु और शरीर शब्द क्रमशः पुल्लिग, स्त्रीलिंग और नपुंसक लिंग थे। अत्यंत आश्चर्यजनक उदाहरण तो स्त्री के वाचक दार, स्त्री और कलत्र शब्दों का है, जो क्रमशः पुल्लिग, स्त्रीलिंग और नपुंसक लिंग में प्रयुक्त होते थे।

संस्कृत की यह लिंग-संबंधी अव्यवस्था ही हिंदी को उत्तराधिकार में मिली है। संस्कृत के नपंसक लिंग शब्दों में से कुछ का पुल्लिग और कुछ का स्त्रीलिंग हो जाना इस अव्यवस्था का जटिलतम पहलू है। हिंदी में चेतन प्राणियों तक के लिंग के संबंध में यह अव्यवस्था देखी जाती है। रीछ, चीता, तेंदुवा, मच्छर, बिच्छू, ततैया, कछुवा, मगर, गिरगिट, उल्लू, गिद्ध, कौवा आदि अनेक शब्द केवल पुल्लिग होते हैं और मक्खी, छिपकली, गिलहरी, तितली, कोयल, लोमड़ी, मछली और चील केवल स्त्रीलिंग। जड़ पदार्थों की स्थिति तो और भी खराब है, ग्रंथ पुल्लिग है तो पुस्तक स्त्रीलिंग, कान पुल्लिग है तो नाक स्त्रीलिंग, नाला पुल्लिग है तो नदी स्त्रीलिंग, आम पुल्लिग है तो जामुन स्त्रीलिंग, जूड़ा पुल्लिग है तो वेणी स्त्रीलिंग।

यद्यपि हिंदी में लिंग निर्धारण का वैज्ञानिक आधार ढूंढ़ना सरल नहीं है। फिर भी, उस पर विचार करना सर्वथा निरर्थक नहीं होगा। सजीव प्राणियों के लिंग में, कुछ अपवादों को छोड़कर विशेष जटिलता नहीं है, किंतु पदार्थवाचक और भाववाचक संज्ञाओं के लिंग के निर्धारण में कुछ बातें सहायक हो सकती हैं।

1. **शब्दों का स्रोत**—संस्कृत के कृदंत और तद्धित प्रत्ययों से निष्पन्न तत्सम शब्दों का लिंग प्रत्ययों के आधार पर निर्धारित किया जा सकता है।

(क) पुल्लिग शब्द

1. **अ प्रत्यय**—काम, क्रोध, सुख, दुःख, खेद, न्याय, लाभ, लोभ, आहार, विहार, प्रचार, प्रसार, त्याग, द्वेष, संचय, निश्चय, संकल्प, विकल्प, प्रहार, वध, आदेश, निर्देश, आश्रय, श्रम, संकोच, विस्तार आदि।

2. **अन प्रत्यय**—दान, ज्ञान, भोजन, चिंतन, मनन, रक्षण, पालन, पोषण, चयन, गमन, आगमन, गायन, शयन, आचमन, आसन, जागरण, दर्शन, आच्छादन मरण, रमण, स्तवन आदि।

3. **त्व प्रत्यय**—गुरुत्व, बंधुत्व, घनत्व, नारीत्व, कृतित्व, व्यक्तित्व, कवित्व, ग्राम्यत्व, अश्लीलत्व आदि।

4. **य प्रत्यय**—ऐश्वर्य, धैर्य, शौर्य, पाण्डित्य, बाहुल्य, प्राचुर्य, वैविध्य, गांभीर्य, चैतन्य, माधुर्य, दास्य, सख्य, नावीन्य, व्यवहार्य आदि।

5. **इन् प्रत्यय**—(प्रथमांत रूप ई) धनी, शास्त्री, कामी, क्रोधी, पक्षी, प्रहरी, वैरागी, संन्यासी आदि।

(ख) स्त्रीलिंग शब्द

1. **आ प्रत्यय (<टाप् प्रत्यय)**—दया, माया, क्रीड़ा, निद्रा, चिंता, शिक्षा, दीक्षा, माला, पूजा, कथा, सेवा, आज्ञा, परीक्षा, प्रतिज्ञा, समीक्षा, निंदा, प्रशंसा, पीड़ा, शय्या, श्रद्धा, शंका, धारा आदि।

2. **अन + आ प्रत्यय**—भावना, कामना, याचना, प्रार्थना, चेतना, सूचना, रचना, योजना, वेदना, तुलना, वंदना, वासना, उपासना, धारणा, विवेचना, आलोचना, संवेदना आदि।

3. **सा प्रत्यय (सन् + आ)**—बुभुक्षा, पिपासा, चिकित्सा, लालसा, जिज्ञासा, मीमांसा, जिजीविषा आदि।

4. **ता प्रत्यय**—मानवता, मधुरता, दासता, कटुता, गुरुता, महत्ता, विद्वत्ता, नवीनता, संकीर्णता, उदारता, धूर्तता, सार्थकता, कुलीनता, भद्रता, सुकुमारता, कोमलता, स्वतंत्रता आदि।

5. **ति प्रत्यय**—कृति, रीति, नीति, स्थिति, उपस्थिति, शांति, क्रांति, भ्रांति, मुक्ति, शक्ति, दृष्टि, सृष्टि, शुद्धि, बुद्धि, सिद्धि, प्रसिद्धि आदि।

कुछ उल्लेखनीय अपवाद

1. संस्कृत के 'इमा' प्रत्ययांत शब्द महिमा, गरिमा, लघिमा आदि हिंदी में स्त्रीलिंग हो गए हैं। ये शब्द संस्कृत में पुल्लिग थे।

2. संस्कृत के अ प्रत्ययांत जय, विजय, पराजय, विनय भी हिंदी में स्त्रीलिंग हो गए हैं। ये संस्कृत में पुल्लिग थे।

3. कृत् और तद्धित प्रत्ययों से बने विशेषण और कर्तृवाचक शब्द प्रयोग के अनुसार पुल्लिग-स्त्रीलिंग दोनों होते हैं, जैसे—

पुल्लिग	**स्त्रीलिंग**
आकर्षक दृश्य	आकर्षक घटना
पदक विजेता साहित्यकार	पदक विजेता अभिनेत्री
देदीप्यमान रत्न	देदीप्यमान ज्योति
परिचित सज्जन	परिचित महिला
विश्वसनीय समाचार	विश्वसनीय कथा
धार्मिक संगठन	धार्मिक संस्था
गुणवान् पति	गुणवान् पत्नी
धर्मज्ञ पुरुष	धर्मज्ञ नारी

तद्भव शब्द—हिंदी के तद्भव शब्द अपने स्रोत शब्द के लिंग का अनुसरण करते हैं।

(1) अकारांत पुंल्लिग शब्दों से विकसित शब्द पुंल्लिग होते हैं, जैसे—मुंह (<मुख), हाथ (हस्त), पाँव (पाद), कान (कर्ण), दाँत (दंत), बाँस (वंश), चाँद (चंद्र), ब्याह (विवाह), बाँध (बंध) आदि।

अपवाद—गेंद (कंदुक), डाह (दाह), हाट (हट्ट)।

(2) आकारांत स्त्रीलिंग शब्दों से विकसित अकारांत शब्द स्त्रीलिंग होते हैं, जैसे—आस (आशा), धार (धारा), नींद (निद्रा), भूख (बुभुक्षा), प्यास (पिपासा), भीख (भिक्षा), सीख (शिक्षा), बात (वार्ता), जीभ (जिह्वा), छाँह (छाया), दूब (दूर्वा), साँझ (संध्या), खाट (खट्वा), सिल (शिला), परख (परीक्षा) आदि।

(3) आकारांत-भिन्न स्त्रीलिंग शब्दों से बने कुछ अकारांत शब्द भी द्रष्टव्य हैं—

चोंच (चंचु), कोख (कुक्षि), रीत (रीति), मूरत (मूर्ति), संगत (संगति), जात (जाति), गाँठ (ग्रंथि), मूँठ (मुष्टि), भीत (भित्ति), बेल (बल्ली), रात (रात्रि), धूल (धूलि), प्रीत (प्रीति)।

व्याकरणिक स्वरूप—आ हिंदी का पुं प्रत्यय है। अत: हिंदी के 'आ' प्रत्ययांत तद्भव शब्द पुंल्लिग होते हैं, जैसे—थैला, प्याला, चूल्हा, चमड़ा, हीरा, सोना, लोहा, ताँबा, कुर्ता, डंडा, कपड़ा, घड़ा, तिनका, कोड़ा, रुपया, गड्ढा, कंधा, फोड़ा, झगड़ा, गाना, खाना, पीना, कुआँ, चबूतरा, पतरा, पहिया, कोना, दोना, काँटा, खंभा आदि।

—ईकारांत शब्द अधिकतर स्त्रीलिंग होते हैं, जैसे—धोती, टोपी, खूँटी, थाली, खिड़की, लकड़ी, लाठी, खेती, उँगली, जाली, मिट्टी, भट्टी, छुट्टी, चिट्ठी, चाँदी, कुर्सी, रोटी, गली, नाली, थाली, घड़ी, बही आदि।

उपर्युक्त दोनों नियमों के कुछ अपवाद भी हैं, जैसे—

(1) खड़िया, पुड़िया, लुटिया आदि शब्द स्त्रीलिंग होते हैं।

(2) पानी, मोती, घी, दही आदि कुछ ईकारांत शब्द पुंल्लिग होते हैं।

[वस्तुत: ये अपवाद नहीं, अपवादाभास हैं। खड़िया आदि शब्द लघुतावाचक 'इया' प्रत्यय से बने हैं, जो स्त्रीलिंग का प्रत्यय है। पानी, मोती, घी का विकास क्रम इनके ईकारांत होने के कारणों का विश्लेषण करता है, जैसे—

पानी—<पानीय।

मोती—<मोती<मोत्तिअ<मौक्तिक।

घी—<घिउ<घृत

—दही शब्द हिंदी की कई बोलियों में स्त्रीलिंग है।]

—हिंदी के अपने कृत् और तद्धित प्रत्ययों से शब्दों का लिंग भी प्रत्ययानुसारी होता है। जैसे—

पन—(पुल्लिग) बचपन, बडप्पन।

पा—(पुल्लिग) बुढ़ापा, पुजापा।

आहट—(स्त्रीलिंग) चिकनाहट, घबराहट।

आवट—(स्त्रीलिंग) बनावट, सजावट।

आई—(स्त्रीलिंग) पढ़ाई, लिखाई, भलाई, बुराई।

अन—इस प्रत्यय से बने शब्द कुछ पुल्लिग होते हैं तथा कुछ स्त्रीलिंग। जैसे लेन, देन, खान, पान, रहन, सहन, पुल्लिग हैं, तो जलन, सूजन, उलझन, मुस्कान स्त्रीलिंग।

लिंग निर्धारण की दृष्टि से कुछ बातें ध्यान देने योग्य हैं—

(1) सरकार, पुलिस, फौज शब्द नित्य स्त्रीलिंग हैं। जैसे—

(क) सरकार जानती है।

(ख) पुलिस आ गई।

(ग) फौज आगे बढ़ी।

(2) तारा, व्यक्ति और देवता संस्कृत में स्त्रीलिंग थे, हिंदी में पुल्लिग हो गए। जैसे—

(क) तारे निकल आए।

(ख) सब व्यक्ति लौट गए।

(ग) देवता पूजे जाते हैं।

(3) आत्मा, आग, बूंद, देह, बाँह संस्कृत में पुल्लिग थे, हिंदी में स्त्रीलिंग हो गए।

कुछ समानार्थी शब्दों में लिंगभेद ध्यान देने योग्य है—

पुल्लिग	स्त्रीलिंग	पुल्लिग	स्त्रीलिंग
ग्रंथ	पुस्तक	धन	दौलत
चित्र	तसवीर	इम्तिहान	परीक्षा
जलसा	सभा	इंतजार	प्रतीक्षा
सवेरा	सुबह	इंतकाल	मृत्यु
संसार	दुनिया	जीवन	जिंदगी

उपर्युक्त विवेचन केवल उन शब्दों को लेकर है जो निर्जीव पदार्थों के वाचक हैं या भाववाचक संज्ञाएँ। मानव या मानवेतर प्राणियों के वाचक शब्दों में लिंग-निर्णय की विशेष आवश्यकता नहीं है।

[स्त्रीलिंग और पुल्लिग बनाने वाले प्रत्ययों का विवेचन शब्दों की व्युत्पत्ति के संदर्भ में अन्यत्र किया गया है।]

वचन

वचन का आधार है, संख्या। शब्द की जिस रूप रचना से एक संख्या का बोध होता है, वह एकवचन तथा जिससे एक से अधिक संख्याओं का बोध होता है, वह बहुवचन कहलाता है। संस्कृत में द्विवचन भी होता था। द्विवचन की कल्पना के पीछे सम्भवत: चाँद-सूरज, दिन-रात, सुख-दु:ख, लाभ-हानि, जय-पराजय आदि द्वंद्वों का महत्त्व रहा होगा। द्विवचन का अस्तित्व प्राकृतों में ही समाप्त हो गया था। आज किसी भारतीय भाषा में द्विवचन शेष नहीं है।

हिंदी में बहुवचन का प्रयोग कई बार एक संख्या के लिए भी होता है।

(1) आदर की अभिव्यक्ति के लिए, जैसे—

(क) पंडित जी थोड़ी देर में आयेंगे।

(ख) पिताजी चले गए।

(ग) भाई साहब आज बंबई जा रहे हैं।

(2) प्राण, दाम, दर्शन, समाचार, हालचाल, भाग्य, होश, हस्ताक्षर आदि कुछ शब्दों का प्रयोग सदैव बहुवचन में होता है—

(1) इतना कहकर उसके प्राण पखेरू उड़ गए।

(2) आयकर अधिकारी को देखकर लालाजी के प्राण सूख गए।

(3) इसके दाम कितने हैं ?

(4) इतने कम दाम और इतना उत्तम काम।

(5) आपके दर्शन करने आया हूँ।

(6) आजकल उसके दर्शन भी दुर्लभ हो गए हैं।

(7) कहिए, क्या समाचार हैं ?

(8) और सुनाइए, दिल्ली के क्या हालचाल हैं ?

(9) हमारे ऐसे भाग्य कहाँ ?

(10) चोर को देखते ही मेरे होश उड़ गए।

(11) अधिकारी ने हस्ताक्षर कर दिए।

बहुवचन बनाने के नियम

पुल्लिंग शब्द

(1) पुल्लिंग शब्दों में केवल आकारांत तद्भव शब्दों के रूप बहुवचन में 'एकारांत' हो जाते हैं, शेष सब शब्द अविकृत रहते हैं। जैसे—

आकारांत पुल्लिंग शब्द

घोड़ा—घोड़े	कपड़ा—कपड़े
लड़का—लड़के	घड़ा—घड़े

गधा—गधे　　　　रुपया—रुपये

बच्चा—बच्चे　　　　गाना—गाने

अपरिवर्तनीय आकारांत शब्द

1. तत्सम शब्द

1. सभा में कई बड़े **नेता** उपस्थित थे।
2. कुछ देर की प्रतीक्षा के बाद **श्रोता** उठकर चले गए।
3. एक के बाद एक कई **वक्ता** बोले।
4. युद्ध में सहस्रों वीर **योद्धा** खेत रहे।

इसी प्रकार दाता, विधाता, आक्रांता, महात्मा, राजा आदि शब्द बहुवचन में अपरिवर्तित रहते हैं।

2. पारिवारिक संबंधों के वाचक देशज शब्द

1. उसके तीनों **चाचा** डाक्टर हैं।
2. मेरे **मामा** उत्तर प्रदेश के एक गाँव में रहते हैं।
3. श्याम के **दादा** बीमार थे।

इसी प्रकार नाना, काका, बाबा आदि शब्द बहुवचन में अविकृत रहते हैं। किंतु भानजा (<भागिनेय), भतीजा (<भ्रातृव्य), साला (<श्यालक) आदि तद्भव शब्दों में बहुवचन में परिवर्तन होता है, जैसे—

भतीजा आया।　　　　भतीजे आए।

भानजा आया।　　　　भानजे आए।

साला आया।　　　　साले आए।

—यदि अपरिवर्तनीय संज्ञा शब्दों का प्रयोग समास में हुआ हो, तो बहुवचन में रूप बदल जाते हैं, जैसे—

(1) बड़े-बड़े राजे-महाराजे जोर लगाकर हार गए।

(2) हमारे दादे-पड़दादे इस बात से अनभिज्ञ थे।

आकारांत-भिन्न पुल्लिंग शब्द

इन शब्दों का बहुवचन अविकृत रहता है, जैसे—

(क) बालक पढ़ेगा।　　　　बालक पढ़ेंगे।

फूल खिला।　　　　फूल खिले।

साँप निकला।　　　　साँप निकले।

(ख) कवि बैठा है।　　　　कवि बैठे हैं।

अतिथि आया।　　　　अतिथि आए।

एक व्यक्ति खड़ा था।　　　　कई व्यक्ति खड़े थे।

(ग)	आदमी बोला ।	आदमी बोले ।
	संन्यासी चला गया ।	संन्यासी चले गए ।
	हाथी आता है ।	हाथी आते हैं ।
(घ)	साधु रामायण पढ़ेगा ।	साधु रामायण पढेंगे ।
	पशु रहता है ।	पशु रहते हैं ।
	जन्तु पैदा होता है ।	जन्तु पैदा होते हैं ।
(ङ)	डाकू आया ।	डाकू आए ।
	उल्लू बोलता है ।	उल्लू बोलते हैं ।
	थाली में लड्डू था ।	थाली में लड्डू थे ।
(च)	1. रेडियो बोल उठा ।	रेडियो बोल उठे ।
	2. फोटो अच्छा था ।	फोटो अच्छे थे ।

इसी प्रकार शेर, मोर, पति, रवि, साथी, मोती, गुरु, शत्रु, भालू, आलू, चाकू आदि 'आकारांतेतर' पुल्लिग संज्ञाएँ बहुवचन में अविकृत रहती हैं।

स्त्रीलिंग शब्द

स्त्रीलिंग शब्दों को भी बहुवचन बनाने की दृष्टि से दो वर्गों में बाँटा जा सकता है।

(1) इकारांत-ईकारांत स्त्रीलिंग संज्ञाओं का बहुवचन 'याँ' प्रत्यय जोड़कर बनाया जाता है। (याँ प्रत्यय जोड़ने पर पूर्ववर्ती स्वर ह्रस्व हो जाता है।) कुछ उदाहरण द्रष्टव्य हैं—

जाति—जातियाँ	साड़ी—साड़ियाँ
तिथि—तिथियाँ	कुर्सी—कुर्सियाँ
पंक्ति—पंक्तियाँ	नदी—नदियाँ

(2) इकारांत-ईकारांत से भिन्न सभी स्त्रीलिंग संज्ञाओं का बहुवचन 'एँ' प्रत्यय जोड़कर बनाया जाता है। इसका अपवाद केवल 'इया' प्रत्ययांत संज्ञाएँ हैं, बहुवचन बनाने के लिए जिनका अंतिम 'आ' अनुनासिक हो जाता है।

(अ) अकारांत शब्द

पुस्तक—पुस्तकें	आँख—आँखें
रात—रातें	मूँछ—मूछें
गेंद—गेंदें	लहर—लहरें

(आ) आकारांत शब्द

माला—मालाएँ	लता—लताएँ
कन्या—कन्याएं	माता—माताएँ
कल्पना—कल्पनाएँ	शिला—शिलाएँ

'इया' प्रत्ययांत अपवाद वर्ग

चिड़िया—चिड़ियाँ

बुढ़िया—बुढ़ियाँ

बिंदिया—बिंदियाँ

चुहिया—चुहियाँ

(इ) उकारांत शब्द

वस्तु—वस्तुएँ	धातु—धातुएँ
ऋतु—ऋतुएँ	चंचु—चंचुएँ
धेनु—धेनुएँ	

(ई) ऊकारांत शब्द

बहू—बहुएँ	खुशबू—खुशबुएँ
लू—लुएँ	खड़ाऊँ—खडाउएँ

(उ) औकारांत शब्द

गौ—गौएँ

[उपर्युक्त रूप मूल (अपरसर्गीय) बहुवचन के हैं। कारकीय बहुवचन की चर्चा कारकों के विवेचन में की जाएगी।]

फारसी के बहुवचन के प्रत्यय आन, आत, आम आदि का प्रयोग दिह—देहात, कागज—कागजात, साहब— साहिबान आदि कुछ शब्दों को छोड़कर प्रायः नहीं होता। ऐसी विदेशी शब्दावली के बहुवचन के रूप हिंदी की अपनी प्रक्रिया का अनुसरण करते हैं। जैसे—

पुंल्लिग शब्द

लिफाफा—लिफाफे	शीशा—शीशे
रोजा—रोजे	पायजामा—पायजामे

अंग्रेजी शब्दों की स्थिति भी यही है, जैसे—

ड्रामा—ड्रामे

स्त्रीलिंग शब्द

बीमारी—बीमारियाँ	कमीज—कमीजें
मशीन—मशीनें	डिग्री—डिग्रियाँ
टैक्सी—टैक्सियाँ	साइकिल—साइकिलें

[उल्लेखनीय है कि अंग्रेजी के 'फुट' शब्द का बहुवचन 'फीट' हिंदी में अशुद्ध प्रयोग है। जैसे 'यह कमरा बारह फुट चौड़ा है' ही ठीक है, 'बारह फीट चौड़ा' नहीं।]

इसी प्रकार संस्कृत के जन (गुरुजन, विद्वाज्जन), गण (कविगण, तारागण), वृन्द (पाठक वृन्द, दर्शक वृन्द) आदि प्रयोग भी प्राचीन परम्परा के पंडितों तक ही सीमित हैं।

कारक

कारक शब्द की व्युत्पत्ति कृ धातु से 'अक' प्रत्यय जोड़कर हुई है, जिसका अर्थ है 'करने वाला'। किंतु पारिभाषिक अर्थों में 'वाक्य में शब्दों का पारस्परिक संबंध निरूपित करने वाला तत्त्व 'कारक' कहलाता है।' कारक की परिभाषा करते हुए पं० कामता प्रसाद गुरु लिखते हैं, "संज्ञा या सर्वनाम के जिस रूप से उसका संबंध वाक्य के किसी दूसरे शब्द के साथ प्रकाशित होता है, उस रूप को कारक कहते हैं।" किंतु पं० किशोरीदास वाजपेयी 'जिसका क्रिया के साथ सीधा संबंध हो' उसे कारक मानते हैं। इन परिभाषाओं में ऊपरी साम्य के होते हुए भी तात्त्विक दृष्टि से पर्याप्त अंतर है। गुरु जी की परिभाषा के अनुसार संबध को कारक मानने में कोई व्यवधान उपस्थित नहीं होता, किंतु वाजपेयी जी संस्कृत व्याकरण की प्राचीन परंपरा के अनुसार 'संबंध' को कारक नहीं मानते। अतएव उन्होंने अपनी परिभाषा में कारक से क्रिया के सीधे संबंध की बात कही है। किंतु यदि गंभीरता से विचार किया जाए तो 'सम्प्रदान' और 'अपादान' का भी क्रिया से सीधा संबंध कहाँ होता है? और संबोधन का तो दूर का भी संबंध नहीं होता। इस कसौटी पर कर्ता, कर्म, करण और अधिकरण चार ही कारक खरे उतरते हैं। फिर शेष 'कारकों' को क्या संज्ञा देंगे। अतः इस व्यावहारिक कठिनाई से बचने के लिए यहाँ आठों कारकों का विवेचन किया जा रहा है।

विभक्ति और परसर्ग—कारकों का अर्थ स्पष्ट करने के लिए 'प्रातिपदिक' में लगने वाले 'सुप्' प्रत्ययों को विभक्ति कहा जाता है। संस्कृत व्याकरण में विकारी शब्दों के दो भेद थे। संज्ञा, सर्वनाम और विशेषण के मूल शब्द को 'प्रातिपदिक' कहते थे और तिङ् प्रत्ययों से युक्त क्रिया पद के मूल रूप को 'धातु'। संस्कृत के बालकः, बालकम्, बालकेन आदि पदों में सु, अम्, इन (टा) आदि सुप् विभक्तियाँ लगी होती थीं। हिंदी तक आते-आते ये विभक्तियाँ घिस गईं और अर्थ की स्पष्टता के लिए 'परसर्गों' का प्रयोग होने लगा। जैसे 'संसदि' में इ (ङि) विभक्ति है किंतु 'संसद में' पद में 'में' परसर्ग है, जो 'मध्ये' से विकसित हुआ है। 'परसर्ग' शब्द चाहे नया हो किंतु वह कोई नई चीज नहीं है। संस्कृत में भी 'बालकं विना' (बालक के बिना), 'बालकेन सह' (बालक के साथ) आदि प्रयोग बहुतायत से मिलते हैं। इन प्रयोगों को कोई आधुनिक परसर्गों का पूर्वज न माने, परंतु 'बालकस्य कृते' (बालक के लिए), 'गृहमध्ये' (घर में) आदि में प्रयुक्त 'कृते', 'मध्ये' को तो परसर्ग मानने से इनकार नहीं किया जा सकता। उत्तरकालीन अपभ्रंश में लुप्त विभक्तिक प्रयोगों

की बहुलता देखी जाती है और अभिव्यक्ति की स्पष्टता के लिए लुप्तविभक्तिक या सविभक्तिक संज्ञाओं के आगे परसर्गों का प्रयोग भी ध्यान आकर्षित करता है।

पंडित किशोरीदास वाजपेयी 'परसर्ग' शब्द को अनावश्यक मानते हैं। वे ने, को, से, का, में, पर आदि को 'विश्लिष्ट विभक्ति' नाम देते हैं। किंतु अब 'परसर्ग' शब्द इतना प्रचलित हो गया है कि इसे अस्वीकार नहीं किया जा सकता। 'परसर्ग' शब्द की व्युत्पत्ति 'पर' और 'सर्ग' के संयोग से हुई है। कैलोग आदि पाश्चात्य विद्वानों ने अंग्रेजी के 'प्रि-पोजिशन' के अनुकरण पर इन विश्लिष्ट विभक्तियों को 'पोस्ट पोजिशन' नाम दिया, जिसे हिंदी के भाषावैज्ञानिकों ने उपसर्ग की तर्ज पर 'परसर्ग' बना दिया। तात्त्विक दृष्टि से देखा जाए तो विभक्ति (संश्लिष्ट विभक्ति) और परसर्ग (विश्लिष्ट विभक्ति) भिन्न-भिन्न चीजें हैं। विभक्तियों का विकास 'सुप्' प्रत्ययों से हुआ है और परसर्गों का 'मध्ये' 'उपरि' आदि स्वतंत्र शब्दों से। बँगला, मराठी आदि भाषाओं में आज भी विभक्तियों का अस्तित्व विद्यमान है। हिंदी की कतिपय बोलियों में भी विभक्त्यन्त पद मिलते हैं। मानक हिंदी में भी संज्ञाओं के कतिपय रूप विभक्तियों की उत्तरवर्ती स्थिति में हैं।

कारकों की रूप-रचना

(1) लड़का पुस्तक पढ़ता है।
(2) लड़के ने पुस्तक पढ़ी।
(3) नौकर ने दरवाजा बंद कर दिया।
(4) नौकर ने दरवाजे को ताला लगा दिया।

उपर्युक्त वाक्यों में 'लड़का' और 'लड़के ने' दोनों पद कर्ता हैं किंतु 'लड़का' मूल शब्द का अविकृत रूप है, तथा 'लड़के' परिवर्तित रूप। इसी प्रकार तीसरे और चौथे वाक्यों में 'दरवाजा' अविकृत रूप है तथा 'दरवाजे' परिवर्तित रूप। इन चारों उदाहरणों से स्पष्ट हो जाता है कि जब हम लड़का, दरवाजा जैसे शब्दों का प्रयोग परसर्ग के बिना करते हैं, तो उनका रूप अविकृत रहता है। किंतु जब इनके आगे परसर्ग लगाते हैं तो रूप विकृत या परिवर्तित हो जाता है।

संज्ञा और विशेषण के इस अपरिवर्तित रूप को 'मूल' या 'अ-परसर्ग रूप' कहते हैं तथा परिवर्तित रूप को 'तिर्यक् रूप' या 'स-परसर्ग' रूप। इन्हें कुछ वैयाकरणों ने 'अविकारी' और 'विकारी' रूप भी कहा है।

संज्ञा शब्दों के रूप

पुल्लिग शब्द—कारकीय रूपों की दृष्टि से पुल्लिग शब्दों को 3 वर्गों में विभाजित किया जा सकता है—

1. पुं प्रत्ययांत आकारांत तद्भव शब्द
2. संस्कृत के प्रथमांत आकारांत शब्द या देशज शब्द
3. आकारांत-भिन्न शब्द

(1) पुं प्रत्ययांत आकारांत तद्भव शब्दों के रूप मूल (अ-परसर्ग) एकवचन में अविकृत रहते हैं किंतु मूल बहुवचन, तिर्यक् (स-परसर्ग) एकवचन तथा तिर्यक् बहुवचन में परिवर्तित हो जाते हैं। इसे हम 'घोड़ा' वर्ग कहेंगे।

(2) संस्कृत के आकारांत (प्रथमांत तत्सम शब्द) केवल तिर्यक् बहुवचन में परिवर्तित होते हैं। मूल एकवचन-बहुवचन तथा तिर्यक् एकवचन में अपरिवर्तित रहते है। इसे 'नेता' वर्ग कहेंगे।

(3) आकारांत भिन्न शब्द चाहे वे अकारांत हों, इकरांत-ईकारांत हों, उकारांत-ऊकारांत हों या अन्य किसी स्वर या व्यंजन से समाप्त होते हों इस वर्ग में आते हैं। इस वर्ग के शब्दों के रूप भी केवल तिर्यक् बहुवचन में बदलते हैं। अन्यत्र अविकृत बने रहते हैं। इस वर्ग को सुविधा के लिए 'बालक' वर्ग कह सकते हैं।

शब्दों के रूप

(क) घोड़ा वर्ग

'घोड़ा' शब्द के रूप

	एकवचन	**बहुवचन**
मूल रूप	घोड़ा	घोड़े
तिर्यक् रूप	घोड़े ने	घोड़ों ने

वाक्यों में प्रयोग द्रष्टव्य है—

1. **घोड़ा** पानी पीता है। (मूल एकवचन)
2. **घोड़े** पानी पीते हैं। (मूल बहुवचन)
3. **घोड़े ने** पानी पीया। (तिर्यक् एकवचन)
4. **घोड़ों ने** पानी पीया। (तिर्यक् बहुवचन)

—सभी परसर्ग ने, को, से, के लिए, का, के, की, में, पर आदि तिर्यक् रूप के साथ जोड़े जाते हैं। लड़का, कुत्ता, ताला, घड़ा, कपड़ा, गधा आदि शब्द इसी वर्ग में आते हैं।

—विदेशी शब्द दरवाजा, कैमरा, बक्सा आदि भी इसी वर्ग में आते हैं।

आकारांत 'नेता' शब्द

	एकवचन	**बहुवचन**
मूल रूप	नेता	नेता
तिर्यक् रूप	नेता	नेताओं

वाक्य प्रयोग—

1. नेता भाषण देता है। (मूल एकवचन)
2. नेता भाषण देते हैं। (मूल बहुवचन)
3. नेता ने भाषण दिया। (तिर्यक् एकवचन)
4. नेताओं ने भाषण दिए। (तिर्यक् बहुवचन)

—'घोड़ा' वर्ग और 'नेता' वर्ग के तिर्यक् बहुवचन का अंतर भी ध्यान देने योग्य है।

घोड़ों ने	नेताओं ने

पिता, वक्ता, श्रोता, अभिनेता, दाता, राजा, आक्रांता, महात्मा आदि शब्द इसी वर्ग में आते हैं।

—पारिवारिक संबंधों के वाचक—नाना, काका, दादा, चाचा, बाबा आदि देशज शब्द भी इसी वर्ग में आते हैं।

यह बात ध्यान देने योग्य है कि भानजा, भतीजा जैसे तद्भव आकारांत पारिवारिक शब्द 'घोड़ा' वर्ग में आते हैं।

आकारांत-भिन्न शब्द—इस वर्ग में अकारांत, इकारांत, ईकारांत, उकारांत, ऊकारांत आदि शब्द आते हैं।

अकारांत बालक शब्द

	एकवचन	**बहुवचन**
मूल रूप	बालक	बालक
तिर्यक् रूप	बालक	बालकों

वाक्य प्रयोग

1. बालक मिठाई खाता है। (मूल एकवचन)
2. बालक मिठाई खाते हैं। (मूल बहुवचन)
3. बालक ने मिठाई खाई। (तिर्यक् एकवचन)
4. बालकों ने मिठाई खाई (तिर्यक् बहुवचन)

इकारांत कवि शब्द

	एकवचन	**बहुवचन**
मूल रूप	कवि	कवि
तिर्यक् रूप	कवि	कवियों

ईकारांत हाथी शब्द

	एकवचन	**बहुवचन**
मूल रूप	हाथी	हाथी
तिर्यक् रूप	हाथी	हाथियों

—इकारांत-ईकारांत शब्दों के तिर्यक् बहुवचन में य या अ श्रुति का प्रयोग होता है तथा दीर्घ ई का ह्रस्वीकरण हो जाता है, जैसे ऋषियों, मुनियों, आदमियों, संन्यासियों, पुजारियों आदि।

उकारांत 'साधु' शब्द

	एकवचन	बहुवचन
मूल रूप	साधु	साधु
तिर्यक् रूप	साधु	साधुओं

ऊकारांत 'डाकू' शब्द

मूल रूप	डाकू	डाकू
तिर्यक् रूप	डाकू	डाकुओं

—उकारांत-ऊकारांत शब्दों में तिर्यक् बहुवचन में 'व' श्रुति का प्रयोग नहीं होता। ऊकारांत शब्द 'ओं' विभक्ति लगने पर ह्रस्व हो जाते हैं, जैसे—गुरुओं पशुओं, उल्लुओं, भालुओं।

अन्य शब्द जैसे एकारांत पांडे, ओकारांत रेडियो, औकारांत जौ आदि के रूप भी तिर्यक् बहुवचन 'ओं' लगकर बनते हैं, जैसे पांडेओं, रेडियों, जौओ आदि। इन शब्दों का प्रयोग अत्यल्प मात्रा में होता है।

संबोधन—एकवचनीय संबोधन के लिए हे, अरे आदि शब्द के साथ तिर्यक् रूप का प्रयोग होता है, जैसे—हे लड़के, हे नेता, हे बालक, हे कवि, हे पुजारी, हे साधु, हे डाकू, हे पांडे आदि।

—बहुवचन संबोधन में 'ओ' निरनुनासिक होता है, सानुनासिक नहीं, जैसे—हे लडको, हे बालको, हे कवियो, हे पुजारियो, हे साधुओ, हे डाकुओ आदि।

(सानुनासिक प्रयोग अशुद्ध है।)

स्त्रीलिंग शब्द

स्त्रीलिंग शब्दों के दो वर्ग होते हैं—

1. इकारांत-ईकारांत शब्द।
2. इकारांत-ईकारांत-भिन्न शब्द

1. इकारांत-ईकारांत स्त्रीलिंग शब्दों का मूल बहुवचन आँ प्रत्यय लगाकर बनाया जाता है तथा तिर्यक् बहुवचन ओं प्रत्यय लगाकर। दोनों स्थितियों में य श्रुति का आगम हो जाता है और दीर्घ ई का ह्रस्वीकरण। इस वर्ग को हम 'नदी' वर्ग कह सकते हैं।

2. इकारांत-ईकारांत-भिन्न स्त्रीलिंग शब्दों का मूल बहुवचन 'एँ' प्रत्यय लगा कर बनाया जाता है। तिर्यक् बहुवचन शेष शब्दों की तरह 'ओं' प्रत्ययांत होता है। हम इसे 'पुस्तक' वर्ग कहेंगे।

यह बात ध्यान देने योग्य है कि सभी वर्गों के स्त्रीलिंग शब्दों का तिर्यक् एकवचन अविकृत रहता है।

कुछ प्रतिनिधि शब्दों के रूप

नदी वर्ग

इकारांत कृति शब्द

	एकवचन	**बहुवचन**
मूल रूप	कृति	कृतियाँ
तिर्यक् रूप	कृति	कृतियों

ईकारांत नदी शब्द

मूल रूप	नदी	नदियाँ
तिर्यक् रूप	नदी	नदियों

पुस्तक वर्ग

अकारांत पुस्तक शब्द

मूल रूप	पुस्तक	पुस्तकें
तिर्यक् रूप	पुस्तक	पुस्तकों

आकारांत लता शब्द

मूल रूप	लता	लताएँ
तिर्यक् रूप	लता	लताओं

'इया' प्रत्ययांत स्त्रीलिंग शब्दों के रूप मूल बहुवचन में आकारांत शब्दों से भिन्न होते हैं। जैसे—

चिड़िया शब्द

	एकवचन	**बहुवचन**
मूल रूप	चिड़िया	चिड़ियाँ
तिर्यक् रूप	चिड़िया	चिड़ियों

उकारांत ऋतु शब्द

मूल रूप	ऋतु	ऋतुएँ
तिर्यक् रूप	ऋतु	ऋतुओं

ऊकारांत बहू शब्द

मूल रूप	बहू	बहुएँ
तिर्यक् रूप	बहू	बहुओं

उकारांत-ऊकारांत शब्दों के बहुवचन में व श्रुति का आगम नहीं होता।

संबोधन—स्त्रीलिंग शब्दों का एकवचनीय संबोधन अन्य तिर्यक् रूपों की तरह अविकृत रहता है, जैसे हे माला, हे नारी, हे बहू आदि। बहुवचन संबोधन 'ओ' प्रत्यय लगकर बनता है, जैसे बहनो, नारियो, स्मरण रहे कि यह 'ओ' निरनुनासिक है। अतः 'बहनों' जैसे सानुनासिक रूप अशुद्ध हैं।

कारक विवेचन

कर्त्ता

वाक्यार्थ में काम के करने वाले को 'कर्ता' कहते हैं। पंडित कामता प्रसाद गुरु की मान्यता है कि "क्रिया से जिस वस्तु के विषय में विधान किया जाता है, उसे सूचित करने वाले संज्ञा के रूप को 'कर्ता' कारक कहते हैं।"[1] वास्तव में गुरु जी की यह परिभाषा 'उद्देश्य' की परिभाषा है और 'कर्ता' के स्वरूप को बिल्कुल स्पष्ट नहीं करती। 'चावल पक रहा है।' जैसे वाक्यों में 'चावल' पद ऊपरी तौर पर कर्ता लगता है परंतु यह कर्म है, जिसका कर्तृवत् प्रयोग हुआ है। पाणिनि व्याकरण में कर्ता के स्परूप के संबंध में कहा गया है, 'स्वतन्त्रः कर्ता'। अर्थात् जो क्रिया करने में स्वतंत्र हो, उसे कर्ता कहते हैं। 'कर्ता' शब्द का व्युत्पत्तिगम्य अर्थ है, 'करने वाला'। जैसे 'राम पुस्तक पढ़ता है।' इस वाक्य में 'राम' कर्ता है, क्योंकि वह पढ़ने की क्रिया करने में स्वतंत्र है। 'चावल पकता है।' वाक्य में 'चावल' पकने की क्रिया करने में स्वतंत्र नहीं, पराश्रित है, पकाने वाले के अधीन है। अतः वह कर्ता नहीं है। कर्म है। वस्तुतः इस वाक्य में 'चावल पकाया जाता है' अर्थ निहित है। अतः कर्ता की परिभाषा इन शब्दों में की जा सकती है, "वाक्यार्थ में क्रिया व्यापार के करने वाले को 'कर्ता' कहते हैं।"

सकर्मक क्रियाओं के पूर्ण वर्तमान, सामान्य भूतकाल एवं पूर्ण भूतकाल को छोड़कर कर्ता में किसी विभक्ति या परसर्ग का प्रयोग नहीं होता। जैसे—

1. अमर पत्र लिखता है। (सामान्य वर्तमान)
2. अमर पत्र लिख रहा है। (अपूर्ण वर्तमान)
3. अमर पत्र लिख रहा था। (अपूर्ण भूत)
4. अमर पत्र लिखेगा। (सामान्य भविष्यत्)

ने परसर्ग का प्रयोग

1. अमर ने पत्र लिखा। (सामान्य भूतकाल)
2. लड़के ने अखबार खरीदा। (सामान्य भूतकाल)
3. सरकार ने अध्यादेश जारी किया है। (पूर्ण वर्तमान)

---

1. हिंदी व्याकरण—पं० कामता प्रसाद गुरु, पृ० 279

4. माँ ने कुछ रुपये दिये थे। (पूर्ण भूतकाल)

वस्तुत: हिंदी का सामान्य भूतकाल त प्रत्ययांत कृदन्त से विकसित हुआ है। यह प्रत्यय सकर्मक धातुओं से कर्मवाच्य में लगता था और उसका कर्ता तृतीयांत होता था, जैसे 'रामेण कृतम्', 'हरिणा भुक्तम्' आदि। इन्हीं तृतीयांत पदों से 'ने' परसर्ग का विकास हुआ है। पंडित कामता प्रसाद गुरु इसका विकास 'ना' से मानते हैं तथा वाजपेयी जी 'इन' (बालकेन) से।

अकर्मक क्रियाओं के सामान्य भूतकाल में भी 'ने' परसर्ग का प्रयोग नहीं होता जैसे—

1. राम हंसा।
2. बच्चे गए।
3. श्याम आया।
4. लड़कियाँ गईं।

'चुकना' सहायक क्रिया के प्रयोग में पूर्ण वर्तमान और पूर्ण भूतकाल में भी 'ने' परसर्ग नहीं लगता। जैसे—

1. अतिथि भोजन कर चुके हैं।
2. पिताजी अखबार पढ़ चुके थे।

'इतिकर्तव्यता'—उपदेश, सलाह, आदेश, अनुमति के लिए प्रयुक्त क्रियाओं कर्ता में 'ने' की जगह 'को' परसर्ग का प्रयोग होता है। जैसे—

1. बच्चों को प्रतिदिन व्यायाम करना चाहिए।
2. चेयरमैन को मीटिंग बुलानी होगी।
3. राम को घर जाना पड़ेगा।
4. नौकर को जाने दो।
5. मुझे उसकी मदद करनी चाहिए।

(यहाँ 'मुझे' मुझको का वैकल्पिक रूप है।)

प्रयोज्य कर्ता के साथ भी 'को' परसर्ग का प्रयोग होता है, जैसे—

1. माँ ने बच्चे को थपेड़ कर सुला दिया।
2. नौकर ने कुत्ते को भगा दिया।

कर्म कारक

वाक्यार्थ में जिस वस्तु या व्यक्ति पर क्रिया का प्रभाव पड़ता है, उसे 'कर्म' कहते हैं। कर्म में सामान्यतया मूल प्रातिपदिक का ही प्रयोग होता है, जैसे—

1. बालक आम खाता है।
2. पंडित जी रामायण पढ़ते हैं।
3. घोड़े ने घास खाया।

4. मुसाफिर ने पानी पीया।

5. वे मैच खेलेंगे।

6. वह एक कहानी लिखेगा।

—कई क्रियाओं में प्राणिवाचक शब्दों के साथ 'को' परसर्ग लगता है किंतु निर्जीव पदार्थों की वाचक संज्ञाओं के साथ कोई परसर्ग नहीं लगता। तुलना कीजिए—

क. 1. पुलिस ने चोर को हवालात में डाल दिया।

2. तुमने दाल में अधिक नमक डाल दिया।

ख. 1. माता-पिता बच्चे को ले गए।

2. माता-पिता बच्चे का सामान ले गए।

ग. 1. वह बाजार से सब्जी लायेगा।

2. वह स्कूल से बच्चे को लाएगा।

—बेचना, खरीदना आदि क्रियाओं के साथ सप्राण संज्ञाओं में भी 'को' परसर्ग नहीं लगता, जैसे—

1. व्यापारी ने अनाज खरीदा।

2. उसने एक बैल खरीदा।

3. श्याम ने आभूषण बेच दिए।

4. उसने अपनी भैंस बेच दी।

—द्विकर्मक क्रियाओं के साथ सजीव कर्म में 'को' परसर्ग लगता है किंतु निर्जीव कर्म में कोई परसर्ग नहीं लगता। जैसे—

1. आचार्य ने बालक को वेद पढाया।

2. मैनेजर ने चपरासी को सारी बातें समझा दीं।

—यदि रचना भाववाच्य में हो तो कर्म में सदैव 'को' परसर्ग लगता है, जैसे—

1. उसने पत्र पढ़े। (कर्मवाच्य)

उसने पत्रों को गौर से पढ़ा। (भाववाच्य)

2. उसने सब वस्तुएँ उलट-पलट कर देखीं। (कर्मवाच्य)

उसने सब वस्तुओं को उलट-पलट कर देखा। (भाववाच्य)

[इन वाक्य-युग्मों में प्रथम वाक्यों में कर्मवाच्य का प्रयोग हुआ है। व्याकरण-कार इसे कर्तृ वाच्य मानते रहे हैं। किंतु यह 'कर्मवाच्य' है। इसका विवेचन वाच्यों के संदर्भ में किया जाएगा।]

'मिलना' और 'कहना' क्रियाओं के साथ कर्म में 'से' परसर्ग का प्रयोग होता है, जैसे—

1. वह अपने रिश्तेदारों से मिला।

2. राम ने **लक्ष्मण से** कहा—

करण कारक

वाक्यार्थ में जिस साधन या उपकरण के द्वारा क्रिया व्यापार संपन्न होता हैं, उसे 'करण' कहते हैं। करण कारक में 'से', 'के द्वारा' 'के जरिए', 'के साथ' आदि परसर्गों का प्रयोग होता है, जैसे—

1. वह **बस से** आता-जाता है।
2. वे अपने **हाथों से** खाना बनाते हैं।
3. उसके पास **तार से** संदेश भेज दिया गया।
4. उन्होंने **नौकर के द्वारा** उपहार भेजा।
5. हमने **उल्लास के साथ** त्योहार मनाया।

कभी-कभी करण कारक में लुप्त विभक्ति और अपरसर्ग पदों का प्रयोग देखा जाता है, जैसे—

1. मैं अपनी **आँखों** देखकर आया हूँ।
2. इस अभागे बूढ़े ने चार-चार जवान बेटों को अपने **हाथों** दफनाया है।

संप्रदान कारक

वाक्यार्थ में कर्ता जिस व्यक्ति के लिए कार्य करता है, या जिसे कुछ देता है, उसे 'संप्रदान' कहते हैं। संप्रदान में 'को' या 'के लिए' परसर्गों का प्रयोग होता है। जैसे—

1. उसने अपने **भाई के लिए** साइकिल खरीदी।
2. माँ **बच्चे के लिए** स्वेटर बुन रही है।
3. स्वामी जी ने **भक्तों को** प्रसाद दिया।
4. वृद्धा ने **युवक को** आशीर्वाद दिया।
5. हमने **अकाल पीड़ितों के लिए** धन संग्रह किया।

—संप्रदान का परसर्ग 'को' देना क्रिया के साथ प्रयुक्त होता है और 'के लिए' अन्य क्रियाओं के साथ।

अपादान कारक

वाक्यार्थ में जिस वस्तु या स्थान से किसी वस्तु या व्यक्ति की पृथक्ता का कथन किया जाता है, उसे 'अपादान' कारक कहते हैं। अपादान में भी 'से' परसर्ग का प्रयोग होता है। जैसे—

1. पिताजी अब तक **आफिस से** नहीं आए।
2. बच्चा **सीढ़ियों से** गिर पड़ा।
3. **पेड़ से** पत्ते गिरते हैं।

ईर्ष्या, घृणा, प्यार, डर आदि भावों की अभिव्यक्ति के लिए भी अपादान कारक का प्रयोग होता है, जैसे—

1. **किसी से** ईर्ष्या न करो।
2. **पाप से** घृणा करो, पापी से नहीं।
3. उसे **सादगी से** प्यार है।
4. मैं **साँप से** बहुत डरता हूँ।

संबंध कारक

वाक्यार्थ में जिस वस्तु, व्यक्ति या स्थान का किसी अन्य वस्तु, व्यक्ति या स्थान के साथ संबंध सूचित होता है, उसे संबंध कारक कहते हैं। संबंध कारक में का, के, की परसर्गों का प्रयोग होता है, जैसे—

1. यह **राम का** घर है।
2. ये **बच्चे के** खिलौने हैं।
3. वह लड़की **गणेश की** बहन है।
4. ये **पुस्तकालय की** पुस्तकें हैं।

यह बात ध्यान देने योग्य है कि का, के, की परसर्ग उत्तरवर्ती पद के लिंग, वचन और कारक के अनुसार प्रयुक्त होते हैं, जैसे—राम का घर, बच्चे के खिलौने, गणेश की बहन, पुस्तकालय की पुस्तकें। तिर्यक् रूप में 'का' का रूपान्तरण 'के' में हो जाता है, जैसे—

1. यह पत्र **राम के** घर पर दे देना।
2. ये मिठाइयाँ **पड़ोस के** बच्चों के लिए हैं।
3. इन लड़कियों ने **महाराष्ट्र के** अकाल पीड़ितों के लिए धन संग्रह किया।

संबंध कारक का प्रयोग स्वामित्व, कृतित्व, संबंध आदि अर्थों में होता है। जैसे—राम का खेत (स्वामित्व), तुलसी की रामायण (कृतित्व), लड़के के पिता (संबंध)।

—संबंध कारक के परसर्गों का प्रयोग कृदन्तों के साथ 'कर्ता' और 'करण' में भी होता है, जैसे—

1. **माँ का** पकाया भोजन अनुपम होता है।
2. यह **हाथ का** बुना कपड़ा है।
3. **तुम्हारे** आने के बाद ही कुछ कह सकूँगा।
4. **आपका** भेजा पार्सल यथा समय मिल गया था।

—कृदंत शब्दों से करना, होना आदि क्रियाएँ जोड़कर बनाई गई क्रियाओं के साथ कर्म कारक में भी का, के, की परसर्गों का प्रयोग होता है, जैसे—

1. मैं **गाड़ी की** प्रतीक्षा कर रहा था।

2. हिंदू गाय की पूजा करते हैं।

3. वैज्ञानिक ने धातु का परीक्षण किया।

अपवाद

1. मैं इस प्रस्ताव को अस्वीकार करता हूं।

2. तूफान ने सारे कार्यक्रम को अस्तव्यस्त कर दिया।

अधिकरण कारक

वाक्यार्थ में जो स्थान क्रिया का आधार होता है, उसे अधिकरण कहते हैं। अधिकरण कारक में 'में' और 'पर' परसर्ग लगते हैं। जैसे—

1. नदी में पानी नहीं है।

2. दरवाजे पर भिखारी आया।

जहां एक क्रिया पूरी होने पर दूसरी क्रिया होती है, वहाँ पहली क्रिया के कृदंत रूप के साथ 'पर' परसर्ग का प्रयोग होता है, जैसे—सभा समाप्त होने पर मैं उससे मिला।

संबोधन कारक

वाक्यार्थ में जब वक्ता श्रोता को पुकारकर अभिमुख करना चाहता है, तो संबोधन का प्रयोग होता है। संबोधन के लिए हे, अरे आदि का प्रयोग किवा जाता है, जैसे—हे ईश्वर, रक्षा करो। हे लड़के, यहाँ आओ। अनेक बार संबोधन में कोई परसर्ग (या पूर्वसर्ग) नहीं लगता। जैसे—'बेटे, तुम इस घर की आशा के केन्द्र हो!

संयुक्त परसर्ग—कई बार एक से अधिक परसर्गों का प्रयोग भी देखा जाता है, जैसे—

1. बिल्ली खिड़की में से भाग गई।

2. वह पेड़ पर से गिर पड़ा।

संबंध बोधक अव्यय—कई संबंधबोधक अव्ययों का भी परसर्ग के तौर पर प्रयोग होता है, जैसे—

1. माता-पिता के प्रति तुम्हारा यह कर्त्तव्य है।

2. दवाई को परीक्षण हेतु भेज दिया गया।

3. परिश्रम के बिना सफलता नहीं मिलती।

4. दूसरों को ठगने की अपेक्षा स्वयं ठगा जाना अच्छा है।

5. घर के सामने नीम का पेड़ है।

6. यह पगडंडी जंगल तक गई है।

7. दिवाली से पहले निर्माण कार्य पूरा हो जाएगा।
8. एक सप्ताह बाद परीक्षा फल घोषित होगा।
9. छत के ऊपर आहट हुई।
10. वह पेड़ के नीचे सो गया।
11. इमारत के भीतर तहखाना है।
12. उसे घर से बाहर कर दिया गया।
13. मंदिर के पास एक तालाब है।
14. वह थके कदमों से घर की ओर चल पड़ा।
15. सभा विरोधी दलों की ओर से आयोजित की गयी थी।
16. वह स्थान यहाँ से दूर है।
17. भूख के मारे सबका बुरा हाल था।
18. चने के साथ घुन भी पिस जाता है।

विदेशी परसर्ग और सम्बन्धबोधक शब्द

1. की जानिब = की ओर। मगरिब की जानिब बादल उठे हैं।
2. की खातिर = के लिए। यह भेंट आपकी खातिर है।
3. के जरिए = के द्वारा। यह तेल पाइपों के जरिए रिफाइनरी को भेजा जाता है।
4. बनिस्बत = की अपेक्षा। दिल्ली की बनिस्बत यह शहर महँगा है।
5. के सिवाय—के अतिरिक्त। इसके सिवाय कोई चारा नहीं।
6. के बगैर—के बिना। आप खाना खाए बगैर नहीं जा सकते।

पुनरुक्त पदों का कारकों के अर्थ में प्रयोग—कई बार पुनरुक्त पद भी कारकों के अर्थ में प्रयुक्त होते हैं, जैसे—

1. सारा माल हाथों-हाथ बिक गया। (करण)
2. घर-घर यही चर्चा थी। (अधिकरण)
3. जगह-जगह तंबू लगे थे। (अधिकरण)
4. वह दिनों-दिन कमजोर होता गया। (काल)
5. दोनों के घर आमने-सामने थे। (स्थिति)

सर्वनाम

पुनरुक्ति की शिथिलता और असुंदरता को टालने के लिए संज्ञा के बदले में जिन शब्दों का प्रयोग होता है, उन्हें 'सर्वनाम' कहते हैं। 'सर्वनाम' शब्द 'सर्व' और 'नाम' शब्दों के संयोग से बना है, जिसका अर्थ है सब 'नामों' के बदले में प्रयुक्त शब्द-भेद।

1. राम जब घर पहुँचा, तो माँ **उसकी** प्रतीक्षा कर रही थी।

2. **ये वे** पुस्तकें हैं, **जो** कल डाक से आयी थीं।

3. **वह अपने** बाल-बच्चों के साथ मसूरी गया है।

4. **मैं** कल शाम **आपसे** मिलूँगा।

इन वाक्यों में अधोरेखित शब्द सर्वनाम हैं।

सर्वनाम के भेद

सर्वनाम के छह प्रमुख भेद हैं :

1. पुरुषवाचक सर्वनाम
2. संकेतवाचक सर्वनाम
3. प्रश्नवाचक सर्वनाम
4. सम्बन्धवाचक सर्वनाम
5. अनिश्चयवाचक सर्वनाम
6. निजवाचक सर्वनाम

1. **पुरुषवाचक सर्वनाम**—पुरुषवाचक सर्वनामों के वर्गीकरण का आधार 'वक्ता' 'श्रोता' और बातचीत का विषय 'अन्य व्यक्ति' होता है। इन्हीं को क्रमशः 'उत्तम पुरुष' 'मध्यम पुरुष' और 'अन्य पुरुष' कहते हैं। 'मैं' उत्तम पुरुष सर्वनाम है, 'तू', 'तुम'और 'आप' मध्यम पुरुष और 'वह' अन्य पुरुष।

2. **संकेतवाचक सर्वनाम**—जिन सर्वनाम शब्दों का प्रयोग किसी वस्तु या व्यक्ति की ओर संकेत करने के लिए किया जाता है, उन्हें 'संकेतवाचक सर्वनाम' कहते हैं। 'यह' और 'वह' संकेतवाचक सर्वनाम हैं। 'यह' निकटवर्ती संकेतवाचक है और 'वह' दूरवर्ती।

वास्तव में ये शब्द सार्वनामिक विशेषण हैं, क्योंकि इनका प्रयोग संज्ञा के बदले में नहीं संज्ञा के साथ होता है। जैसे—

1. यह लड़का इस कक्षा का मानीटर है।
2. वह आदमी एक विदेशी जासूस है।
3. ये मेरी पुस्तकें हैं।
4. वे पुरानी फाइलें हैं।

यह-वह पुरुषवाचक सर्वनाम भी हैं और संकेतवाचक सर्वनाम भी। तुलना कीजिए—

1. अनूप आलसी लड़का है। वह हर काम कल पर टाल देता है। (पुरुषवाचक सर्वनाम)

2. वह भिखारी हमेशा मंदिर के सामने बैठता है। (संकेतवाचक सर्वनाम)

3. यह अच्छा विचार है। (पुरुषवाचक सर्वनाम)

4. यह लड़का हमारे विद्यालय का चपरासी गणेशी है।

(संकेतवाचक सर्वनाम)

कई वैयाकरणों ने इस भेद को 'निश्चयवाचक सर्वनाम' कहा है। किंतु इसकी प्रकृति को देखते इसे 'संकेतवाचक सर्वनाम' कहना अधिक युक्तिसंगत है।

3. **प्रश्नवाचक सर्वनाम**—जो सर्वनाम प्रश्न करने के लिए प्रयुक्त होते हैं, उन्हें 'प्रश्नवाचक सर्वनाम' कहते हैं। 'क्या', 'कौन' और 'कौन-सा' प्रमुख प्रश्नवाचक सर्वनाम है। 'क्या' का प्रयोग मनुष्येतर प्राणियों और वस्तुओं के लिए होता है तथा 'कौन' का मनुष्यों के लिए। कौन-सा 'इनमें से कौन' अर्थ में प्रयुक्त होता है। यह पुं प्रत्ययान्त सर्वनाम बहुवचन में 'कौन-से' और स्त्रीलिंग में 'कौन-सी' हो जाता है।

प्रश्नवाचक सर्वनामों के कुछ उदाहरण द्रष्टव्य हैं—

1. सारे संसार का संचालन और नियमन **कौन** करता है?
2. इस थैले में **क्या है**?
3. यह गाड़ी **किसकी** है?
4. यह मूर्खता **किसने** की है?
5. यह **कौन-सी** भाषा है?
6. द्विवेदीजी का मकान **कौन-सा** है।

4. **सम्बन्धवाचक सर्वनाम**—जिन नित्य सम्बन्ध सर्वनामों का प्रयोग दो उपवाक्यों में स्थित 'कर्ता' या किसी अन्य 'पद' के अभिन्नत्व को व्यक्त करता है, उन्हें 'सम्बन्धवाचक सर्वनाम' कहते हैं। जैसे—**जो** सोवत है **सो** खोवत है।

प्राचीन भाषा में 'जो' और 'सो' का नित्य संबंध पाया जाता है, परंतु आधुनिक भाषा में 'जो' और 'वह' का। जैसे—

(1) **जो** व्यक्ति आपत्ति में विचलित नहीं होता, **वह** अवश्य अपनी मंजिल को पाता है।

(2) **जो** दूसरों के लिए गड्ढा खोदता है, **वह** पहले स्वयं उसमें गिरता है।

3) **जिसे** चोट लगती है, **वही** पीर पहचानता है।

कभी-कभी दूसरे उपवाक्य का सर्वनाम लुप्त भी रहता है, जैसे—'जो कुछ उसके पास था, सब नशे की भेंट चढ़ गया' इस वाक्य में 'वह' लुप्त है।

5. **अनिश्चयवाचक सर्वनाम**—जो सर्वनाम किसी अज्ञात या अनिश्चित वस्तु अथवा व्यक्ति के लिए प्रयुक्त होते हैं, उन्हें 'अनिश्चयवाचक सर्वनाम' कहते हैं, जैसे कुछ और कोई। 'कुछ' का प्रयोग वस्तुओं और 'कोई' का मनुष्यों या प्राणियों के लिए होता है। 'किसी' इसका तिर्यक् (स-परसर्ग) रूप होता है। दोनों के उदाहरण द्रष्टव्य हैं—

1. शायद बगीचे में कोई है।
2. किसी ने जोर से चीत्कार की।
3. कोई सज्जन आपका पता पूछ रहे थे।
4. आप कुछ पूछना चाहते हैं ?
5. दाल में कुछ काला है।

निजवाचक सर्वनाम—'स्वयम्' के अर्थ में प्रयुक्त 'आप' शब्द निजवाचक सर्वनाम है। जैसे—

1. यह सब वे आप देख लेंगे।
2. ये फाइलें मैं आप देखूंगा।
3. वे आप ही यह जिम्मेदारी सँभालने को तैयार हो गए।

अब यह प्रयोग बातचीत तक ही सीमित रह गया है। मानक भाषा में इस अर्थ में बहुप्रचलित शब्दों 'स्वयं' या 'खुद' का प्रयोग होता है। परंतु इस सर्वनाम के संबंध कारक के रूप—अपना, अपने, अपनी बहुत प्रचलित हैं। जब वाक्य में 'कर्ता' और 'संबंध' कारक में एक ही संज्ञा या सर्वनाम का प्रयोग अपेक्षित होता है, तो संबंध कारक के सर्वनाम के बदले 'अपना' का प्रयोग होता है। जैसे—

1. सब लोग **अपना** सामान सँभाल लें।
2. यह पत्र **अपने** प्राचार्य को दे दीजिए।
3. मैं **अपनी** कैबिन में बैठा था।

'अपना' का द्वित्वमय प्रयोग बहुवचन या 'प्रत्येक' अर्थ का वाचक होता है, जैसे—

1. सब छात्र अपने-अपने घर जाएँ।
2. सबकी अपनी-अपनी मजबूरियाँ थीं।

सर्वनाम शब्दों के रूप

सर्वनाम शब्दों की रूप-रचना वचन और कारक पर आधारित होती है। हिंदी में सभी सर्वनाम पुल्लिंग और स्त्रीलिंग में समान होते हैं। अत: लिंग की दृष्टि से उनके रूप अविकृत रहते हैं, जैसे—मैं जाता हूँ, मैं जाती हूँ। तुम जाते हो, तुम जाती हो। वह जाता है, वह जाती है।

उत्तम पुरुष और मध्यम पुरुष सर्वनामों के रूप मूल, तिर्यक् और संबंध कारक के एकवचन-बहुवचन में बदलते हैं तथा अन्य पुरुष के केवल मूल और तिर्यक् एकवचन-बहुवचन में। इसके अतिरिक्त सभी सर्वनाम शब्दों के कर्म-संप्रदान के वैकल्पिक रूप भी होते हैं, जो एकवचन में ए तथा बहुवचन में एँ जोड़कर बनाए जाते हैं, जैसे, मुझे, हमें, तुझे, तुम्हें, उसे, उन्हें आदि। रूप इस प्रकार हैं—

उत्तम पुरुष सर्वनाम 'मैं'

	एकवचन	बहुवचन
मूल रूप	मैं	हम
तिर्यक् रूप	मुझ	हम
कर्म-संप्रदान	मुझे	हमें
संबंध	मेरा, मेरे, मेरी	हमारा, हमारे, हमारी

मध्यम पुरुष सर्वनाम 'तू'

	एकवचन	बहुवचन
मूल रूप	तू	तुम
तिर्यक् रूप	तुझ	तुम
कर्म-सम्प्रदान	तुझे	तुम्हें
संबंध	तेरा, तेरे, तेरी	तुम्हारा, तुम्हारे, तुम्हारी

उत्तम पुरुष तथा मध्यम पुरुष सर्वनामों में 'ने' परसर्ग मूल रूप के साथ लगता है, तिर्य्‌क रूप के साथ नहीं। जैसे—**मैंने** इस गीत को कई बार सुना है। **तूने** मेरे सुझाव पर ध्यान नहीं दिया।

यह बात ध्यान देने योग्य है कि सभी संज्ञाओं और अन्य सर्वनामों में 'ने' परसर्ग तिर्य्‌क रूप के साथ लगता है। किंतु उत्तम पुरुष-मध्यम पुरुष सर्वनामों में मूल रूप के साथ। अन्य सब परसर्ग तिर्य्‌क रूपों के साथ लगते हैं, जैसे—मुझको, मुझमें, तुझको, तुझमें आदि।

मध्यम पुरुष सर्वनाम का प्रयोग, घनिष्ठ व्यक्तियों के अपवाद को छोड़कर, सामान्यतया एकवचन में नहीं होता। भाषिक शिष्टाचार के नाते सामान्य व्यक्ति के लिए भी 'तुम' का प्रयोग होता है और आदर की अभिव्यक्ति के लिए आदरार्थक मध्यम पुरुष सर्वनाम 'आप' का। यह सर्वनाम सदैव बहुवचन की क्रिया के साथ प्रयुक्त होता है, जैसे—आप कल वहाँ गए थे। एकवचन 'तू' का प्रयोग या तो ईश्वर के लिए होता है या पारिवारिक भाषा में छोटों के लिए।

अन्य पुरुष सर्वनाम भी आदर की अभिव्यक्ति के लिए बहुवचन में प्रयुक्त होता है। जैसे—**वे** अब तक नहीं आए। (वे=पतिदेव)

'हम' प्रतिनिधित्व सूचक हैं। संस्था, सरकार या संगठन का प्रतिनिधि अपने लिए हम का प्रयोग करता है। भोजपुरी में हम का प्रयोग एकवचन में भी होता है।

मध्यम पुरुष आदरार्थक सर्वनाम

	एकवचन	बहुवचन
मूल	आप	आप
तिर्यक् रूप	आप	आप

'आप' शब्द हर लिंग वचन और कारक में अविकृत रहता है। इसके कर्म-सम्प्रदान के ए-एँ प्रत्ययांत रूप भी नहीं होते। 'अर्थ' की दृष्टि से 'आप' मध्यम पुरुष का सर्वनाम है, किंतु वाक्य-प्रयोग की दृष्टि से अन्य पुरुष। तुलना कीजिए—

तुम	आप
तुम चलो।	आप चलें।
तुम पढ़ते हो।	आप पढ़ते हैं।
तुम जाओगे।	आप जाएँगे।
तुम वीर हो।	आप वीर हैं।

[उल्लेखनीय है कि संस्कृत में भी आपका पर्यायवाची 'भवत्' अन्य पुरुष में प्रयुक्त होता था, जैसे—'आगच्छन्तु भवन्तः।"]

अन्य पुरुष सर्वनाम 'वह'

	एकवचन	बहुवचन
मूल रूप	वह	वे
तिर्यक् रूप	उस	उन
कर्म-सम्प्रदान	उसे	उन्हें

इसका स-परसर्ग कर्ता बहुवचन 'उन्होंने' होता है। संकेतवाचक 'वह' की रूप रचना पुरुषवाचक 'वह' से अभिन्न होती है।

अन्य पुरुष सर्वनाम 'यह'

	एकवचन	बहुवचन
मूल रूप	यह	ये
तिर्यक् रूप	इस	इन
कर्म-सम्प्रदान	इसे	इन्हें

इसका स-परसर्ग कर्ता बहुवचन 'इन्होंने' होता है।

प्रश्नवाचक सर्वनाम 'कौन'

	एकवचन	बहुवचन
मूल रूप	कौन	कौन

तिर्यक् रूप	किस	किन
कर्म-सम्प्रदान	किसे	किन्हें

स-परसर्ग कर्ता बहुवचन 'किन्होंने' होता है ।

प्रश्नवाचक सर्वनाम 'क्या'

	एकवचन	बहुवचन
मूल रूप	क्या	क्या
तिर्यक् रूप	किस/काहे	किन
कर्म-सम्प्रदान	किसे	किन्हें

प्राचीन हिंदी में 'क्या' का तिर्यक् रूप 'काहे' था, जैसे—यह स्वेटर काहे का है ? काहे को लड़ रहे हो ? अब यह प्रयोग लुप्त होता जा रहा है।

प्रश्नवाचक 'क्या' और 'कौन' के मूल बहुवचन के रूप एकवचन से भिन्न नहीं होते। अतः कभी-कभी स्पष्टता के लिए इनका द्विरुक्त प्रयोग होता है, जैसे—

(1) मेले से **क्या-क्या** खरीदा ?

(2) उत्सव में **कौन-कौन** आए थे ?

प्रश्नवाचक सर्वनाम कौन-सा

मूल रूप	कौन-सा	कौन-से
तिर्यक् रूप	कौन-से	कौन-से

'कौन-सा' का भी द्विरुक्त प्रयोग देखा जाता है । जैसे—कौन-कौन-से प्लाट बिक गए ?

'कौन-सा' पुं प्रत्ययांत शब्द है। अतः इसका स्त्रीलिंग रूप 'ई' प्रत्यय लगकर बनता है, 'कौन-सी'। यह रूप एकवचन, बहुवचन, मूल रूप, तिर्यक् रूप सभी स्थितियों में समान रहता है, जैसे—

(1) कौन-सी पुस्तक अच्छी है ?

(2) कौन-सी कविता को पारितोषिक मिला ?

—बहुवचन में स्पष्टता के लिए द्विरुक्त प्रयोग भी होता है, जैसे—कौन-कौन-सी कृतियाँ प्रदर्शनी में रखी जाएँ ?

संबंधवाचक सर्वनाम 'जो'

	एकवचन	बहुवचन
मूल रूप	जो	जो
तिर्यक् रूप	जिस	जिन
कर्म-सम्प्रदान	जिसे	जिन्हें

स-परसर्ग कर्ता-बहुवचन—जिन्होंने

—मूल बहुवचन में स्पष्टता के लिए किए द्विरुक्त प्रयोग भी देखा जाता है। जैसे—

1. जो-जो बातें उसने कही थीं, वे सब सच निकलीं।

—संबंधवाचक 'वह' के रूप पुरुषवाचक 'वह' से अभिन्न होते हैं।

—संबंधवाचक 'सो' सब स्थितियों में अपरिवर्तित रहता है। प्राचीन हिंदी में 'सो' के तिर्यक् रूप 'तिस' और 'तिन' मिलते हैं, जैसे—1. 'तिस पर भी वह नहीं माना।' 2. 'जिन खोजा, तिन पाइयाँ।'

अनिश्चयवाचक सर्वनाम 'कोई'

	एकवचन	**बहुवचन**
मूल रूप	कोई	कोई
तिर्यक् रूप	किसी	किन्हीं

'कोई' के कर्म-सम्प्रदान के ए-एँ प्रत्ययांत रूप नहीं होते।

—मूल बहुवचन में द्विरुक्त प्रयोग भी देखे जाते हैं, जैसे—

कोई-कोई लोग इस बात को स्वीकार नहीं करते।

अनिश्चयवाचक सर्वनाम 'कुछ'

	एकवचन	**बहुवचन**
मूल रूप	कुछ	कुछ
तिर्यक् रूप	कुछ	कुछ

इसके रूप एकवचन-बहुवचन, मूल रूप, तिर्यक् रूप, सब स्थितियों में समान (अविकृत) रहते हैं।

निजवाचक सर्वनाम 'आप'

निजवाचक 'आप' और आदरार्थक मध्यम पुरुष 'आप' के संबंध के रूपों में उल्लेखनीय भिन्नता है। पुरुषवाचक सर्वनाम के संबंध में कारक के रूप 'आपका' 'आपके' 'आपकी' होते हैं, जबकि निजवाचक 'आप' के अपना, अपने, अपनी।

सर्वनाम शब्दों में कुछ बातें ध्यान देने योग्य हैं—

(1) संज्ञाओं की तरह सर्वनामों में भी आदरार्थक बहुवचन का प्रयोग होता है, जैसे—

1. आपके पिताजी कहाँ हैं?
   वे घर पर नहीं हैं।
2. आपके साथ ये सज्जन कौन हैं?
   ये हमारे पड़ोसी गुप्ताजी हैं।

(2) कई बार बहुवचन की स्पष्टता के लिए सर्वनामों में 'लोग' शब्द जोड़ा जाता है, जैसे—

1. आप लोग बैठिए।
2. हम लोग इस मामले में सर्वथा निर्दोष हैं।
3. उन लोगों के बीच मेरा दम घुटता है।

(3) अवधारणा अर्थ में सर्वनाम शब्दों में 'ई' या 'ही' प्रत्यय जोड़े जाते हैं, जैसे—

1. यह पुस्तक मुझी को लौटाइए।
2. यह सारा बोझ तुम्हीं पर है।
3. मैं उसी दिन लौट आया था।
4. इसी सप्ताह हम बाहर जा रहे हैं।
5. उस आदमी में बस यही खराबी है।
6. इस काम को वही कर सकता है।
7. इन्हीं बातों से संबंध टूटते हैं।
8. उन्हीं दिनों एक अनपेक्षित बात हो गई।

विशेषण

संज्ञा या सर्वनाम की विशेषता बताने वाले शब्दों को 'विशेषण' कहते हैं। पंडित कामता प्रसाद गुरु ने विशेषण की परिभाषा करते हुए कहा है, "जिस विकारी शब्द से संज्ञा की व्याप्ति मर्यादित होती है, उसे विशेषण कहते हैं।" यह परिभाषा पुर्णतः ग्राह्य नहीं हो सकती। निःसंदेह 'काला घोड़ा' आदि उदाहरणों में 'काला' विशेषण 'घोड़ा' शब्द से गम्य अर्थ—'संपूर्ण घोड़ा जाति' की व्यप्ति को सीमित करता है और इस विशेषण के कारण एक विशिष्ट रंग के घोड़े का बोध होता है; किंतु 'ईश्वर सर्वव्यापक है' या 'काली कोयल गाती है' जैसे उदाहरणों में व्याप्ति सीमित नहीं होती। वस्तुतः 'विशेषण' शब्द का व्युत्पत्तिगम्य अर्थ 'विशेषता बताने वाला' है। अतः हमें 'विशेषण' को इसी अर्थ में स्वीकार करना चाहिए।

विशेषण जिस संज्ञा या सर्वनाम की विशेषता बताता है, उसे 'विशेष्य' कहते हैं। जैसे उपर्युक्त उदाहरणों में 'काला' विशेषण है, 'घोड़ा' विशेष्य; सर्वव्यापक विशेषण है, ईश्वर विशेष्य और 'काली' विशेषण है, 'कोयल' विशेष्य। इसी प्रकार 'आप स्वयं 'समझदार' हैं' 'वह दुष्ट है' में क्रमशः 'समझदार' और 'दुष्ट' विशेषण हैं और 'आप' और 'वह' विशेष्य। विशेषण-विशेष्य के कुछ युग्म द्रष्टव्य हैं—

नीला	वस्त्र	गोल	गुम्बद
ऊंचा	मकान	तीव्र	गति
चौड़ी	सड़क	तीक्ष्ण	शस्त्र
विस्तृत	आँगन	चतुर	शासक
नया	फर्नीचर	ऊनी	कपड़ा
पुरानी	दुकान	धार्मिक	अनुष्ठान
बूढ़ा	चपरासी	लौकिक	व्यवहार
सुंदर	फूल	साहित्यिक	कृति
मजबूत	रस्सी	गहन	परिचय

उद्देश्य और विधेय विशेषण

विशेषणों का प्रयोग दो रूपों में होता है, उद्देश्य रूप में और विधेय रूप में। उद्देश्य रूप में विशेषण का प्रयोग विशेष्य से पहले होता है और विधेय रूप में विशेष्य के बाद। विधेय विशेषण वाले वाक्यों में वक्ता का प्रयोजन किसी वस्तु या व्यक्ति की विशेषता का उल्लेख करना होता है। अतः वहाँ विशेषण बाद में आता है। तुलना कीजिए—

(1) **उद्देश्य विशेषण—**

1. यह **चौड़ी** सड़क संसद तक जाती है।
2. वह **बूढ़ा** भिखारी ठंड से मर गया।
3. **सुंदर** फूल उपवन की शोभा हैं।
4. **खुले** मैदान में दौड़ना स्वास्थ्यप्रद है।

इन वाक्यों में चौड़ी, बूढ़ा, सुंदर और खुले 'उद्देश्य विशेषण' हैं अतः इनका पूर्वप्रयोग हुआ है।

(2) **विधेय विशेषण —**

1. रमेश बड़ा **परिश्रमी** है।
2. अशोक बहुत **दयालु** था।
3. हवा **ठंडी** थी।
4. उसका धैर्य **प्रशंसनीय** है।

यहाँ परिश्रमी, दयालु, ठंडी और प्रशंसनीय विधेय विशेषण हैं। अतः इनका पर-प्रयोग हुआ है।

प्रविशेषण—जो शब्द विशेषण की विशेषता बताते हैं, उन्हें 'प्रविशेषण' कहते हैं। (यह शब्द पंडित किशोरीदास वाजपेयी ने दिया है।)

1. दूध **बहुत** गर्म है।
2. तू **भी कम** शैतान नहीं है।
   यह **अति** सुंदर कल्पना है।

4. उसकी हालत अत्यंत खराब है।

इन वाक्यों में बहुत, कम, अति और अत्यंत शब्द क्रमशः 'गर्म', 'शैतान', 'सुंदर', 'खराब' विशेषणों को तीव्रता प्रदान करते हैं। अंग्रेजी व्याकरण में इनकी गणना क्रिया विशेषणों में की गई है, जो नितांत अवैज्ञानिक हैं। इन शब्दों का क्रिया से कोई संबंध नहीं है। अतः इन्हें 'प्रविशेषण' कहना सर्वथा उचित है।

विशेषणों के भेद

विशेषण के चार भेद हैं—1. गुणवाचक विशेषण, 2. संख्यावाचक विशेषण, 3. परिमाणवाचक विशेषण, 4. सार्वनामिक विशेषण।

1. गुणवाचक विशेषण

जो विशेषण विशेष्य के गुणों का बोध कराते हैं, उन्हें गुणवाचक विशेषण' कहते हैं। यहाँ 'गुण' शब्द तर्कशास्त्र की परिभाषा के अनुसार व्यापकतर अर्थों में ग्रहण किया गया है, जिसके अंतर्गत गुण-दोष, रंग-रूप, आकार-प्रकार, दशा-अवस्था सब कुछ आ जाता है। कुछ वर्गीकृत गुणवाचक विशेषण निम्नलिखित हैं—

1. **गुण**—अच्छा, बुरा, दुष्ट, श्रेष्ठ, सुंदर, असुंदर, चतुर, चालाक, मूर्ख, बुद्धिमान्, निर्बल, सबल, मजबूत, दीन, दुःखी, सुखी, संतुष्ट, सरल, कुटिल, तीव्र, मंद, पूर्ण, अपूर्ण आदि।

2. **रंग**—काला, गोरा, सफेद, नीला, पीला, लाल, हरा, भूरा, मटमैला, चमकदार, आबदार, सुनहरा, रुपहला, धुंधला, उजला आदि।

3. **दशा**—सघन, विरल, तीखा, कुंद, ऊँचा, नीचा, सम, विषम, गहरा, विस्तृत, संकीर्ण आदि।

4. **आकार**—गोल, नुकीला, चपटा, पतला, मोटा, टेढा, सीधा, ठोस, थोथा आदि।

5. **दिशा**—बायाँ, दायाँ।

6. **समय**—अगला, पिछला, नया, पुराना, ताजा, बासी, भूतपूर्व, अस्थायी आदि।

ये उपभेद केवल व्यावहारिक हैं।

तारतम्य वाचक प्रत्यय—विशेषणों की तुलनात्मक अवस्था की अभिव्यक्ति के लिए संस्कृत में तर और तम प्रत्ययों का प्रयोग होता था। जैसे—

सुंदर	सुंदरतर	सुंदरतम
लघु	लघुतर	लघुतम
कोमल	कोमलतर	कोमलतम

इन तीन रूपों में प्रथम मूल अवस्था का वाचक होता था, 'तर' वाला रूप उच्चतर स्थिति का और 'तम' वाला रूप उच्चतम अवस्था का। हिंदी में तुलना-वाचक तर और तम प्रत्ययों का प्रयोग केवल संस्कृत के तत्सम शब्दों के साथ ही

होता है, जैसे—

तर—वृहत्तर, उच्चतर, अधिकतर

तम—लघुतम, कठिनतम, उच्चतम

संस्कृत में द्वितीय अवस्था के लिए 'इयान्' और उच्चतम अवस्था के लिए 'इष्ठ' प्रत्ययों का भी प्रयोग होता था। हिंदी में केवल 'इष्ठ' प्रत्ययों से बने कुछ शब्द प्रचलित हैं, जैसे—कनिष्ठ, वरिष्ठ, ज्येष्ठ, श्रेष्ठ आदि। किंतु ये शब्द 'उच्चतम' अर्थ के वाचक नहीं रहे। इसीलिए अज्ञानवश कुछ लोग 'श्रेष्ठतम' जैसे शब्दों का प्रयोग भी करते देखे जाते हैं।

हिंदी में तारतम्यवाचक विशेषण बनाने के लिए किसी विशिष्ट प्रत्यय का प्रयोग नहीं होता। दो व्यक्तियों या वस्तुओं की तुलना करने के लिए अपादान के परसर्ग 'से' का प्रयोग किया जाता है, जैसे—

1. वह **फूल से** भी कोमल है।
2. कलकत्ता **बम्बई से** बड़ा शहर है।

कभी-कभी इस अभिव्यक्ति के लिए 'से ज्यादा' या 'से अधिक' का प्रयोग भी देखा जाता है, जैसे—

3. लोमड़ी शेर से ज्यादा चालाक होती है।

कभी-कभी तुलनात्मकता की अभिव्यक्ति के लिए 'की अपेक्षा', 'की तुलना में', 'के मुकाबले' आदि का प्रयोग भी होता है, जैसे—

1. यह कमरा **उसकी अपेक्षा** बड़ा है।
2. मैदानों **की तुलना में** पहाड़ों पर अधिक ठंड होती है।
3. गत वर्ष **के मुकाबले** इस साल मौसम अच्छा रहा।

'सर्वोत्तमता' की अभिव्यक्ति के लिए विशेषण से पूर्व 'सबसे' का प्रयोग होता है, जैसे—

1. ऋग्वेद संसार की सबसे प्राचीन पुस्तक है।
2. कलकत्ता भारत का सबसे बड़ा नगर है।
3. वह परिवार में सबसे छोटा बालक है।

तारतम्य वाचक शब्दों का प्रयोग विधेय विशेषण के साथ भी देखा जाता है, जैसे—

1. यह नाटक सबसे सफल रहा।
2. वह क्षण सबसे नाजुक था।

2. संख्यावाचक विशेषण

जिन शब्दों से किसी वस्तु, व्यक्ति आदि की संख्या का बोध होता है, उन्हें संख्यावाचक विशेषण कहते हैं। इसके 6 उपभेद हैं, जैसे—

1. **सामान्य संख्याएँ**—एक, दो, तीन, चार···बीस, तीस, सौ, हजार, लाख,

करोड़ आदि।

2. **क्रमवाचक संख्याएं**—पहला, दूसरा, तीसरा, चौथा, पांचवां, छठा, सातवां आदि।

3. **अपूर्णांक संख्याएँ**—पाव, आधा, पौन या पौना, सवा···डेढ, अढाई, साढे तीन···साढे चार आदि। इसके अतिरिक्त चौथाई, तिहाई, तीन-चौथाई (या तीन पाव) आदि शब्द भी अपूर्ण संख्याओं के वाचक हैं।

4. **आवृत्तिवाचक**—दुगना, तिगुना, चौगुना, (परत अर्थ में) दोहरा, तिहरा, चौहरा।

—इकहरा का प्रयोग भी देखा जाता है।

5. **अनिश्चयबोधक (बहुत्वबोधक) संख्याएँ**—सैकड़ों, हजारों, लाखों, करोड़ों, अरबों···।

यह बात उल्लेखनीय है कि सौ शब्द निश्चित संख्या का वाचक है और सैकड़ों अनिश्चित संख्या का, जैसे—वहाँ सैकड़ों लोग जमा थे।

(सैंकड़ों, हजारों, लाखों में प्रयुक्त 'ओं' विभक्ति तिर्यक् रूप की वाचक नहीं है।)

सौ, हजार, लाख, करोड़, अरब, खरब के पूर्व जब निश्चित संख्या लगती है, तो ये शब्द अविकृत रहते हैं, जैसे—आठ सौ, पांच हजार, दस लाख, बीस करोड़, पच्चीस अरब, पचास खरब आदि। किंतु अनिश्चित बहुत्वसूचक संख्याएँ 'ओं' प्रत्ययांत होती हैं। जैसे—

सैकड़ों लोग मारे गए, हजारों घायल हुए और लाखों बेघर हो गए।

6. **समष्टिवाचक संख्याएँ**—दोनों, तीनों, चारों, पाँचों, दसों···

इस अर्थ में दोनों के दोनों, चारों के चारों जैसे द्विरुक्त प्रयोग भी देखे जाते हैं। जैसे—

1. इस बार दोनों दल बराबर रहे।
2. चारों पुस्तकें अच्छी थीं।

3. परिमाणवाचक विशेषण

जिन विशेषणों से वस्तुओं या व्यक्तियों की 'मात्रा' का बोध होता है, उन्हें परिमाणवाचक विशेषण कहते हैं। जैसे—थोड़ा, बहुत, कम, ज्यादा, पूरा, सारा, सब, अल्प, अत्यल्प, कुछ, जरा, तनिक आदि।

कभी-कभी कुछ परिमाणवाचक विशेषणों के साथ 'सा' शब्द का प्रयोग भी देखा जाता है, जैसे—

1. थोड़ा-सा कसूर मेरा भी है।
2. जरा-सा पानी डाल दीजिए।
3. बहुत-सा सामान नष्ट हो गया।

परिमाणवाचक विशेषण गणनीय और अगणनीय दोनों प्रकार की संख्याओं के साथ प्रयुक्त होते हैं, जैसे—

गणनीय	अगणनीय
थोड़े आदमी	थोड़ा दूध
बहुत दिन	बहुत वर्षा
कम लोग	कम सर्दी
सारे व्यापारी	सारा पानी
पूरी गोलियाँ	पूरी मानवजाति
सब छात्र	सब आनंद

4. सार्वनामिक विशेषण

सार्वनामिक विशेषणों को दो श्रेणियों में विभाजित किया जा सकता है—

1. पहली श्रेणी में वे सर्वनाम आते हैं, जो अपने मूल रूप में, किसी प्रत्यय आदि के संयोग के बिना, विशेषण का काम करते हैं, जैसे—

यह लड़का	ये लड़के
वह घोड़ा	वे घोड़े

[उपर्युक्त उदाहरणों में यह, ये, वह, वे वस्तुतः विशेषण हैं सर्वनाम नहीं, क्योंकि सर्वनाम का अर्थ है 'संज्ञा के बदले में प्रयुक्त शब्द'। यहाँ ये शब्द संज्ञाओं के साथ आए हैं, उनके बदले में प्रयुक्त नहीं हुए।]

2. दूसरी श्रेणी में वे विशेषण आते हैं, जो सर्वनाम शब्दों में तद्धित प्रत्यय जोड़कर बनाए जाते हैं। इनके तीन उपभेद हैं। 1. प्रकारवाचक विशेषण, 2. परिमाणवाचक और 3. संबंधवाचक।

1. प्रकारवाचक सार्वनामिक विशेषण—ये विशेषण 'सा' प्रत्ययांत होते हैं। ऐसा, वैसा, जैसा, कैसा, तैसा (प्राचीन रूप;—जैसे को तैसा) प्रमुख प्रकारवाचक विशेषण हैं। इनका विकास ईदृश, ओदृश, यादृश, कीदृश और तादृश से हुआ है।

2. **परिमाणवाचक सार्वनामिक विशेषण**—ये विशेषण तन (ा) प्रत्यय के संयोग से बनते हैं, जैसे—इतना, उतना, जितना, कितना। इनका विकास इयत्, तावत्, यावत्, कियत् से माना जाता है। अन्य परिमाणवाचक विशेषणों की भाँति ये भी गणनीय और अगणनीय दोनों प्रकार की संज्ञाओं के साथ प्रयुक्त होते हैं, जैसे—

इतने आदमी	इतना पानी
उतने मच्छर	उतनी गहराई
जितने पशु	जितनी गंदगी
कितने बालक	कितनी गर्मी

3. **संबंधवाचक विशेषण**—संस्कृत में प्रायः सभी पुरुषवाचक सर्वनामों से 'ईय' प्रत्यय जोड़कर संबंधवाचक शब्द बनते थे, जैसे—मदीय (मेरा), अस्मदीय (हमारा), त्वदीय (तेरा), युष्मदीय (तुम्हारा), तदीय (उसका), भवदीय (आपका) आदि। इनमें से केवल 'भवदीय' का अस्तित्व पत्रव्यवहार आदि में शेष रहा है।

विशेषणों के रूप

संस्कृत में विशेषण और संबद्ध विशेष्य में लिंग, वचन और कारक की दृष्टि से एकरूपता थी, जैसे 'कृष्णम् अश्वम् आनय' 'कृष्णां गाम् नय'। किंतु हिंदी में विशेषणों के प्रयोग की प्रक्रिया बहुत सरल हो गई है। केवल आकारांत (तद्भव पुं प्रत्ययांत) विशेषण ही लिंग, वचन और कारक के अनुसार परिवर्तित होते हैं। कारक की रचना का प्रभाव भी बस इतना है कि संज्ञा की तरह इनका आकारांत रूप 'ए' कारांत हो जाता है, वह भी एकवचन-बहुवचन में समान। आकारांत-भिन्न विशेषण तो सदा अपरिवर्तित रहते हैं।

आकारांत विशेषणों में भी जैसाकि ऊपर कहा है पुं प्रत्ययांत तद्भव विशेषण ही परिवर्तनीय होते हैं, अरबी-फारसी से गृहीत जिंदा, उम्दा आदि विशेषण लिंग, वचन और कारक के अनुसार नहीं बदलते। इस प्रकार रूप रचना की दृष्टि से विशेषणों के तीन वर्ग हो जाते हैं—

1. आकारांत परिवर्तनीय विशेषण
2. आकारांत अपरिवर्तनीय विशेषण
3. आकारांत-भिन्न अपरिवर्तनीय विशेषण।

1. **आकारांत परिवर्तनीय विशेषण**—संस्कृत से आए परंपरागत तद्भव शब्दों में पुं प्रत्ययांत शब्दों का अपना स्थान है। यह हिंदी का अपना प्रत्यय है। इससे बने हुए विशेषण मूल एकवचन में आकारांत मूल बहुवचन में एकारांत तथा तिर्यक् एकवचन-बहुवचन में भी एकारांत हो जाते हैं। स्त्रीलिंग में ये विशेषण 'ई' प्रत्ययांत होते हैं और वचन और कारक के अनुसार नहीं बदलते। कुछ उदाहरण द्रष्टव्य है—

	पुंल्लिग	**स्त्रीलिंग**
मूल एकवचन	अच्छा लड़का	अच्छी लड़की
मूल बहुवचन	अच्छे लड़के	अच्छी लड़कियाँ
तिर्यक् एकवचन	अच्छे लड़के को	अच्छी लड़की को
तिर्यक् बहुवचन	अच्छे लड़कों को	अच्छी लड़कियों को

इसी प्रकार—

	पुंल्लिग	**स्त्रीलिंग**
मूल एकवचन	पुराना मकान	पुरानी इमारत
मूल बहुवचन	पुराने मकान	पुरानी इमारतें

	पुल्लिग	स्त्रीलिंग
तिर्यक् एकवचन	पुराने मकान को	पुरानी इमारत को
तिर्यक् बहुवचन	पुराने मकानों को	पुरानी इमारतों को

इस वर्ग में लंबा, चौड़ा, ऊँचा, नीचा, भला, बुरा, नया, काला, गोरा, नीला, पीला, हरा, उल्टा, सीधा, भूखा, प्यासा, बायाँ, दायाँ, थका, महँगा, सस्ता, मीठा, फीका, साँवला, सलौना, अंधा, बहरा, गूँगा, काना, लँगड़ा, लूला, मोटा, पतला, ढीला आदि शब्द आते हैं।

2. **आकारांत अपरिर्वतनीय विशेषण**—इस वर्ग में अरबी-फारसी के आकारांत विशेषण आते हैं। यों तो हिंदी में गंदा, ताजा, दीवाना आदि विदेशी विशेषण भी हिंदी की प्रकृति के अनुसार परिवर्तनीय हो गए हैं, जैसे गंदा लड़का, गंदी नाली, गंदे कपड़े। किंतु फिर भी कई विशेषण लिंग, वचन और कारक से अविकृत रहते हैं। कुछ उदाहरण देखिए—

आवारा शब्द	पुल्लिग	स्त्रीलिंग
मूल एकवचन	आवारा लड़का	आवारा हवा
मूल बहुवचन	आवारा लड़के	आवारा हवाएँ
तिर्यक् एकवचन	आवारा लड़के को	आवारा हवा को
तिर्यक् बहुवचन	आवारा लड़कों को	आवारा हवाओं को
सालाना शब्द		
मूल एकवचन	सालाना जलसा	सालाना पत्रिका
मूल बहुवचन	सालाना जलसे	सालाना पत्रिकाएं
तिर्यक् एकवचन	सालाना जलसे में	सालाना पत्रिका में
तिर्यक् बहुवचन	सालाना जलसों में	सालाना पत्रिकाओं में

इसी प्रकार उम्दा, आला, जिंदा, जमा, जुदा, तनहा, मुर्दा, मौजूदा, संजीदा, सजायाफ्ता, तरक्कीयाफ्ता, उर्दूदाँ आदि शब्द लिंग, वचन और कारक के विकारों से मुक्त रहते हैं। अरबी-फारसी के विद्वान् तो 'ताजा' जैसे शब्दों को भी अपरिवर्तनीय रूप में ही प्रयोग करते हैं, जैसे—ताजा पानी, ताजा हवा, ताजा फल, ताजा सब्जियाँ। किंतु सामान्य हिंदी भाषी इसे ताजा, ताजे, ताजी आदि रूपों में बदल लेता है। भाषिक परिवर्तन को कौन रोक सकता है?

3. **आकारांत-भिन्न अपरिवर्तनीय विशेषण**—इस वर्ग में अकारांत, इकारांत-ईकारांत, उकारांत-ऊकारांत आदि सभी विशेषण आते हैं। इन विशेषणों के रूपों में भी लिंग, वचन और कारकों के कारण परिवर्तन नहीं होता। कुछ वर्गीकृत विशेषण निम्नलिखित हैं—

1. अकारांत 'सुंदर' शब्द

सुंदर फूल खिला है। (एकवचन पुल्लिग)

सुंदर फूल खिले हैं। (बहुवचन पुल्लिंग)
सुंदर कली चटकी है। (एकवचन स्त्रीलिंग)
सुंदर कलियाँ चटकी हैं। (बहुवचन स्त्रीलिंग)
वह सुंदर मकान में रहता है। (तिर्यक् एकवचन)
वे सुंदर मकानों में रहते हैं। (तिर्यक् बहुवचन)

इसी प्रकार साफ, आसान, मुश्किल, कठिन, सफेद, लाल, बहादुर, डरपोक, चतुर, मूर्ख, गर्म, निर्दय, नीच, दुष्ट, निडर, नीरस, सरस, सफल, विफल आदि सभी अकारांत शब्द अपरिवर्तनीय विशेषण हैं।

2. ईकारांत 'आलसी शब्द'

आलसी लड़का	आलसी लड़की
आलसी लड़के	आलसी लड़कियाँ
आलसी लड़के को	आलसी लड़की को
आलसी लड़कों को	आलसी लड़कियों को

इसी प्रकार—क्रोधी, पापी, दोषी, भारी, घमंडी, जिद्दी, सुखी, दुःखी, स्वाभिमानी, लोभी आदि।

3. ऊकारांत 'बुद्धू' शब्द

बुद्धू नौकर (एकवचन)	बुद्धू नौकरानी
बुद्धू नौकर (बहुवचन)	बुद्धू नौकरानियाँ
बुद्धू नौकर को	बुद्धू नौकरानी को
बुद्धू नौकरों को	बुद्धू नौकरानियों को

इसी प्रकार—भोंदू, तोंदू, मोटू आदि।

ह्रस्व इकारांत-उकारांत विशेषण कम ही हैं जैसे—मंदमति, प्रत्युत्पन्न मति, लघु, गुरु, मृदु आदि। इन सबका प्रयोग भी लिंग, वचन और कारकों से अप्रभावित रहता है। जैसे—मंदमति शासक, मंदमति रानी, लघु अक्षर, लघु मात्रा, गुरु भार, गुरु साधना आदि।

व्यंजनांत शब्द भी अपरिवर्तनीय विशेषण वर्ग में आते हैं, जैसे—

बुद्धिमान् लड़का	बुद्धिमान् लड़की
बुद्धिमान् लड़के	बुद्धिमान् लड़कियाँ
बुद्धिमान् लड़के को	बुद्धिमान् लड़की को
बुद्धिमान् लड़कों को	बुद्धिमान् लड़कियों को

इसी प्रकार—गुणवान्, बलवान्, धनवान् आदि।

मूर्तिमती, पापिनी, मूर्खा, चपला, पंडिता आदि स्त्रीलिंग विशेषण केवल पंडित समाज की वस्तुएँ हैं। ये हिंदी की प्रकृति के अनुकूल नहीं हैं। हाँ, आयुष्मती, अबला आदि शब्द अब रूढ़ हो चले हैं।

संख्यावाचक विशेषणों की रूप रचना

1. हिंदी में सभी सामान्य संख्याएँ अपरिवर्तनीय विशेषण हैं, जैसे—एक लड़का, दो लड़कियाँ, तीन पुस्तकें, बीस घरों का गाँव, चालीस पृष्ठों की पुस्तिका आदि।

2. **क्रमवाचक संख्याएँ**—पहला, दूसरा, तीसरा आदि। क्रमसंख्याएँ पुं प्रत्ययांत आकारांत होने के कारण परिवर्तनीय विशेषणों में आती हैं, जैसे—

दूसरा दर्जा	पहली कक्षा
तीसरे लड़के को	चौथी मंजिल से

3. **अपूर्णांक संख्याएँ**—इन संख्याओं में 'आधा' आकारांत है। अतः परिवर्तनीय विशेषण हैं, जैसे—आधा गाँव, आधी रोटी, आधे समय के लिए, आधी घड़ी का सफर आदि।

शेष शब्द पाव, पौन या पौना, डेढ, ढ़ाई सब अपरिवर्तनीय हैं, जैसे पाव रोटी, पाव कटोरा चावल, पौन लिटर दूध, सवा सेर मिश्री, डेढ़ दिन, अढाई साल आदि।

सवा, साढे और पौने का प्रयोग अनिवार्य रूप से संख्या शब्दों के साथ होता हैं, जैसे सवा तीन, साढे दस, पौने बारह आदि।

'पौने' और 'साढे' तिर्यक् (ए प्रत्ययांत) रूप हैं। 'सवा' अविकृत रहता क्योंकि उसकी व्युत्पत्ति 'सपाद' से हुई है। वह पुं प्रत्ययांत शब्द नहीं है। इसके विपरीत पौना (∠पादोन) और साढा (<सार्ध) पुं प्रत्ययांत तद्भव शब्द हैं। अतः इनके तिर्यक् रूप स्वाभाविक है।

आवृत्तिवाचक दुगुना, तिगुना, इकहरा, दुहरा (दोहरा) आदि शब्द भी पुं प्रत्ययांत हैं। अतः ये भी परिवर्तनीय विशेषण हैं। जैसे—

दुगुना समय	दुगुनी राशि
तिगुना धन	तिगुनी आबादी
दुगुने समय में	दुगुनी अवधि में
इकहरा वस्त्र	इकहरी लड़ी
दोहरा काम	दोहरी मजदूरी
दोहरे दबाव में	दोहरी भ्रांति में

बहुत्व अर्थ में प्रयुक्त अनिश्चयवाचक संख्याएँ—सैकड़ों, हजारों, लाखों, करोड़ों आदि नित्य इसी रूप में रहती हैं। इसी प्रकार समष्टिबोधक चारों, पाँचों भी सदैव ओं प्रत्ययांत रूप में अपरिवर्तित रहती हैं।

परिमाणवाचक विशेषणों में भी थोड़ा, पूरा, सारा आदि परिवर्तनीय हैं और कम, अधिक, बहुत, कुछ आदि अपरिवर्तनीय। इसी प्रकार इतना, उतना, जितना, कितना, ऐसा, वैसा, जैसा, कैसा आदि सार्वनामिक विशेषण सभी लिंग, वचन और कारक के अनुसार बदलते हैं।

6

पद विमर्श (दो)

क्रिया

वाक्यार्थ में जिस शब्द से किसी क्रिया-व्यापार, गति या स्थिति का बोध होता है, उसे 'क्रिया' कहते हैं, जैसे—

1. बंदर फल खाता है।
2. दादी रामायण पढ़ती है।
3. लड़का घर जाएगा।
4. घोड़े दौड़ते हैं।
5. बच्चा सो रहा है।
6. ऋषि वन में रहते हैं।

इन वाक्यों में 'खाता है' और 'पढ़ती है' पदों से क्रिया का, 'जाएगा' और 'दौड़ते हैं' पदों से गति का, तथा 'सो रहा है' और 'रहते हैं' पदों से स्थिति का बोध होता है। ये क्रियाएँ हैं।

धातु

प्रत्यय या विभक्ति से रहित क्रिया के मूल रूप को 'धातु' कहते हैं। धातु का उल्लेख करने के लिए मूल रूप में 'ना' प्रत्यय जोड़ने का प्रचलन है। यह एक व्यावहारिक व्यवस्था है। वस्तुतः उपर्युक्त पदों में खा, पढ़, जा, दौड़, सो और रह धातुएँ हैं, किंतु व्याकरणिक व्यवहार में इन्हें क्रमशः खाना, पढ़ना, जाना, दौड़ना, सोना और रहना कहते हैं। यह 'ना' प्रत्ययान्त रूप संस्कृत के क्रियार्थक कृत् प्रत्यय 'अन' में पुं प्रत्यय 'आ' जोड़कर विकसित हुआ है। हिंदी के 'पढ़ना', 'चलना' आदि रूप संस्कृत के 'पठन' 'चलन' के विकसित रूप हैं।

क्रिया के भेद

व्याकरणिक दृष्टि से क्रिया के दो भेद किए जाते हैं—सकर्मक और अकर्मक।

सकर्मक क्रिया

जिस क्रिया का कर्म संभव हो, वह चाहे वाक्य में हो या न हो, उसे सकर्मक क्रिया कहते हैं। खाना, पीना, लिखना, पढ़ना आदि क्रियाएं 'सकर्मक' हैं। जैसे—

1. बच्चा आम खाता है।
2. हाथी पानी पीता है।
3. मैं पत्र लिखता हूं।
4. पिताजी अखबार पढ़ते हैं।

उपर्युक्त वाक्यों में आम, पानी, पत्र और अखबार संबंधित क्रियाओं के कर्म हैं।

कभी-कभी वाक्य में कर्म विद्यमान नहीं होता, जैसे—

वह खाता है।
वह पीता है।

ऐसे वाक्यों में कर्म अध्याहृत (लुप्त) होता है। फिर भी ये क्रियाएँ सकर्मक ही हैं। हम जानते हैं कि खाने और पीने की क्रिया बिना 'खाद्य' और 'पेय' के नहीं हो सकती। अतएव उपर्युक्त परिभाषा में 'कर्म संभव हो' कहा गया है।

अकर्मक क्रिया

जिस क्रिया का कर्म असंभव हो उसे अकर्मक क्रिया कहते हैं। हँसना, रोना, बैठना, उड़ना आदि क्रियाएँ अकमर्म होती हैं। जैसे—

1. दर्शक हँसते हैं।
2. बच्चा रोता है।
3. तपस्वी मृगचर्म पर बैठते हैं।
4. पक्षी आकाश में उड़ते हैं।

इन वाक्यों में प्रयुक्त हँसना, रोना आदि क्रियाएं कर्म की अपेक्षा नहीं रखतीं। अतः ये अकर्मक क्रियाएँ हैं।

पंडित किशोरीदास वाजपेयी ने क्रियाओं के एक अन्य भेद का भी उल्लेख किया है, जिसे वे 'अकर्तृक क्रिया' कहते हैं। इन क्रियाओं में कर्ता नहीं होता। कर्म ही कर्ता के तौर पर प्रयुक्त होता है। जैसे 'कपड़े सिल रहे हैं' 'गट्ठर बँध रहे हैं'। वाक्यों में 'कपड़े' और 'गट्ठर' कर्ता नहीं हैं। ये कर्म हैं यह निष्कर्ष पाणिनि की परिभाषा 'स्वतन्त्रः कर्ता' पर आधारित है। 'पुस्तक गिर पड़ी' 'प्याला टूट गया' आदि वाक्यों में प्रयुक्त गिरना, टूटना आदि क्रियाएँ कर्म-कर्तृक या अकर्तृक हैं।

धातुओं का स्रोत

स्रोत की दृष्टि से हिंदी में दो प्रकार की क्रियाएँ हैं—परंपरागत और निर्मित। पहले वर्ग में संस्कृत से विकसित या परंपरा से गृहीत देशज धातुएँ

आती हैं। इन्हें तीन वर्गों में विभाजित किया जा सकता है।

1. **तत्सम**—लिखना (लिख्), चलना (चल्), हँसना (हस्), मरना (मृ) आदि। इस वर्ग की धातुओं की संख्या अधिक नहीं है। अधिकतर धातुएं ध्वनि परिवर्तन के कारण मूल रूप से काफी दूर चली आई हैं।

2. **तद्भव**—पढ़ना (पठ्), सुनना (श्रू), खाना (खाद्), पीना (पा), जीना (जीव्), चुराना (चुर्) आदि। इस वर्ग में सोपसर्ग धातुओं से विकसित उठना (उत् + स्था), उड़ना (उद् + डी), पसरना (प्र + सृ) आदि धातुएँ आती हैं।

3. **देशज**—इस वर्ग में अज्ञात व्युत्पत्तिमूलक घोंटना, झगड़ना, टीसना आदि क्रियाओं की गणना होती है।

इन तीन वर्गों के अतिरिक्त आजमाना, खरचना, फरमाना, खरीदना आदि विदेशी क्रियाएँ भी परंपरागत वर्ग में ही आती हैं। वस्तुत: ये विदेशी शब्दों से बनी नाम धातुएं हैं। हिन्दी में गृहीत विदेशी शब्दावली में सबसे कम संख्या धातुओं की ही है। हाँ, निर्मित वर्ग में विदेशी शब्दों से बनी क्रियाएँ अवश्य सम्मिलित हैं। (इनकी चर्चा आगे की जाएगी।)

'निर्मित' वर्ग में संस्कृत के कृदंत शब्दों में करना, होना, लेना, देना आदि क्रियाएँ जोड़कर बनायी गयीं सभी धातुएँ आती हैं। साहित्यिक भाषा में इनका प्रचुर मात्रा में प्रयोग होता है। कुछ धातुएँ द्रष्टव्य हैं—

—विचार करना, भोजन करना, स्वीकार करना, इच्छा करना, पूजा करना, निश्चय करना, संचय करना, वृद्धि करना आदि।

—नष्ट होना, आनंदित होना, जलमग्न होना, मलिन होना, संतुष्ट होना, तृप्त होना, लुप्त होना।

—वचन देना, जन्म देना, परिचय देना।

—भाग लेना, परीक्षा लेना, स्वाद लेना आदि।

कुछ विदेशी शब्दों से भी इस प्रकार की धातुएँ बनी हैं। जैसे—महसूस करना, तारीफ करना, खुशामद करना, इजाफा होना, बर्बाद होगा, दाद देना, जोर देना आदि।

—इसके अतिरिक्त नाम धातुएं, प्रेरणार्थक क्रियाएं और अनुकरणमूलक क्रियाएँ भी निर्मित वर्ग में ही आती हैं।

नाम धातु

संज्ञा, सर्वनाम, विशेषण या अव्यय शब्दों से बनी धातुओं को 'नाम धातु' कहते हैं। कुछ वर्गीकृत नाम धातुएँ निम्नलिखित हैं—

संज्ञा से—हथियाना, मस्ताना, भरमाना, बतियाना।

सर्वनाम—अपनाना

विशेषण—नरमाना, गरमाना, दोहराना, बौराना

अव्यय—हुंकारना, नकारना, धिक्कारना , पिछड़ना आदि

प्रेरणार्थक क्रियाएँ

जो क्रिया किसी की प्रेरणा से की जाती है, उसे 'प्रेरणार्थक क्रिया' कहते हैं। यहाँ 'प्रेरणा' शब्द व्यापकतर अर्थों में प्रयुक्त हुआ है, जिसके अंतर्गत सहायता, आदेश, आग्रह आदि कई भाव आ जाते हैं।

प्रेरणार्थक क्रिया सदैव सकर्मक होती है और प्रायः इसके दो कर्ता होते हैं। जहाँ वाक्य में एक ही कर्ता होता है, वहाँ भी दूसरा कर्ता अध्याहृत (लुप्त) रूप में विद्यमान रहता है। प्रेरणा देने वाले कर्ता को 'प्रयोजक कर्ता' और काम (क्रिया व्यापार) करने वाले को 'प्रयोज्य कर्ता' कहते हैं।

1. माँ ने तुम्हारे लिए खाना भिजवाया है।
2. उसने शादी के लिए आभूषण बनवाए।
3. लालाजी सर्दियों के लिए कपड़े सिलवायेंगे।

इन वाक्यों में 'माँ' 'उसने' और 'लालाजी' प्रयोजक कर्ता हैं और तीनों में प्रयोज्य कर्ता—नौकर, सुनार और दर्जी अध्याहृत हैं। कभी-कभी दोनों कर्ता वाक्य में विद्यमान रहते हैं। जैसे—

1. माताजी ने नौकरानी से खाना बनवाया।
2. मैनेजर ने स्टेनो से पत्र लिखवाया।
3. यात्री ने कुली से सामान उतरवाया।

प्रयोज्य कर्ता अधिकतर करण कारक में प्रयुक्त होता है। अतः 'से' के स्थान पर कई बार 'के द्वारा' 'के हाथों' आदि का प्रयोग भी देखा जाता है। जैसे—

1. उसने एक आदमी के द्वारा सन्देश भिजवाया है।
2. ठेकेदार ने मजदूरों के हाथों दीवार तुड़वा दी।

जहाँ क्रिया का फल प्रयोज्य कर्ता को मिलता है वहाँ प्रयोज्य कर्ता में कर्म-सम्प्रदान कारकों का प्रयोग होता है, जैसे—

1. मामाजी ने मुझे मिठाई खिलाई।
2. बुढ़िया ने पथिक को पानी पिलाया।
3. दादी ने हमें परियों की कहानी सुनाई।
4. गुरुजी ने बालकों को चिड़ियाघर दिखाया।
5. उसने बच्चे को सुला दिया।
6. पुलिस ने उसे रास्ता दिखाया।

प्रेरणार्थक क्रिया के दो रूप होते हैं, जैसे—

मूल क्रिया	प्रथम प्रेरणार्थक	द्वितीय प्रेरणार्थक
पीना	पिलाना	पिलवाना
खाना	खिलाना	खिलवाना
चलना	चलाना	चलवाना

कुछ व्याकरणकार तीन प्रेरणार्थक रूपों का उल्लेख करते हैं, जैसे—

मूल क्रिया	प्रथम प्रेरणार्थक	द्वितीय प्रेरणार्थक	तृतीय प्रेरणार्थक
फूटना	फोड़ना	फुड़ाना	फुड़वाना
टूटना	तोड़ना	तुड़ाना	तुड़वाना
दिखना	देखना	दिखाना	दिखवाना

वस्तुत: यह एक भ्रान्त मान्यता है। यहां मूल क्रिया फोड़ना, तोड़ना और देखना है। फूटना टूटना और दिखना इनके 'अकर्तृक' या 'कर्मकर्तृक' रूप हैं।

प्रेरणार्थक क्रिया बनाने के नियम—

1. व्यंजनान्त (अनुच्चरित अकारान्त) क्रियाओं को प्रेरणार्थक बनाने के लिए 'आ' विकरण जोड़ा जाता है, जैसे—

मूल क्रिया	प्रेरणार्थक क्रिया
पकना	पकाना
थकना	थकाना
चलना	चलाना
उठना	उठाना
गिरना	गिराना
हँसना	हँसाना
चढ़ना	चढ़ाना

2. 'आ' विकरण लगाने पर उपान्त्य दीर्घ स्वर ह्रस्व हो जाता है। जैसे—

चाटना	चटाना
बाँटना	बँटाना
छापना	छपाना
पीसना	पिसाना
सीखना	सिखाना
सूखना	सुखाना
भूनना	भुनाना
भीगना	भिगाना, भिगोना भी
डूबना	डुबाना, डुबोना भी

3. उपान्त्य ए-ओ के स्थान पर क्रमश: इ-उ हो जाता है, जैसे—

देखना	दिखाना
खोलना	खुलाना
घोलना	घुलाना

4. स्वरान्त क्रियाओं का प्रेरणार्थक रूप बनाने के लिए 'ला' विकरण का प्रयोग होता है। उपान्त्य आ, ई, ए के स्थान पर 'इ' तथा 'ओ' के स्थान पर उ हो जाता है, जैसे—

खाना	खिलाना
पीना	पिलाना
देना	दिलाना
धोना	धुलाना
रोना	रुलाना
सोना	सुलाना

अन्य ध्वनि परिवर्तन भी देखे जाते हैं, जैसे—

नहाना	नहलाना

—कुछ स्वरान्त क्रियाओं में 'वा' विकरण का प्रयोग भी देखा जाता है, जैसे—

गाना	गवाना
बोना	बुवाना
लेना	लिवाना

द्वितीय प्रेरणार्थक क्रिया

1. द्वितीय प्रेरणार्थक रूप बनाने के लिए व्यंजनान्त क्रियाओं में 'वा' विकरण का प्रयोग होता है। जैसे—पकवाना, उठवाना, चलवाना, चढ़वाना आदि।

2. उपान्त्य स्वर ह्रस्व हो जाता है, जैसे—बंधवाना, पिसवाना, छपवाना, लुटवाना, पुछवाना आदि।

3. उपान्त्य ए का इ हो जाता है, जैसे—भिजवाना, बिधवाना, घिरवाना, पिरवाना आदि।

4. उपान्त्य ओ का उ हो जाता है, जैसे—तुड़वाना, खुलवाना आदि।

5. स्वरान्त क्रियाओं में ला तथा वा दोनों संयुक्त विकरणों का संयोग होता है, ला का आ ह्रस्वीकरण की प्रक्रिया में 'ल' हो जाता है, जैसे—खिलवाना, पिलवाना, धुलवाना, दिलवाना, सिलवाना आदि। कहना क्रिया व्यंजनान्त होते हुए भी इस वर्ग में आता है। जैसे—कहलवाना।

कुछ प्रेरणार्थक क्रियाएँ, अपने व्याकरणिक स्वरूप में प्रेरणार्थक रहते हुए भी,

अर्थ की दृष्टि से मूल क्रियाएँ बन गयी हैं। जैसे—बजाना, सुनाना, पढ़ाना, मारना, मनाना, घबराना, आदि। उदारहण द्रष्टव्य हैं—

1. वह वीणा बजाती है।
2. दादी कहानी सुनाती है।
3. वे गणित पढ़ाते हैं।
4. शिकारी ने शेर को मारा।
5. हमने वार्षिकोत्सव मनाया।
6. वह काली आकृति को देखकर घबराया।

इन वाक्यों में प्रेरणार्थकता की अभिव्यक्ति नहीं होती।

अकर्तृक क्रिया

कुछ क्रियाएँ मूल रूप में 'सकर्मक' एवं 'सकर्तृक' होती हैं, किंतु ध्वनि प्रतिस्थापन के द्वारा 'अकर्तृक' बनायी जाती हैं। तब इन क्रियाओं का 'कर्म' 'कर्ता' के तौर पर प्रयुक्त होता है। अतः इन्हें 'कर्म-कर्तृक' भी कहा जा सकता है, जैसे—

1. रसोइया खाना पकाता है। (मूल क्रिया)
   खाना पकता है। (अकर्तृक क्रिया)
2. किसान गट्ठर बाँधता है। (मूल क्रिया)
   गट्ठर बँधते हैं। (अकर्तृक क्रिया)

कुछ अकर्तृक क्रियाएँ निम्नलिखित हैं—

मूल क्रिया	अकर्तृक क्रिया	मूल क्रिया	अकर्तृक क्रिया
काटना	कटना	बाँधना	बँधना
दाबना/दबाना	दबना	पीटना	पिटना
पीसना	पिसना	लूटना	लुटना
देखना	दिखना	घोलना	घुलना
फाड़ना	फटना	बेचना	बिकना

अनुकरणमूलक क्रियाएँ

ध्वनि, रूप या स्पर्श के सादृश्य पर क्रियाएँ गढने की प्रवृत्ति हिंदी में व्यापक रूप से पाई जाती है। हिंदी में चमकना, जगमगाना, टिमटिमाना, झनझनाना, पुचकारना, खटखटाना, घरघराना, गुनगुनाना, बड़बड़ाना, थपथपाना, चिपकना, चिपचिपाना, गुदगुदाना बहुप्रयुक्त अनुकरणमूलक क्रियाएँ हैं।

संयुक्त क्रियाएँ

जब दो या अधिक क्रियाएँ मिलकर एक ही क्रिया व्यापार का बोध कराती हैं, तो वे 'संयुक्त क्रियाएँ' कहलाती हैं। इन क्रियाओं में से पहली 'मुख्य' और दूसरी 'सहायक' क्रिया होती है। सहायक क्रिया मुख्य क्रिया को विशिष्ट अर्थ

प्रदान करती है। कुछ उदाहरण द्रष्टव्य हैं—

1. भाग्य के सामने मनुष्य **क्या कर सकता है** ?
2. उन्हें अकस्मात् त्यागपत्र **देना पड़ा**।
3. वह बोर्ड के सामने एक शब्द भी नहीं **बोल पाया**।
4. माँ ने बच्चे को गोद में **उठा लिया**।
5. चोर **भाग निकले**।
6. पुलिस **देखती रह गयी**।
7. सपेरा बीन **बजाने लगा**।
8. ढोरों ने सारा बगीचा **उजाड़ दिया**।
9. आँधी ने बड़े-बड़े पेड़ों को **उखाड़ डाला**।
10. तुम्हें सारा काम अपने हाथों से **करना होगा**।
11. बच्चा **सो गया**।
12. ठग सामान उठाकर **चलता बना**।
13. उसकी वकालत **चल निकली**।
14. वे प्रातःकाल घूमने **जाया करते थे**।
15. मैं सब पुस्तकें घर पर **रख आया**।

कुछ महत्त्वपूर्ण सहायक क्रियाएँ निम्नलिखित हैं—

1. **सकना**—यह पूर्णतया पराश्रित क्रिया है। इसका प्रयोग सामर्थ्य, सफलता और अनुमति के अर्थ में होता है, जैसे—

1. वह दौड़ नहीं सकता। (सामर्थ्य)
2. वह पुरस्कार नहीं जीत सका। (सफलता)
3. क्या मैं अन्दर आ सकता हूँ। (अनुमति)

2. **पाना**—इसका प्रयोग सामर्थ्य, सफलता, पूर्णता और अवकाश के अर्थ में होता है, जैसे—

1. वह चार कदम भी नहीं चल पाता। (सामर्थ्य)
2. चोर भाग नहीं पाया। (सफलता)
3. तुम अब तक इसे नहीं पढ़ पाये। (पूर्णता)
4. शिकारी निशाना भी न लगा पाया था, कि शेर ने झपट्टा मारा। (अवकाश)

3. **पड़ना**—इस सहायक क्रिया का प्रयोग आग्रह और विवशता के अर्थ में होता है, जैसे—

1. तुम्हें उसकी सहायता करनी पड़ेगी। (आग्रह)
2. मुझे अचानक दिल्ली जाना पड़ा। (विवशता, कर्त्तव्यता)

4. **आना, जाना, लेना, देना और चुकना** क्रियाओं का प्रयोग पूर्णता के अर्थ में होता है। पूर्ण वर्तमान और पूर्ण भूतकाल की अभिव्यक्ति के लिए इन क्रियाओं के भूतकालिक रूपों का प्रयोग होता है, जैसे—

1. जो गुजर गया, उसे भूल जा।
2. बच्चा स्कूल से भाग आया।
3. मैंने वह मिठाई बच्चों में बाँट दी।
4. अतिथियों ने भोजन कर लिया है।
5. मैं सब सुन चुका हूँ।

उल्लेखनीय है कि जब क्रियाफल का भोक्ता 'कर्ता' स्वयं होता है तो 'लेना' क्रिया का प्रयोग होता है, किंतु जब अन्य कोई हो तो 'देना' क्रिया का। जैसे—

1. उसने पता लिख लिया। (अपने लिए)
2. उसने पता लिख दिया। (अन्य के लिए)

देना क्रिया का आज्ञार्थ रूप 'दो' अनुमति देने या लेने के लिए प्रयुक्त होता है, जैसे—मुझे जाने दो, उसे पढ़ने दो।

5. **लगना**—यह क्रिया प्रारंभ करने के अर्थ में लगती है, जैसे—

1. बच्चा स्कूल जाने लगा।
2. कल से यह गाड़ी जम्मू तक चलने लगेगी।

6. **रहना**—यह क्रिया यथास्थिति तथा सातत्य का बोध कराती है, जैसे—

1. वह कुर्सी पर बैठा रहा। (यथास्थिति)
2. वे बातें करते रहे। (सातत्य)
3. पानी बरस रहा है। (सातत्य)

7. **चाहना**—यह इच्छार्थक क्रिया है, जैसे—

1. मैं जाना चाहता हूँ।
2. वह आराम करना चाहता है।

इस क्रिया के 'इए' प्रत्ययांत रूप 'चाहिए' का प्रयोग विध्यर्थ में होता है, जैसे—

1. तुम्हें जाना चाहिए।
2. बच्चों को ज्ञानवर्धक पुस्तकें पढ़नी चाहिए।

यह रचना कर्मवाच्य में होती है। अतः क्रिया 'कर्म' के लिंग-वचन के अनुसार बदलती है। 'चाहिए' के प्रयोग वाले वाक्यों में कर्ता में द्वितीया विभक्ति (को परसर्ग या सम्प्रदान की 'ए' विभक्ति, जो सर्वनाम शब्दों में लगती है) का प्रयोग होता है।

8. **करना**—भूतकाल में पौनःपुन्य (वारम्वारता) की अभिव्यक्ति के लिए 'करता था', 'करते थे', 'करती थी' का प्रयोग होता है।

1. गांधी जी बकरी का दूध पीया करते थे।

2. खंडहरों से विचित्र आवाजें आया करती थीं।

9. बैठना—इस सहायक क्रिया का प्रयोग साहस, शीघ्रता और विवशता के अर्थ में होता है, जैसे—

1. तुम उसके साथ मुकद्दमा न छेड़ बैठना। (साहस)

2. आप इतनी जल्दी आरक्षण भी रद्द करा बैठे। (शीघ्रता)

3. जो जमा पूंजी है, उसे भी गंवा बैठोगे। (विवशता)

10. निकलना—परिणाम अर्थ की वाचक सहायक क्रिया है, जैसे—

1. वह तो बिल्कुल मूर्ख निकला।

'सकना' के अतिरिक्त ये सभी क्रियाएं मुख्य क्रिया के तौर पर भी प्रयुक्त होती हैं।

द्विरुक्त क्रियाएँ

हिंदी में द्विरुक्त क्रियाओं का भी खूब प्रचलन है। इन क्रियाओं को तीन वर्गों में विभाजित किया जा सकता है।

1. दो समान अर्थ वाली क्रियाओं का संयोग, जैसे—ओढ़ना-पहनना, गिरना-पड़ना, चलना-फिरना, खेलना-कूदना आदि।

2. दो विपरीत अर्थ वाली क्रियाओं का संयोग, जैसे—लेना-देना, आना-जाना, उठना-बैठना, मरना-जीना आदि।

3. समान ध्वनि वाली सार्थक और निरर्थक क्रियाओं का संयोग, जैसे—मिलना-जुलना, मरना-मारना, पूछना-ताछना, बोलना-चालना आदि।

कुछ उदाहरण द्रष्टव्य हैं—

1. बच्चे उस चबूतरे पर खेलते-कूदते थे।

2. मैं उनके साथ उठता-बैठता हूँ।

3. दोनों की शक्ल काफी मिलती-जुलती है।

क्रिया की रूप रचना

संस्कृत में क्रिया के रूपों में अद्भुत जटिलता और विविधता थी। प्राकृतों में यह विविधता धीरे-धीरे कम होती गई और हिंदी के वर्तमान स्वरूप तक आते-आते रूप रचना काफी सरल हो गई। इस सरलता का प्रमुख कारण तिङन्त रूपों की जगह कृदंत रूपों का प्रचलन है। तिङन्त रूप काल, पुरुष और वचन पर आधारित थे और प्रत्येक काल में, जिसे 'लकार' कहा जाता था, कम-से-कम नौ रूप होते थे। हिंदी में तिङन्त रूप केवल अपवाद रूप में ही शेष रह गए हैं।

कृदंत रूप लिंग और वचन पर आधारित होते हैं। अतः उनके अधिक-से-अधिक चार रूप होते हैं। इन्हीं रूपों में सहायक क्रियाएँ जोड़कर कई कालों के

रूप बन जाते हैं। कुछ कालवाचक कृदंत रूप निम्नलिखित हैं—

1. ता प्रत्ययांत रूप—इन रूपों का विकास वर्तमान कालवाचक अत् (शतृ) प्रत्ययांत कृदंत से हुआ है। पढ़ता, लिखता, आता, जाता रूप इसी प्रत्यय से बनते हैं। लिंग और वचन के अनुसार इनके चार-चार रूप बन जाते हैं, जैसे—

जाता—पुल्लिग एकवचन
जाते—पुल्लिग बहुवचन
जाती—स्त्रीलिंग एकवचन
जातीं—स्त्रीलिंग बहुवचन

इन रूपों से सामान्य वर्तमान, परोक्ष भूत और हेतु-हेतुमद्भूत के रूप निष्पन्न होते हैं।

2. आ (या) प्रत्यांत रूप—इन रूपों का विकास भूतकालवाचक 'त' प्रत्यय से हुआ है, जैसे—गतः>गतो>गओ>गयो>गया।

व्यंजनान्त धातुओं के रूप 'आ' प्रत्यय के संयोग से बनते हैं और स्वरान्त धातुओं के 'या' (य श्रुति युक्त आ) के संयोग से, जैसे—

1. व्यंजनान्त धातुओं के रूप—पढ़ा, लिखा, देखा, चला, कहा, सुना, उठा, बैठा, दौड़ा, भागा, मारा, गिरा आदि।

2. स्वरान्त धातुओं के रूप—आया, पाया, खाया, गाया, लाया, पीया, रोया, धोया, सोया, खोया आदि।

इन रूपों में कुछ अनियमित ध्वनि-परिवर्तन भी देखे जाते हैं, जैसे—

जाना—गया	लेना—लिया
करना—किया	देना—दिया

लिंग और बचन के अनुसार इनके चार-चार रूप होते हैं, जैसे—

गया—पुल्लिग एकवचन
गये—पुल्लिग बहुवचन
गयी—स्त्रीलिंग एकवचन
गयीं—स्त्रीलिंग बहुवचन

आ (या) प्रत्ययांत रूपों से पूर्ण वर्तमान, सामान्यभूत, पूर्ण भूत कालों की रूप-रचना होती है।

3. 'गा' प्रत्यय—सामान्य भविष्यत् काल के रूप कृदंत 'गा' प्रत्यय से बनते हैं। यह प्रत्यय विध्यर्थ तिङन्त रूपों करे, करें, करो, करूँ में लगता है। जैसे—

'जाना' क्रिया

	एकवचन	**बहुवचन**
अन्य पुरुष	जायेगा/जायेगी	जायेंगे/जायेंगी
मध्यम पुरुष	जायेगा/जायेगी	जाओगे/जाओगी
उत्तम पुरुष	जाऊँगा/जाऊँगी	जायेंगे/जायेंगी

तिङन्त और कृदंत रूपों के संयोग से बने ये रूप कृदंतों की तरह लिंग और वचन के अनुसार तथा तिङन्तों की तरह पुरुष और वचन के अनुसार बदलते हैं।

तिङन्त रूप

1. 'होना' क्रिया के वर्तमान काल के रूप—है, हैं, हूँ, हो सभी वर्तमान-कालिक क्रियाओं में सहायक क्रिया के रूप में प्रयुक्त होते हैं, जैसे—जाता है, जाते हैं, जाता हूँ, जाते हो, जा रहा है, जा रहे हैं, जा रहा हूँ, जा रहे हो आदि। ये तिङन्त रूप 'अस्' धातु के लट् लकार से विकसित हुए हैं, जैसे—

	एकवचन	**बहुवचन**
अन्य पुरुष	है	हैं
मध्यम पुरुष	है	हो
उत्तम पुरुष	हूँ	हैं

('होना' क्रिया के शतृ (अत्) प्रत्ययांत रूप 'होता' आदि भू धातु से बने हैं 'अस्' से नहीं।)

2. भूतकाल की सहायक क्रिया था, थे, थी, थीं का विकास विभिन्न भाषा-वैज्ञानिक अन्यान्य तिङन्त-कृदंत रूपों से मानते हैं। ये रूप तिङन्त तो हो नहीं सकते, क्योंकि ये पुरुष के अनुसार नहीं लिंग के अनुसार बदलते हैं। अतः इनका विकास त प्रत्ययांत 'भूत' से मानना युक्तिसंगत लगता है।

3. आज्ञार्थ रूप (आओ, जाओ) तथा विध्यर्थ रूप (आये, जाये, आयें, जायें आदि) भी 'लोट्' और 'विधिलिङ्' लकारों से विकसित हुए तिङन्त रूप हैं।

रूप रचना

हिंदी में क्रिया की रूप रचना काल, क्रियार्थ और वाच्य पर आधारित होती है। यहाँ इन तीनों पर क्रमशः विचार किया जाएगा।

काल—वाच्यार्थ में क्रिया के जिस रूप से क्रिया व्यापार के समय का बोध होता है, उसे 'काल' कहते हैं। काल के तीन भेद हैं—1. वर्तमान काल 2. भूत काल और 3. भविष्यत् काल।

वर्तमान काल के तीन भेद हैं—

1. सामान्य वर्तमान
2. अपूर्ण वर्तमान
3. पूर्ण वर्तमान

भूतकाल के चार भेद हैं—

1. सामान्य भूत
2. परोक्ष भूत

3. अपूर्ण भूत

4. पूर्ण भूत

भविष्यत् काल का एक ही भेद है—

1. सामान्य भविष्यत् काल

1. सामान्य वर्तमान काल—इस काल की रचना के लिए 'ता' प्रत्ययांत रूपों में पुरुष और वचन के अनुसार 'होना' क्रिया के तिङन्त रूपों—है, हैं, हो, हूँ—का संयोग होता है। दो क्रियाओं के रूप द्रष्टव्य हैं—

'पढ़ना' क्रिया

	एकवचन	**बहुवचन**
अन्य पुरुष	पढ़ता है/पढ़ती है	पढ़ते हैं/पढ़ती हैं
मध्यम पुरुष	पढ़ता है/पढ़ती है	पढ़ते हो/पढ़ती हो
उत्तम पुरुष	पढ़ता हूँ/पढ़ती हूँ	पढ़ते हैं/पढ़ती हैं

स्वरांत 'खाना' क्रिया

	एकवचन	**बहुवचन**
अन्य पुरुष	खाता है/खाती है	खाते हैं/खाती हैं
मध्यम पुरुष	खाता है/खाती है	खाते हो/खाती हो
उत्तम पुरुष	खाता हूँ/खाती हूँ	खाते हैं/खाती हैं

2. अपूर्ण वर्तमान काल—इस काल की रचना रहा, रहे, रही संयुक्त क्रियाओं के संयोग से होती है। बाद में पुरुष और वचन के अनुसार 'होना' क्रिया के तिङन्त रूप—है, हैं, हो, हूँ जोड़े जाते हैं, जैसे—

व्यंजनान्त 'पढ़ना' क्रिया

अन्य पुरुष	पढ़ रहा है/पढ़ रही है	पढ़ रहे हैं/पढ़ रही हैं
मध्यम पुरुष	पढ़ रहा है/पढ़ रही है	पढ़ रहे हो/पढ़ रही हो
उत्तम पुरुष	पढ़ रहा हूँ/पढ़ रही हूँ	पढ़ रहे हैं/पढ़ रही हैं

स्वरान्त 'खाना' क्रिया

अन्य पुरुष	खा रहा है/खा रही है	खा रहे हैं /खा रही हैं
मध्यम पुरुष	खा रहा है/खा रही है	खा रहे हो/खा रही हो
उत्तम पुरुष	खा रहा हूँ/खा रही हूँ	खा रहे हैं /खा रही हैं

3. पूर्ण वर्तमान काल—इस काल के रूप आ/या प्रत्ययांत रूपों के साथ 'होना' क्रिया के तिङन्त रूपों—है, हैं, हो हूँ—के संयोग से बनते हैं। जैसे—

व्यंजनान्त 'पढ़ना' क्रिया

अन्य पुरुष	पढ़ा है/पढ़ी है	पढ़े हैं /पढ़ी हैं
मध्यम पुरुष	पढ़ा है/पढ़ी है	पढ़े हो/पढ़ी हो
उत्तम पुरुष	पढ़ा हूँ/पढ़ी हूँ	पढ़े हैं /पढ़ी हैं

स्वरान्त 'खाना' क्रिया

अन्य पुरुष	खाया है/खायी है	खाये हैं/खायी हैं
मध्यम पुरुष	खाया है/खायी है	खाये हो/खायी हो
अन्य पुरुष	खाया हूँ/खायी हूँ	खाये हैं /खायी हैं

कुछ वैयाकरण इस काल को 'आसन्न भूत' की संज्ञा देते हैं। किंतु व्याकरणिक दृष्टि से यह वर्तमान काल का ही भेद है, क्योंकि इसकी रचना में वर्तमान कालिक क्रियाओं—है, हैं, हो, हूं—का संयोग हुआ है।

आ (या) प्रत्ययांत रूपों का विकास 'त' प्रत्ययांत कृदंतों से हुआ है। अतः ये रूप पुरुष, वचन और लिंग की दृष्टि से सकर्मक क्रिया में कर्म के अनुसार तथा अकर्मक क्रिया में कर्ता के अनुसार परिवर्तित होते हैं, जैसे—

1. उमने व्याकरण पढ़ा है।
2. उसने रामायण पढ़ी है।
3. उसने वेद पढ़े हैं।
4. उसने संहिताएँ पढ़ी हैं।

'पढ़ना' सकर्मक क्रिया है। अतः रूप कर्म के अनुसार बदले हैं। अब अकर्मक क्रिया 'जाना' की रचना देखिए—

1. मोहन गाँव गया है।
2. सीता गाँव गयी है।
3. लड़के स्कूल गये हैं।
4. लड़कियाँ स्कूल गयी हैं।
5. मैं वहाँ गया हूँ।
6. गैं वहाँ गयी हूँ।

(वाच्य के विवेचन में इस पर कुछ और चर्चा करेंगे।)

पूर्ण वर्तमान काल में जाना, लेना, देना आदि संयुक्त क्रियाओं के 'आ' प्रत्ययांत रूपों का प्रयोग भी होता है, जैसे—

1. राम चला गया है।
2. उसने सब फाइलें देख ली हैं।
3. कुली ने सामान चढ़ा दिया है।

'चुकना' क्रिया 'कर्ता' के अनुसार बदलती है, जैसे—

1. मामा जी स्नान कर चुके हैं।
2. मैं यह उपन्यास पढ़ चुका हूँ।

सामान्य भूतकाल

सामान्य भूतकाल में आ प्रत्ययांत रूपों का प्रयोग होता है। विशुद्ध कृदंत रूप होने के कारण इन पर पुरुष का कोई असर नहीं पड़ता। केवल लिंग और

वचन के आधार पर इनके चार-चार रूप होते हैं। रूप देखिए—

व्यंजनांत 'पढ़ना' क्रिया

	एकवचन	बहुवचन
अन्य पुरुष	पढ़ा/पढ़ी	पढ़े/पढ़ीं
मध्यम पुरुष	पढ़ा/पढ़ी	पढ़े/पढ़ीं
उत्तम पुरुष	पढ़ा/पढ़ी	पढ़े/पढ़ीं

—सामान्य भूतकाल के सकर्मक क्रियाओं के रूप कर्म के अनुसार तथा अकर्मक क्रियाओं के रूप कर्ता के अनुसार बदलते हैं।

सकर्मक क्रिया—

मैंने खाना खाया।
मैंने मिठाई खायी।
मैंने फल खाये।
मैंने रोटियाँ खायीं।

अकर्मक क्रिया—

रमेश भागा।
शांति भागी।
लड़के भागे।
लड़कियाँ भागीं।

परोक्ष भूत

परोक्ष भूत की रचना 'ता' प्रत्ययांत रूपों में भूतकाल की सहायक क्रियाएँ था, थे, थी, थीं जोड़कर होती है, जैसे—रहता था, रहते थे, रहती थी, रहती थीं। परोक्ष भूत के रूप भी 'पुरुष' से अप्रभावित रहते हैं, जैसे—

एक गाँव में एक ब्राह्मण रहता था।
मैं उन दिनों बम्बई में रहता था।
तू गतवर्ष छात्रावास में रहता था।

—लिंग और वचन के अनुसार रूप-परिवर्तन द्रष्टव्य है—

1. तुम शाम को आँगन में खेलते थे। (पुल्लिग बहुवचन)
2. माँ रसोई घर में काम करती थी। (स्त्रीलिंग एकवचन)
3. पोस्टमैन देर से आता था। (पुल्लिग एकवचन)
4. लड़कियाँ प्रतिदिन स्कूल जाती थीं। (स्त्रीलिंग बहुवचन)

कृपया ध्यान दें—स्त्रीलिंग में बहुवचन का वाचक अनुनासिकत्व केवल अंतिम स्वर पर होता है, अतः 'जाती थीं', में 'ती' अनुनासिक नहीं होता।

परोक्ष भूत में क्रिया सर्वत्र कर्ता के लिंग और वचन के अनुसार बदलती है।

अपूर्ण भूत—अपूर्ण भूतकाल की रचना भी अपूर्ण वर्तमान की तरह 'रहा', 'रहे', 'रही' संयुक्त क्रियाओं के संयोग से होती है। बाद में लिंग, वचन के अनुसार भूतकाल की सहायक क्रियाएं—था, थे, थी, थीं जोड़ी जाती हैं, जैसे—

'पढ़ना' क्रिया

	एकवचन	बहुवचन
पुल्लिग	पढ़ रहा था	पढ़ रहे थे
स्त्रीलिंग	पढ़ रही थी	पढ़ रही थीं

इस काल की रचना पर पुरुष का प्रभाव नहीं पड़ता।

पूर्ण भूत—इस काल की रूप रचना भी पूर्ण वर्तमान काल की तरह आ (या) प्रत्ययांत रूपों के साथ भूतकालिक सहायक क्रियाओं—था, थे, थी, थीं के संयोग से होती है। जैसे—पढ़ा था, पढ़े थे, पढ़ी थी, पढ़ी थीं। जाना, लेना, देना आदि संयुक्त क्रियाओं के आ (या) प्रत्ययांत रूपों का प्रयोग भूतकाल में भी व्यापक रूप से देखा जाता है, जैसे—

1. वह पहले ही लौट गया था।
2. किसानों ने फसल काट ली थी।
3. मैंने बिल का भुगतान कर दिया था।

'चुकना' क्रिया का प्रयोग कर्ता के अनुसार होता है, जैसे—

1. लड़के भोजन कर चुके थे।
2. वे सामान बाँध चुकी थीं। (स्त्रीलिंग बहुवचन)

सामान्य भविष्यत् काल—सामान्य भविष्यत् काल की रूप रचना विध्यर्थ (तिङन्त) रूपों में गा, गे, गी के संयोग से होती है। तिङन्त और कृदंत रूपों का संयोग होने के कारण इस काल के रूप लिंग, वचन और पुरुष—तीनों के अनुसार बदलते हैं। दो प्रतिनिधि क्रियाओं के रूप द्रष्टव्य हैं—

'पढ़ना' क्रिया

	एकवचन	बहुवचन
अन्य पुरुष	पढ़ेगा/पढ़ेगी	पढ़ेंगे पढ़ेंगी
मध्यम पुरुष	पढ़ेग/पढ़ेगी	पढ़ोगे/पढ़ोगी
उत्तम पुरुष	पढूंगा/पढूंगी	पढ़ेंगे/पढ़ेंगी

'खाना' क्रिया

अन्य पुरुष	खायेगा/खायेगी	खायेंगे/खायेंगी
मध्यम पुरुष	खायेगा/खायेगी	खाओगे/खाओगी
उत्तम पुरुष	खाऊँगा/खाऊँगी	खायेंगे/खायेंगी

—लेना, देना, होना आदि क्रियाओं में 'ये' विकरण का प्रयोग नहीं होता। जैसे—

लेना—लेगा, लेगी ; लेंगे, लेंगी ; लोगे, लोगी ; लूंगा, लूंगी।

देना—देगा, देगी ; देंगे, देंगी ; दोगे, दोगी ; दूंगा, दूंगी।

होना—होगा, होगी ; होंगे, होंगी ; होगे, होगी ; हूँगा, हूँगी।

कुछ वैयाकरणों ने भविष्यत् काल के संभाव्य भविष्यत, हेतुहेतुमद्भविष्यत् आदि उपभेद भी माने हैं, किंतु ये काल के नहीं 'क्रियार्थ' (मूड) के भेद हैं। इनकी चर्चा यथास्थान की जाएगी। अपूर्ण भविष्यत् या पूर्ण भविष्यत् जैसे भेद अनावश्यक और अव्यावहारिक हैं।

क्रियार्थ (Mood)

क्रिया के जिस रूप से आज्ञा, प्रश्न, विधि, निषेध, आग्रह, संभावना, शर्त आदि अर्थों की अभिव्यक्ति होती है, उसे 'क्रियार्थ' कहते हैं। पण्डित कामता प्रसाद गुरु ने इसे 'अर्थ' कहा है एवं दीमशित्स ने 'प्रकार'।

प्रमुख क्रियार्थ निम्नलिखित हैं—

1. विधानार्थ
2. आज्ञार्थ
3. संभावनार्थ
4. संदेहार्थ
5. संकेतार्थ

1. **विधानार्थ**—क्रिया के जिस रूप से कोई सामान्य कथन किया जाता है, उसे 'विधानार्थ' कहते हैं, जैसे—

1. मैं पुस्तक पढ़ता हूँ।
2. राहुल बम्बई गया।
3. तुम बुद्धिमान् लड़के हो।
4. घोड़ा तेज दौड़ता है।

ऊपर 'काल' के विभाजन में जो उदाहरण दिए गए हैं, वे सब 'विधानार्थ' के ही हैं।

2. **आज्ञार्थ**—क्रिया के जिस रूप से आज्ञा, उपदेश, सलाह आदि अर्थों की अभिव्यक्ति होती है, उसे आज्ञार्थ कहते हैं।

हिंदी में आज्ञार्थ का प्रयोग केवल मध्यम पुरुष में होता है, जैसे—

यहाँ आ।	यहाँ आओ।
वहाँ जा।	वहाँ जाओ।
पुस्तक पढ।	पुस्तक पढ़ो।

घर चल।	घर चलो।
चित्र देख।	चित्र देखो।
निबन्ध लिख।	निबन्ध लिखो।

—बहुवचन रूपों (आओ, जाओ आदि) का प्रयोग एकवचन में भी होता है।

आदरार्थक आज्ञार्थ—आदरणीय व्यक्तियों के लिए आज्ञार्थ में 'इए' प्रत्ययांत क्रिया का प्रयोग होता है, जैसे—आइए, जाइए, पढ़िए, चलिए, देखिए, लिखिए आदि।

—इए प्रत्यय लगने पर कुछ क्रियाओं में 'ज' का आगम हो जाता है, जैसे—

लेना—लीजिए	करना—कीजिए
देना—दीजिए	पीना—पीजिए

आज्ञार्थ का एक रूप निर्देशात्मक आज्ञार्थ भी है। जिस क्रिया-रूप से कालांतर में कुछ करने का निर्देश दिया जाता है, उसे 'निर्देशात्मक आज्ञार्थ' कहते हैं। इस 'अर्थ' में 'ना' प्रत्ययांत क्रिया का प्रयोग किया जाता है, जैसे—

1. यह पत्र अपने पिताजी को दे देना।
2. नित्य प्रातः उठकर सास-ससुर को प्रणाम करना।
3. सूरज डूबने से पहले ही लौट आना।

आदरणीय व्यक्तियों के लिए इस 'अर्थ' में 'इए' प्रत्ययांत क्रिया के साथ 'गा' प्रत्यय वाले रूपों का प्रयोग होता है, जैसे—

1. कल भोजन के लिए अवश्य पधारिएगा।
2. पहुँचते ही पत्र अवश्य लिखिएगा।

आग्रहार्थ की अभिव्यक्ति के लिए आज्ञार्थ क्रिया के बाद 'न' निपात का प्रयोग होता है, जैसे—

1. अन्दर चलो न !
2. कुछ खाइए न !
3. थोड़ा लीजिए न !

अन्य पुरुष और उत्तम पुरुष में 'आज्ञार्थ' में विध्यर्थ रूपों (विधिलिङ्) का प्रयोग होता है, जैसे—

1. उसे कहो, यहाँ से चला जाये।
2. यात्रियों से निवेदन है कि वे अपना-अपना सामान सँभाल लें।
3. आप अपना स्थान ग्रहण करें।
4. क्या मैं खाली हाथ लौट जाऊँ ?

—उल्लेखनीय है कि 'आप' अन्य पुरुष में प्रयुक्त होता है।

किसी प्रस्ताव, सुझाव या संकल्प की अभिव्यक्ति के लिए भी विधिलिङ् से

विकसित विध्यर्थ रूपों का ही प्रयोग होता है, जैसे—

1. आओ, कठोर परिश्रम करने का व्रत लें।
2. आओ, मिलकर खेलें।
3. चलो, बगीचे तक घूम आयें।

आज्ञार्थ की रूप-रचना

'पढ़ना' क्रिया

	एकवचन	बहुवचन
अन्य पुरुष	पढ़े	पढ़ें
मध्यम पुरुष	पढ़	पढ़ो
उत्तम पुरुष	पढ़ूं	पढ़ें

आज्ञार्थ की रचना संस्कृत के लोट् लकार तथा विधिलिङ् के समन्वित रूपों पर आधारित है। केवल मध्यम पुरुष के एकवचन में आज्ञार्थ में पढ़, चल, देख आदि रूप होते हैं और विध्यर्थ में पढ़े, चले, देखे आदि। इस विध्यर्थ का प्रयोग कामना आदि के लिए किया जाता है, जैसे—'तू सौ वसन्त देखे।'

सम्भवनार्थ—क्रिया के जिस रूप से संभावना, आशंका, आशा, इच्छा, अनुमान आदि अर्थों की अभिव्यक्ति होती है, उसे 'सम्भावनार्थं' कहते हैं। संभावनार्थ में विध्यर्थ (विधिलिङ्) रूपों का प्रयोग होता है। ऊपर आज्ञार्थ के जो रूप दिए गए हैं, वे ही इस अर्थ में प्रयुक्त होते हैं, केवल मध्यम पुरुष के एकवचन में चले, पढ़े आदि रूपों का प्रयोग होता है। इसके अतिरिक्त 'होगा' वाले रूप भी देखे जाते हैं, जैसे—

क—1. शायद हम शाम तक लौट आयें। (संभावना)
2. कहीं आँधी न आ जाये। (आशंका)
3. हमारा गणतन्त्र अमर रहे। (इच्छा)

ख—1. वह आता ही होगा।
2. गाड़ी स्टेशन पर खड़ी होगी।

संभावनार्थं में 'होना' क्रिया के विध्यर्थ रूपों का प्रयोग व्यापक रूप से देखा जाता है। अतः ये रूप देना यहाँ प्रासंगिक होगा।

	एकवचन	बहुवचन
अन्य पुरुष	हो/होवे	हों/होवें
मध्यम पुरुष	हो/होवे	हो/होवो
उत्तम पुरुष	हूं /होऊं	हो/होवें

उदाहरण—

1. उसका प्रयास सफल हो।

2. सब देशवासी कर्तव्य-परायण हों।
3. तुम अपने अभियान में सफल हो।
4. तू दीर्घायु हो।
5. आशीर्वाद दीजिए कि मैं विजयी होऊँ।
6. हम संगठित हों।

होवे/होवें आदि वैकल्पिक रूप पुरानी भाषा में पाए जाते हैं। अब इनका प्रयोग सीमित हो चला है।

संभावनार्थ का प्रयोग विभिन्न कालों में किया जाता है, जैसे—

(क) वर्तमान काल में—

1. वह आता होगा।
2. वे काम करते होंगे।
3. लड़कियाँ खाना बनाती होंगी।

इसके रहा वाले (सातत्यबोधक) रूप भी देखे जाते हैं, जैसे—

1. वह कहीं ताश खेल रहा होगा।
2. वे संगीत सुन रहे होंगे।
3. श्रीमती जी यात्रा की तैयारी कर रही होंगी।

उल्लेखनीय है कि ये भविष्यत् काल के रूप नहीं हैं।

(ख) भूतकाल में—

1. वे गत रविवार को पहुँच गए होंगे।
2. पिताजी ने पहले ही मनीआर्डर भेज दिया होगा।

इस रचना में आ (या) प्रत्ययांत रूपों के बाद 'होना' क्रिया के विध्यर्थ रूप प्रयुक्त होते हैं।

4. **संदेहार्थ**—क्रिया के जिस रूप ने संदेह की अभिव्यक्ति हो, उसे 'सन्देहार्थ' कहते हैं। इस 'अर्थ' में भी विध्यर्थ रूपों का प्रयोग होता है, जैसे—

1. कहीं बच्चा मेले में न खो जाये।
2. बिल्ली दूध न गिरा दे।
3. वे अंधेरे में भटक न जायें।

—इस अर्थ में अधिकतर 'न' वाले निषेधार्थक वाक्यों का प्रयोग होता है।

5. **संकेतार्थ**—'संकेत' संस्कृत शब्द है, जिसका अर्थ है, शर्त। जिस क्रिया रूप से शर्त की अभिव्यक्ति हो, उसे संकेतार्थ कहते हैं। इस 'अर्थ' की अभिव्यक्ति के लिए 'यदि' निपात का प्रयोग किया जाता है। इसका प्रयोग वर्तमान काल, सामान्य भूतकाल, पूर्ण भूतकाल तथा भविष्यत् काल में किया जाता है।

(क) **वर्तमान काल**—में दोनों उपवाक्यों में विध्यर्थ रूपों का प्रयोग होता है, जैसे—

1. यदि गाड़ी मिल जाये, तो पिकनिक पर चलें।

2. यदि आप बुरा न मानें, तो एक बात कहूँ।

कभी-कभी वर्तमान काल में 'ता' प्रत्ययांत रूपों का भी प्रयोग देखा जाता है, जैसे—

1. यदि वह अपराधी को पहचानता है, तो उसका नाम क्यों नहीं लेता ?

2. यदि तुम इतने बहादुर हो, तो वहाँ जाने से क्यों डरते हो ?

(ख) सामान्य भूतकाल में दोनों उपवाक्य में 'ता' प्रत्ययांत रूपों का प्रयोग होता है, बाद में भूतकाल की सहायक क्रियाएँ था, थे, थी, थीं नहीं लगतीं। उदाहरण देखिए—

1. यदि माँ जीवित होती, तो तुम्हारा सम्मान देखकर कितनी खुश होती।

2. यदि तुम मेले में होते तो विशाल जन-समूह को देखकर दंग रह जाते।

(ग) पूर्ण भूत में—संकेतार्थक उपवाक्य में भूतकालिक आ (या) प्रत्ययांत रूपों के साथ होता, होते, होती का प्रयोग होता है, तथा मुख्य उपवाक्य में ता प्रत्ययांत रूपों का, जैसे—

1. यदि दस दिन पहले वर्षा हो गई होती, तो फसल नष्ट होने से बच जाती।

2. यदि उसने प्रतियोगिता में भाग लिया होता, तो यह पुरस्कार उसे ही मिलता।

(घ) भविष्यत् काल में—'यदि' वाले उपवाक्य में भूतकालिक आ (या) प्रत्ययांत रूपों का प्रयोग होता है, और मुख्य उपवाक्य में सामान्य भविष्यत् का, जैसे—

1. यदि मैं वहाँ गया तो तुम्हारा सन्देश जरूर दे दूंगा।

2. यदि आपने उसकी सहायता की, तो उसका घर उजड़ने से बच जायेगा।

कभी-कभी दोनों ही उपवाक्यों में सामान्य भविष्यत् का प्रयोग होता है, जैसे—यदि तुम चाहोगे, तो वह जरूर आयेगा।

हिंदी में रूप रचना की दृष्टि से तीन ही 'क्रियार्थ' हैं, आज्ञार्थ, विध्यर्थ और हेतुहेतुमद्भूत (संकेतार्थ)। संदेहार्थ और संभावनार्थ की रचना विध्यर्थ पर ही आधारित होती है।

अर्थ की दृष्टि से प्रश्नार्थ और निषेधार्थ क्रिया की रचना पर विचार करना भी प्रासंगिक होगा।

प्रश्नार्थ—प्रश्नार्थ वाक्य की रचना करने के लिए वाक्य के प्रारंभ में या मुख्य क्रिया के पहले प्रश्न वाचक शब्दों का प्रयोग किया जाता है, जैसे—

1. क्या आप मेरी सहायता करेंगे ?
2. क्या शास्त्री जी इसी मकान में रहते हैं ?
3. क्या आपको ऊपर से निर्देश मिले हैं ?

ये सब प्रश्न ऐसे हैं, जिनका उत्तर 'हाँ' या 'नहीं' में दिया जा सकता है। जब उत्तर स्पष्टीकरण के साथ अपेक्षित होता है, तो क्रिया के ठीक पूर्व क्या, क्यों, कब, कहाँ, कैसे, किस प्रकार, कौन, किसने, किसको, किसका आदि सार्वनामिक अव्ययों और सर्वनामों का प्रयोग होता है, जैसे—

1. इस थैले में **क्या** है ?
2. तुम वहाँ **क्यों** गए थे ?
3. वे शहर से **कब** लौटेंगे ?
4. आप **कहाँ** ठहरे हैं ?
5. मैं आपको सारी घटनाएँ **कैसे** बताऊँ ?
6. इस नाले को **किस प्रकार** पार किया जाए ?
7. ऐसे धूर्त आदमी की **कौन** मदद करेगा ?
8. आपको **किसने** बुलाया है ?
9. यह पत्र **किसको** दूँ ?

कभी-कभी काकु (विशिष्ट स्वर) की सहायता से भी प्रश्न किया जा सकता है, जैसे—

1. आप आराम करेंगे और मैं खाना बनाऊँगा ?
2. मुखिया जी गए ?

आग्रहपूर्वक निवेदन करने के लिए, सूचक प्रश्न में 'न' जोड़ा जाता है। जैसे—

1. आप मुझे साथ ले चलेंगे न ?
2. आप मेरी सहायता करेंगे न ?

—उल्लेखनीय है कि ये वाक्य निबंधार्थक नहीं हैं।

निषेधार्थ

निषेधार्थ वाक्य बनाने के लिए क्रिया से पहले 'नहीं' का प्रयोग होता है। जैसे—

1. वह यहाँ **नहीं** रहता।
2. गाड़ी अब तक **नहीं** आयी।
3. वे कल नहीं आएँगे।

निषेधार्थ वाक्यों की रचना करते समय कुछ बातें विशेष ध्यान देने योग्य हैं।

(क) सामान्य वर्तमान काल की निषेधार्थ रचना में सहायक क्रियाओं का प्रयोग नहीं होता, जैसे—

1. इस घर में कोई नहीं रहता।
2. मैं उसका नाम नहीं जानता।
3. बच्चे स्कूल नहीं जाते।

(ख) निषेधार्थ में 'लेना', 'देना', 'जाना', 'डालना', निकलना आदि संयुक्त क्रियाओं का प्रयोग नहीं होता, जैसे—

1. वह अब तक नहीं आया।
2. उसने भोजन नहीं किया।
3. माँ ने बच्चे को गोद में नहीं उठाया।

इन वाक्यों का स्वरूप 'नहीं आ गया है', 'नहीं कर लिया है', 'नहीं उठा लिया है' नहीं हो सकता। अहिन्दी भाषी लोगों में रचना की यह शिथिलता पाई जाती है।

(ग) आज्ञार्थ वाक्यों में निषेधार्थ की अभिव्यक्ति के लिए 'मत' का प्रयोग होता है। जैसे—

1. यहाँ मत बैठो।
2. वहाँ मत खेलो।

(घ) आदरार्थक 'इए' प्रत्यान्त क्रिया के साथ 'न' का प्रयोग होता है, जैसे—

1. वहाँ न जाइए।
2. ऐसा न कहिए।

अन्य कृदंत रूप—कालों और क्रियार्थों के अतिरिक्त कृदंत शब्दों के कुछ अन्य भेद भी विचार करने योग्य हैं।

1. **क्रियार्थक संज्ञा**—संस्कृत में क्रियार्थक संज्ञाएँ अन (ल्युट्) प्रत्यय के योग से बनती थी, जैसे—पठन, नमन, गमन आदि। हिन्दी में इसी प्रत्यय से पुं प्रत्ययान्त 'ना' का विकास हुआ है, जिससे पढ़ना, जाना, खाना, पीना अदि कृदंतीय रूप बने हैं। इन्हें 'क्रियार्थक संज्ञा' कहते हैं। इन संज्ञाओं का प्रयोग सभी कारकों में होता है, जैसे—

1. झूठ बोलना पाप है। (कर्ता)
2. मैं ये फाइलें स्वयं देखना चाहता हूँ। (कर्म)
3. यह अविवेक से काम करने का फल है। (सम्बन्ध)
4. यहाँ रहने में उसका स्वार्थ निहित है। (अधिकरण)

2. **हेत्वर्थक कृदन्त**—संस्कृत में इस अर्थ में तुम् (तुमुन्) प्रत्यय का प्रयोग होता था, जैसे—गंतुम्, कर्तुम् आदि। हिंदी में कोई पृथक् हेत्वर्थक प्रत्यय नहीं है। उपर्युक्त क्रियार्थक संज्ञा के साथ 'सम्प्रदान' के परसर्ग लगाकर हेत्वर्थक कृदन्त की रचना होती है। जैसे—

1. वह कुछ सामान खरीदने के लिए आया है।
2. बच्चों को कुछ खाने के लिए दो।
3. घर में पढ़ने के लिए अखबार तक नहीं।
4. हाथ-मुंह धोने के लिए थोड़ा पानी भिजवा दीजिए।

कभी-कभी इस अर्थ में परसर्ग रहित तिर्यक् क्रियार्थक संज्ञा का प्रयोग भी देखा जाता है, जैसे—

1. वे मेला देखने गए हैं।
2. वह कुछ सामान खरीदने बाजार गया है।
3. कोई सज्जन आपसे मिलने आए हैं।

3. **वर्तमान कालिक कृदन्त**—संस्कृत के अत् (शतृ) प्रत्यय से विकसित 'ता' प्रत्यय का विवेचन पहले हो चुका है। सामान्य वर्तमान, परोक्ष भूत और हेतुहेतुमद्भूत कालों की रचना 'ता' प्रत्ययान्त क्रिया से होती है। इस कृदन्त का प्रयोग विशेषण के तौर पर भी होता है। जैसे—

1. दूर तक तपता रेगिस्तान फैला है।
2. कलकल करते झरने अपना अनुपम संगीत सुनाते हैं।
3. आगे बढ़ते कदमों को कौन रोक सकता है।

ये 'ता' प्रत्ययान्त रूप लिंग, वचन और कारक के अनुसार बदलते हैं, जैसे—

1. मरता क्या न करता।	(पुल्लिंग एकवचन)
2. बच्चों के हँसते चेहरे सबको भाते हैं।	(पुल्लिंग बहुवचन)
3. वह खाते-पीते घर का है।	(तिर्यक् एकवचन)
4. उसने कांपती आवाज में कहा···	(स्त्रीलिंग एकवचन)

इस अर्थ में अधिक प्रचलित रूप 'ता हुआ' है। इस संयुक्त प्रत्यय की रचना ता प्रत्ययान्त कृदंत में होना क्रिया का भूतकालिक रूप 'हुआ' जोड़कर होती है। इसके भी लिंग, वचन और कारक के अनुसार तीन रूप होते हैं—ता हुआ, ते हुए, ती हुई। जैसे—

1. बेचारा हँसता हुआ आया और रोता हुआ लौट गया।
2. भजन गाती हुई स्त्रियाँ इसकी परिक्रमा करती हैं।
3. मैंने उसे आनंद से बाँसुरी बजाते हुए देखा है।

कभी-कभी 'ता' प्रत्ययान्त कृदंतों का द्विरुक्त प्रयोग भी देखा जाता है, जैसे—

1. बच्चा रोते-रोते सो गया है।
2. वह चलते-चलते बुरी तरह थक गया था।
3. वह सोते-सोते चिल्ला उठता है।

—ता प्रत्ययांत रूपों के साथ विभिन्न कृदंत रूप जोड़कर सातत्य, स्वभाव, पौन:पुन्य (वारम्वारता) आदि अनेक अर्थों की अभिव्यक्ति होती है।

1. **सातत्य**—इस अर्थ की अभिव्यक्ति के लिए ता-रहा संयुक्त क्रिया का प्रयोग होता है, जैसे—

1. वह कई सप्ताह तक यात्रा करता रहा।
2. कल दिन-भर वर्षा होती रही।

कभी-कभी यह प्रयोग विवशता और उपेक्षा भी सूचित करता है, जैसे—लोग मरते रहे और सरकार देखती रही।

2. **स्वभाव**—इस अर्थ की अभिव्यक्ति के लिए आ/या प्रत्ययांत क्रिया के बाद करता, करते, करती संयुक्त क्रियाओं का प्रयोग होता है, जैसे—

1. चिड़ियाँ गाया करती हैं।
2. सृष्टि में समय-समय पर अद्भुत परिवर्तन हुआ करते हैं।
3. साधु सबकी सहायता किया करते हैं।

3. **पौन:पुन्य**—जब कोई क्रिया स्वभाववश या अभ्यासवश बार-बार की जाती है, तो भी उपर्युक्त संयुक्त रचना का प्रयोग होता है। यह प्रयोग प्रमुख रूप से भूतकाल में देखा जाता है, जैसे—

1. वह प्रतिदिन तैरने जाया करता था।
2. दादी घर के बच्चों को कहानियाँ सुनाया करती थी।
3. स्वामी जी नदी तट पर एक कुटिया में रहा करते थे।
4. वे दार्शनिक विषयों पर चर्चा किया करते थे।

कभी-कभी इस अर्थ में भूतकाल के (बिना था, थे थी वाले) प्रयोग भी देखे जाते हैं। जैसे—

1. वे कभी उत्तेजित होकर चिल्लाया करते और कभी गुमसुम बैठे रहते।
2. पिताजी अक्सर बाहर से आते और अपनी छड़ी कोने में रखकर चौकी पर बैठ जाया करते।

4. **भूतकालिक कृदन्त**—संस्कृत के 'त' प्रत्यय से विकसित आ (या) प्रत्ययांत कृदंतों का प्रयोग सामान्य भूतकाल आदि की रूप रचना के अतिरिक्त विशेषण के रूप में भी होता है, जैसे—

1. दूध का **जला** छाछ को भी फूंककर पीता है ।

2. उसका **काटा** पानी नहीं माँगता ।

3. आप गणतंत्र दिवस के कार्यक्रमों का आँखों **देखा** हाल सुनेंगे ।

कई बार आ (या) प्रत्ययांत रूपों के साथ होना क्रिया के भूतकालिक रूपों हुआ, हुई का प्रयोग भी देखा जाता है, जैसे—

1. **मरे हुए** शेर की मूँछें तो कोई भी उखाड़ सकता है ।

2. यह सरकस मेरा **देखा हुआ** है ।

3. बेचारा जली हुई रोटी पानी के साथ निगल गया ।

4. एक जगह **पड़ा हुआ** पत्थर भारी हो जाता है ।

5. **पूर्वकालिक क्रिया**—किसी धातु में 'कर' प्रत्यय जोड़कर पूर्वकालिक क्रिया बनायी जाती है । यह प्रत्यय अविकारी (अव्यय) होता हैं । जैसे—

1. आप खाना खाकर ही जाएंगे ।

2. उनसे जाकर पूछ लीजिए ।

—करना क्रिया के साथ 'के' प्रत्यय का संयोग होता है, जैसे—भोजन करके, स्नान करके, दर्शन करके ।

—पूर्वकालिक क्रिया का द्विरुक्त प्रयोग भी देखा जाता है, जैसे—

1. माँ बच्चे की चेष्टाएँ देख-देखकर फूली नहीं समाती ।

2. हम उसकी बकवास सुन-सुनकर तंग आ गए थे ।

3. सब कह-कहकर हार गये ।

—कभी द्विरुक्त क्रिया का 'कर' प्रत्यय-विरहित प्रयोग भी देखा जाता है, जैसे—

1. पतियाँ लिख-लिख हारी ।

2. घड़ियाँ गिन-गिन बरसों बीते ।

पूर्वकालिक क्रिया और मुख्य क्रिया में अनिवार्य रूप से एक ही कर्ता होता है । जैसे—पिताजी भोजन करके चारपाई पर लेट गए ।

वाच्य

वाच्यों की कल्पना का आधार कर्ता, कर्म और क्रिया की प्रमुखता या गौणता है । वाच्य की परिभाषा करते हुए पण्डित कामता प्रसाद गुरु ने लिखा है—

"वाच्य क्रिया के उस रूपांतर को कहते हैं, जिससे जाना जाता है कि वाक्य में कर्ता के विषय में विधान किया गया है या कर्म के विषय में अथवा केवल भाव के विषय में । जैसे—स्त्री कपड़ा सीती है। (कर्ता) कपड़ा सिया जाता है । (कर्म)

यहाँ बैठा नहीं जाता। (भाव)"[1]

उक्त परिभाषा से स्पष्ट है कि गुरुजी वाच्य का संबंध केवल 'रूप' से नहीं मानते, अपितु उसके अर्थ से मानते हैं। उन्होंने इस मान्यता को स्पष्ट करते हुए कहा है कि संस्कृत व्याकरण के आधार पर केवल रूप के आधार पर हिंदी वाच्य का लक्षण करना कठिन है। यदि केवल रूप के आधार पर यह लक्षण किया जाएगा तो अर्थ के अनुसार वाच्य के कई संकीर्ण विभाग करने पड़ेंगे और यह विषय सहज होने के बदले कठिन हो जाएगा।

वस्तुत: गुरुजी की वाच्य विषयक मान्यताएँ काफी उलझी हुई हैं। एक ओर तो उन्होंने वाच्यों का विवेचन करते हुए 'लड़के ने पुस्तक पढ़ी' को कर्तृ वाच्य का उदाहरण माना है, तो दूसरी ओर 'प्रयोगों' के विवेचन में 'मैंने पुस्तक पढ़ी' को 'कर्मणि प्रयोग' का।[2] वास्तव में संस्कृत के 'कर्तरि प्रयोग', 'कर्मणि प्रयोग' और 'भावे प्रयोग' ही हिंदी में 'कर्तृवाच्य', 'कर्मवाच्य' और 'भाववाच्य' कहलाते हैं। इस संबंध में पंडित किशोरीदास वाजपेयी का मत बिल्कुल स्पष्ट है, 'जब कर्ता के अनुसार क्रिया रूप ग्रहण करती है, तो 'कर्तृवाच्य' कहलाती है और जब कर्म का अनुगमन करती है, तो 'कर्मवाच्य'। 'कर्तृवाच्य' को ही 'कर्तरि प्रयोग' कहते हैं और 'कर्मवाच्य' को 'कर्मणि प्रयोग'। कभी-कभी क्रिया न कर्ता के अनुसार चलती है न कर्म के…तब उसे 'भाववाच्य' कहते हैं"[3]

डॉ० भोलानाथ तिवारी का मत भी यही है। वे कहते हैं, " 'कर्मवाच्य' में क्रिया कर्म के अनुसार होती है और 'भाववाच्य' में न तो कर्ता के अनुसार, न कर्म के अनुसार। इसलिए 'राम ने पुस्तिका पढ़ी' 'राम ने पत्र पढ़ा' जैसे वाक्य कर्म-वाच्य के हैं।"[4]

दरअसल वाच्य-विवेचन हिंदी व्याकरण के सबसे उलझे हुए विषयों में से एक है। यह अस्पष्टता वर्तमानकाल और भविष्यत्काल के प्रयोगों के संबंध में नहीं है।

1. लड़का रामायण पढ़ता है।
2. लड़की रामायण पढ़ती है।
3. लड़के रामायण पढ़ते हैं।
4. लड़कियाँ रामायण पढ़ती हैं।

उपर्युक्त वाक्यों में क्रिया कर्ता के लिंग और वचन के अनुसार परिवर्तित

---

1. हिन्दी व्याकरण—पं० कामता प्रसाद गुरु, पृ० 323
2. वहीं, पृ० 339
3. हिंदी शब्दानुशासन—पं० किशोरीदास वाजपेयी, पृ० 409
4. हिंदी भाषा—डॉ० भोलानाथ तिवारी, पृ० 632

हुई है। प्रथम वाक्य में कर्ता पुल्लिंग एकवचन है, तदनुसार क्रिया भी पुल्लिंग एकवचन में। दूसरे वाक्य में कर्ता स्त्रीलिंग एकवचन में है, क्रिया भी स्त्रीलिंग एकवचन में। इसी तरह तीसरे और चौथे वाक्यों में क्रियाएँ कर्ता के वचन के अनुसार बहुवचन में प्रयुक्त हुई हैं।

इसी प्रकार—

1. मैं रामायण पढ़ता हूँ।
2. तुम रामायण पढ़ते हो।
3. वह रामायण पढ़ता है।

इन वाक्यों में भी क्रिया के रूप कर्ता के पुरुष के अनुसार बदल गए हैं। अतः ये सब कर्तृवाच्य के उदाहरण हैं।

दूसरी ओर—

1. हिंदुओं द्वारा रामायण भारत-भर में पढ़ी जाती है।
2. हिंदुओं द्वारा वेद भारत-भर में पढ़े जाते हैं।
3. आम विश्व-भर में पसन्द किया जाता है।
4. भारतीय मिठाइयाँ विश्व-भर में पसन्द की जाती हैं।

इन वाक्यों में क्रिया के रूप कर्म के लिंग-वचन का अनुसरण करते हैं।

इसी प्रकार—

1. वह साथियों द्वारा सताया जाता है।
2. मैं साथियों द्वारा सताया जाता हूँ।
3. तुम साथियों द्वारा सताए जाते हो।

यहाँ भी रूप कर्म के पुरुष के अनुसार बदले गए हैं। अतः ये कर्मवाच्य के उदाहरण हैं।

भविष्यत् काल की स्थिति भी बिल्कुल स्पष्ट है।

कर्तृवाच्य

1. माँ मिठाइयाँ बनाएगी।
2. मैं मिठाइयाँ बनाऊँगा।
3. तुम मिठाइयाँ बनाओगे।

कर्मवाच्य

1. आज मिठाइयाँ बनायी जायेंगी।
2. आज लड्डू बनाए जाएंगे।
3. आज हलवा बनाया जाएगा।

भाववाच्य के संबंध में भी वर्तमान काल और भविष्यत् काल में स्थिति बिल्कुल निर्विवाद है, जैसे—

1. मुझसे चला नहीं जाता।
2. तुमसे हँसा नहीं जाता।
3. उससे रोया नहीं जाता।
4. लड़कों से खेला नहीं जाता।
5. लड़कियों से दौड़ा नहीं जाता।

× × ×

1. मुझसे रोया नहीं जाएगा।
2. तुमसे चला नहीं जाएगा।
3. लड़कियों से पहाड़ पर नहीं चढ़ा जाएगा।
4. बच्चों से दौड़ा नहीं जाएगा।

वस्तुतः वाच्य-विषयक सारी भ्रांति भूतकाल के प्रयोगों को लेकर है। इस भ्रांति को जन्म देते हैं भूतकाल के तिङन्त और कृदंत रूप। संस्कृत में भूतकाल के दोनों प्रकार के रूप प्रचलित थे :

कर्तृवाच्य—1. सः पुस्तकम् अपठत्। (तिङन्त)
2. सः पुस्तकं पठितवान्। (कृदंत)

कर्मवाच्य—1. तेन पुस्तकम् अपठयत्। (तिङन्त)
2. तेन पुस्तकं पठितम्। (कृदंत)

एक अन्य उदाहरण द्रष्टव्य है :

कर्तृवाच्य—1. अहं गीताम् अपठम्। (तिङन्त)
2. अहं गीतां पठितवान्। (कृदंत)

कर्मवाच्य—1. मया गीता अपठयत्। (तिङन्त)
2. मया गीता पठिता। (कृदंत)

संस्कृत के तिङन्त रूपों का भूतकाल में कोई अस्तित्व नहीं बचा। हमारे भूतकाल के रूपों का विकास कृदंत रूपों से हुआ हैं। संस्कृत में भूतकाल के दो प्रत्यय थे, क्त (त) और क्तवतु (तवत्)। 'त' प्रत्यय कर्मवाच्य और भाववाच्य में होता था तथा 'तवत्' कर्तृवाच्य में। हिंदी के सामान्य भूतकाल के आ (या) प्रत्ययांत रूप, पढ़ा, लिखा, आया, खाया, पीया आदि 'त' प्रत्यय से विकसित हुए हैं। अतः इनका प्रयोग अकर्मक धातुओं से कर्तृवाक्य में तथा सकर्मक धातुओं से कर्मवाच्य में होता है। कर्ता की 'ने' विभक्ति इस मान्यता की पुष्टि करती है। यह बात ध्यान देने योग्य है कि 'ने' विभक्ति का प्रयोग न तो वर्तमान काल में होता है और न भविष्यत् काल में। भूतकाल में भी 'ने' विभक्ति केवल सकर्मक

क्रियाओं के कर्ता में प्रयुक्त होती है। इतना ही नहीं, परोक्ष भूत, अपूर्ण भूत आदि कालों में सकर्मक धातुओं के कर्ता में भी 'ने' विभक्ति नहीं लगती। अत: 'लड़के ने पुस्तक पढ़ी' जैसी रचनाओं को कर्मवाच्य मानना चाहिए।

दूसरी ओर कर्मवाच्य और भाववाच्य के तिङन्त प्रयोगों का विकास भी ध्यान देने योग्य है। संस्कृत में पठ्यते, गम्यते आदि क्रियापद 'य' विकरण लगाकर बनाए जाते थे। ये रूप केवल आत्मने पद में होते थे। उत्तरवर्ती भाषाओं में सरलीकरण की प्रवृत्ति के कारण परस्मैपदी रूपों का विकास हुआ और हिंदी में 'पढ़ा जाता है', 'खाया जाता है' जैसी क्रियाएँ अस्तित्व में आईं। हिंदी में तिङन्त कर्मवाच्य के सभी रूप आ (या) प्रत्ययांत रूपों में जाना क्रिया के रूप जोड़कर बनाए जाते हैं। जैसे—

1. आम खाया जाता है।
2. आम खाया जायेगा।
3. आम खाया गया।
4. वेद पढ़े जाते हैं।
5. वेद पढ़े जायेंगे।
6. वेद पढ़ गये।
7. कहानी कही जाती है।
8. कहानी कही जाएगी।
9. कहानी कही गयी। आदि

अत: वाच्य का निर्णय करते समय 'उसने पुस्तक पढ़ी' और 'उसके द्वारा पुस्तक पढ़ी गई' दोनों ही वाक्यों को कर्मवाच्य की रचना मानना चाहिए। पहली कृदंत रचना है दूसरी तिङन्त।

उपर्युक्त विवेचन केवल सकर्मक क्रियाओं के सबंध में हुआ है। अकर्मक क्रियाओं के आ (या) प्रत्ययांत कर्तृवाच्य में ही प्रयुक्त होते हैं। जैसे—

1. लड़का सो गया।
2. लड़की सो गयी।
3. लड़के सो गये।
4. लड़कियाँ सो गयीं।

इन वाक्यों में क्रिया कर्ता के लिंग-वचन के अनुसार परिवर्तित हुई है। अत: इन्हें कर्तृवाच्य की रचनाएँ मानने में किसी को आपत्ति नहीं हो सकती। अत: हम वाच्य परिवर्तन का आधार क्रिया के रूपों को मानते हुए वाच्य की परिभाषा इन शब्दों में कर सकते हैं—

'वाच्य' क्रिया के उस रूपांतर को कहते हैं, जो वाक्य में प्रयुक्त कर्ता, कर्म

(और क्रिया) के लिंग, वचन और पुरुष पर आधारित होता है। वाच्य के तीन भेद हैं—

1. कर्तृवाच्य
2. कर्मवाच्य
3. भाववाच्य

1. कर्तृवाच्य—जिस रचना में वाक्य की क्रिया कर्ता के लिंग, वचन और पुरुष के अनुसार रूपांतरित होती है, उसे 'कर्तृवाच्य' कहते हैं। कर्तृवाच्य का प्रयोग अकर्मक और सकर्मक दोनों प्रकार की क्रियाओं में होता है। जैसे—

वर्तमान काल—

1. राम पुस्तक पढ़ता है। (सामान्य वर्तमान)
2. किसान खेत जोत रहा है। (अपूर्ण वर्तमान)
3. वह भोजन कर चुका है। (पूर्ण वर्तमान)

भूतकाल—

1. बच्चा सो गया। (सामान्य भूत)
2. कंस प्रजा को सताता था। (परोक्ष भूत)
3. अधिकारी फाइल देख रहा था। (अपूर्ण भूत)
4. मेहमान भोजन कर चुके थे। (पूर्ण भूत)

भविष्यत् काल—

1. लड़के कबड्डी खेलेंगे। (सामान्य भविष्यत्)

रूप रचना

पहले काल विवेचन के प्रसंग में जो विवेचन हुआ है, वह अधिकतर कर्तृ-वाच्य के संदर्भ में ही है। अतः यहाँ पिष्ट-पेषण की आवश्यकता नहीं।

कर्मवाच्य

जिस रचना में क्रिया वाक्य में प्रयुक्त 'कर्म' के लिंग, वचन और पुरुष का अनुसरण करती है, उसे कर्मवाच्य कहते हैं। कर्मवाच्य का प्रयोग केवल सकर्मक क्रिया के साथ होता। जैसे—

वर्तमान काल—

1. इस विद्यालय में संस्कृत पढ़ाई जाती है। (सामान्य वर्तमान)
2. पुस्तकें शीघ्र ही भेजी जा रही हैं। (अपूर्ण वर्तमान)
3. सामान गाड़ी पर चढ़ा दिया गया है। (पूर्ण बर्तमान)

इन वाक्यों में कर्ता अध्याहृत (लुप्त) है। अनेक वाक्यों में, कर्मवाच्य में, कर्ता का उल्लेख अनावश्यक होता है। अतः उसका वाक्य में प्रयोग नहीं होता।

भूत काल—

(क) तिङन्त प्रयोग

1. जल्दी ही पुलिस बुलाई गई। (सामान्य भूत)

2. राजकुमार अध्ययन के लिए गुरु के आश्रम में भेजे जाते थे। (परोक्ष भूत)

3. टिकट बेचे जा रहे थे। (अपूर्ण भूत)

4. खाना परोसा जा चुका था। (पूर्ण भूत)

(ख) कृदन्त प्रयोग

1. हमने मेला देखा। (सामान्य भूत)

2. हमने प्रदर्शनी देखी। (सामान्य भूत)

कृदंतीय कर्मवाच्य का प्रयोग पूर्ण वर्तमान और पूर्ण भूतकाल में भी होता है। जैसे—

1. बच्चों ने मिठाई खा ली है। (पूर्ण वर्तमान)

2. बच्चों ने दूध पी लिया है। (पूर्ण वर्तमान)

3. माँ ने खाना बना लिया था। (पूर्ण भूत)

4. माँ ने मिठाइयाँ बना ली थीं। (पूर्ण भूत)

रूप-रचना—तिङंतों से विकसित कर्मवाच्य के रूप भी अब तिङंत नहीं रहे हैं। अब ये रूप कृदंत और तिङंत रूपों के संयोग से बनते हैं। कर्मवाच्य में सामान्यतया क्रिया के आ-या प्रत्ययांत रूपों के साथ 'जाना' क्रिया के रूप जोड़े जाते हैं। आ-या प्रत्ययांत रूप कृदंतों से विकसित हुए हैं, अतः इन पर कर्म के लिंग और वचन का प्रभाव भी पड़ता है। जैसे—

1. गाना गाया जाता है।

2. कविता गायी जाती है।

3. गाने गाये जाते हैं।

4. कविताएँ गायी जाती हैं।

तिङंतीय रूप रचना में 'होना' क्रिया के संयोग के कारण पुरुषगत परिवर्तन भी होते हैं।

1. मैं झूठी तसल्लियों से बहलाया जाता हूँ।

2. तुम तरह-तरह से फुसलाए जाते हो।

3. वही किस्सा बार-बार सुनाया जाता है।

इसी प्रकार भूतकाल और भविष्यत् काल में भी 'जाना' क्रिया के रूपों का संयोग होता है।

1. कुछ पुस्तकें मँगायी गयीं।

2. पत्रवाहक द्वारा संदेश भेजा जाता था।

3. लोग फुटपाथों से हटाए जा रहे थे।

4. अध्यापिका मीटिंग में बुलाई गई थी।

भविष्यत् काल की रूप रचना में लिंग और वचन के अतिरिक्त पुरुष का भी प्रभाव पड़ता हैं, जैसे—

1. विद्यालय में स्थापना दिवस मनाया जाएगा।
2. किसानों को नए उपकरण दिए जाएँगे।
3. आपकी बात अवश्य मानी जाएगी।
4. विदेशी फिल्में दिखाई जाएँगी।
5. मैं सताया जाऊँगा।
6. तुम ठगे जाओगे।

भाववाच्य—जिस वाक्य-प्रयोग में क्रिया कर्ता और कर्म दोनों से अप्रभावित रहती है, उसे भाववाच्य कहते हैं। भाववाच्य में क्रिया की प्रमुखता रहती है। क्रिया की रूप-रचना पूर्णतया कर्मवाच्य के समान होती है और वह सदैव पुल्लिग एकवचन में रहती है। संस्कृत में भाववाच्य का प्रयोग केवल अकर्मक क्रियाओं में ही होता था किंतु हिंदी में सकर्मक क्रिया में भी भाववाच्य का प्रयोग देखा जाता है। जैसे—

अकर्मक क्रिया—

1. ऐसे अवसर पर धीरे-धीरे चला जाता है।
2. मुझसे इस तरह गिड़गिड़ाया नहीं जाता।
3. बच्चे से उनके साथ दौड़ा न गया।
4. उससे ठीक समय पर आया न गया।
5. हमसे ऐसे दमघोंटू वातावरण में न रहा जाएगा।
6. तुमसे वन की कँटीली-पथरीली राहों पर न चला जाएगा।

भाववाच्य में अकर्मक क्रिया का प्रयोग सामान्यतया कर्ता की असमर्थता की अभिव्यक्ति करता है और निषेधार्थक होता है। किंतु सकर्मक क्रिया में यह अनिवार्य नहीं है।

सकर्मक क्रिया—

1. वैदिक ऋचाओं को स्वर के साथ पढ़ा जाता है।
2. कैदियों को न्यायालय में पेश किया गया।
3. मुझे प्रशिक्षण के लिए भेजा जायेगा।

इन वाक्यों में प्रयुक्त 'ऋचाओं को', 'कैदियों को' और 'मुझे' कर्मपद क्रमशः स्त्रीलिंग बहुवचन, पुल्लिग बहुवचन और उत्तम पुरुष एकवचन में हैं, किंतु क्रिया का रूप तीनों में अन्य पुरुष, पुल्लिग, एकवचन में है अतः यहाँ 'भाववाच्य' है।

कर्मवाच्य और भाववाच्य का एक अंतर ध्यान देने योग्य है। कर्मवाच्य में कर्म मूल रूप में, बिना परसर्ग के प्रयुक्त होता है और भाववाच्य में सदैव 'को' परसर्ग के साथ। उदाहरणार्थ—

1. उसने लड़की विदा की। (कर्मवाच्य)
2. उसने लड़की को बिदा किया। (भाववाच्य)
3. उसने सभी नौकर इकट्ठे किये। (कर्मवाच्य)
4. उसने सभी नौकरों को इकट्ठा किया। (भाववाच्य)

कर्मवाच्य और भाववाच्य में कालों के अतिरिक्त अन्य कृदंतीय रूपों का भी प्रयोग होता है।

1. वर्तमानकालिक कृदन्त—

कर्तृवाक्य	**कर्मवाच्य**	**भाववाच्य**
पढता हुआ	पढ़ा जाता हुआ	—
खाता हुआ	खाता जाता हुआ	—
सुनता हुआ	सुना जाता हुआ	—

2. भूतकालिक कृदंत

कर्तृवाच्य	**कर्मवाच्य**	**भाववाच्य**
—	पढा हुआ	सोया हुआ
—	खाया हुआ	बैठा हुआ
—	सुना हुआ	खड़ा हुआ

ये कृदंतीय रूप भी लिंग-वचन के अनुसार बदलते हैं, जैसे—

(क) वर्तमानकालिक कृदंत

1. कर्तृवाच्य—पढ़ता हुआ, पढ़ती हुई, पढ़ते हुए।
2. कर्मवाच्य—पढ़ा जाता हुआ, पढ़ी जाती हुई, पढ़े जाते हुए।

(ख) भूतकालिक कृदंत

1. कर्मवाच्य—पढ़ा हुआ, पढ़ी हुई, पढ़े हुए।
2. भाववाच्य—सोया हुआ, सोयी हुई, सोये हुए।

अव्यय विमर्श

रूप रचना की दृष्टि से हिंदी में दो प्रकार के शब्द हैं, एक विकारी, जिनमें व्याकरणिक कोटियों – लिंग, वचन, कारक आदि के अनुसार रूपपरिवर्तन होता है और दूसरे अव्यय, जो हर स्थिति में अपरिवर्तित रहते हैं। अव्यय की परिभाषा करते हुए 'वैयाकरण सिद्धांत कौमुदी' में कहा गया है, कि जो शब्द तीनों लिंगों, सब विभक्तियों और सब वचनों में अविकृत बने रहते हैं, उन्हें 'अव्यय' कहते हैं। कई व्याकरणकारों ने कृपया, जल्दी से, चुपके से, यहाँ पर, ऊपर को, परे, दूर तक आदि विभक्त्यंत और पर सर्गान्त शब्दों के अव्ययत्व पर प्रश्नचिह्न लगाया है। परंतु इस वर्ग के शब्दों के प्रयोगों का सूक्ष्मता से निरीक्षण करने पर यह सहज ही जाना जा सकता है कि ये शब्द एक निश्चित विभक्ति या परसर्ग के साथ, उसी रूप में अविकृत रहते हैं। अव्ययत्व का अर्थ निर्विभक्तिकता नहीं है, हर स्थिति में एक-रूपता है। अपने निर्दिष्ट अर्थ में अव्यय शब्द एक निश्चित, सविभक्तिक या निर्वि-भक्तिक रूप में, हर स्थिति में अपरिवर्तित रहते हैं।

अव्यय के भेद

हिंदी में अव्ययों के आठ प्रमुख भेद हैं।

1. क्रिया विशेषण अव्यय
2. प्रविशेषण अव्यय
3. कालवाचक अव्यय
4. स्थानवाचक अव्यय
5. दिशावाचक अव्यय
6. संबंधबोधक अव्यय
7. समुच्चयबोधक अव्यय, और
8. विस्मयादिबोधक अव्यय

1. क्रिया विशेषण अव्यय

जो शब्द क्रिया की विशेषता का बोध कराते हैं, उन्हें 'क्रिया विशेषण' कहते हैं, जैसे—

1. घोड़ा तेज दौड़ता है।
2. अचानक वर्षा प्रारंभ हो गयी।
3. आपका पत्र यथासमय मिल गया था।
4. वह जल्दी ही लौट आयेगा।

उपर्युक्त वाक्यों में तेज, अचानक, यथासमय और जल्दी क्रिया विशेषण अव्यय हैं।

क्रिया विशेषण के दो भेद हैं—1. रीतिवाचक और 2. परिमाणवाचक।

कई विद्वानों ने कालवाचक, स्थानवाचक और दिशावाचक अव्ययों की गणना भी क्रिया विशेषणों में की है किंतु यह मान्यता अंग्रेजी व्याकरण का अंधानुकरण है और नितांत भ्रामक है। वस्तुतः इन अव्ययों का क्रिया से 'विशेषक' संबंध सिद्ध नहीं होता।

1. वह यहाँ रहता है।
2. अब आप समाचार सुनेंगे।
3. रात में उधर भूलकर भी न जाना।

इन वाक्यों में यहाँ, अब और उधर शब्द क्रिया की किसी विशेषता का प्रत्यक्ष उल्लेख नहीं करते। अतः इन्हें क्रिया विशेषण नहीं कहा जा सकता। इसके विपरीत रीतिवाचक और परिमाणवाचक क्रिया विशेषण प्रत्यक्ष रूप से क्रिया के विशेषक होते हैं।

1. गाड़ी तेज दौड़ रही है।
2. बालक भयवश बोल नही पाया।
3. बूढ़ा प्रसन्नतापूर्वक अपना काम करता रहा।

इन वाक्यों में 'तेज', 'भयवश' और 'प्रसन्नतापूर्वक' सम्बद्ध क्रियाओं के उसी तरह विशेषक हैं, जैसे तेज घोड़ा, भयभीत बालक और प्रसन्न बूढ़ा-युग्मों में 'तेज', 'भयभीत' और 'प्रसन्न' शब्द सम्बद्ध संज्ञाओं के। किंतु यही बात कालवाचक, स्थानवाचक और दिशावाचक अव्ययों के विषय में नहीं कही जा सकती।

इस संबंध में पंडित किशोरीदास वाजपेयी का कथन ध्यान देने योग्य है—

"हिंदी के व्याकरणों में अब-तब, जहाँ-वहाँ, इधर-उधर आदि सभी अव्ययों को क्रिया विशेषण मानकर बड़े ही विस्तार से उदाहरणों का गोरख-धंधा फैलाया गया है। 'जब मैं भोजन करता हूँ, तब वह पढ़ने जाता है।' 'जब' से भोजन करने में और 'तब' से जाने में क्या विशेषता आ गयी?"[1]

---

1. हिंदी शब्दानुशासन—पंडित किशोरीदास वाजपेयी, पृ० 325-326

स्पष्ट है वाजपेयी जी कालवाचक, स्थानवाचक और दिशावाचक अव्ययों को क्रिया विशेषण नहीं मानते।

1. **रीतिवाचक क्रिया विशेषण**—जो शब्द क्रिया की 'रीति' का बोध कराते हैं, वे रीतिवाचक क्रिया विशेषण कहलाते हैं। कुछ प्रमुख रीतिवाचक क्रिया विशेषण हैं—

तेज, मन्द, अचानक, सहज, झटपट, सहसा, प्रत्यक्ष, अवश्य, निःसन्देह, वस्तुतः, दरअसल, सचमुच, शायद, संभवतः, कदाचित्, बहुधा, अक्सर, प्रायः, ऐसे, वैसे, जैसे, कैसे, ज्यों-त्यों, मानो, परस्पर, आपस में, साथ-साथ, यथाशक्ति, यथासंभव, यथासमय, यथास्थान, सादर, सकुशल, सविनय, सानुग्रह, भयवश, संकोचवश, संदेहवश आदि।

कुछ उदाहरण देखिए—

1. सब लड़के **झटपट** तैयार हो गए।
2. वे **अवश्य** तुम्हारी सहायता करेंगे।
3. तू **सचमुच** निर्दय है।
4. **शायद** वह इस बात को पसन्द न करे।
5. क्लर्क ने **जैसे-तैसे** काम पूरा किया।
6. बच्चे **आपस में** लड़ रहे हैं।
7. पर्वतारोही **सकुशल** लौट आये।
8. उसने **यथासंभव** मेरी सहायता की।

वस्तुतः रीतिवाचक क्रिया विशेषणों की गणना करना सहज संभव नहीं। प्राय संज्ञा, सर्वनाम, विशेषण, क्रिया आदि सभी शब्द भेद ज्यों के त्यों या किंचित् परिवर्तन के साथ क्रिया विशेषण के रूप में प्रयुक्त होते हैं, जैसे—

संज्ञा—1. सैनिक **बहादुरी से** लड़े।
2. उसने इस माँग को **निर्दयता पूर्वक** ठुकरा दिया।

सर्वनाम—1. सब कुछ **अपने-आप** ठीक हो गया।
2. उसने **आत्मीयता से** पुकारा।

विशेषण—1. हवा **मन्द-मन्द** चल रही थी।
2. **मधुर-मधुर** मेरे दीपक जल।

क्रिया—1. वह **झिझकते-झिझकते** अन्दर आया।
2. वह **दौड़कर** बस में चढ़ गया।

परिमाणवाचक क्रिया विशेषण—जो क्रिया विशेषण क्रिया की मात्रा, परिमाण, तीव्रता, बारम्बारता आदि का बोध कराते हैं, उन्हें 'परिमाणवाचक क्रिया विशेषण' कहते हैं, कुछ प्रमुख परिमाणवाचक क्रिया विशेषण अग्रलिखित हैं—

बिल्कुल, सर्वथा, पूर्णतया, लगभग, खूब, भरपूर, भरपेट, जरा, किंचित्, तनिक, केवल, बस, बार-बार, क्रमशः, इतना, उतना, जितना, कितना आदि।

कुछ उदाहरण देखिए—

1. बगीचा **बिल्कुल** सूख गया।
2. वे **सर्वथा** भटक गए थे।
3. **जितना** हो सकेगा, मैं करूँगा।
4. **जरा** सँभल कर चलो।
5. उसका हाथ **थोड़ा** काँपा और बर्तन छूट पड़ा।

2. प्रविशेषण अव्यय

जो शब्द विशेषण या क्रिया विशेषण की विशेषता बताते हैं, उन्हें प्रविशेषण कहते हैं। अनेक वैयाकरणों ने अंग्रेजी व्याकरण के अनुकरण पर प्रविशेषणों को भी क्रिया विशेषणों में परिगणित किया है। यह भी एक भ्रांत मान्यता है।

1. संदूक **बहुत** भारी है।
2. लड़का **बड़ा** चंचल है।
3. वह **निपट** अंधा है।
4. वह **निरी** मूर्ख है।
5. दूध **अधिक** गर्म है।

इन वाक्यों में बहुत, बड़ा, निपट, निरी और अधिक वस्तुतः प्रविशेषण हैं। ये शब्द भारी, चंचल, अंधा, मूर्ख और गर्म विशेषणों के विशेषक हैं। प्रविशेषण क्रिया विशेषण के भी विशेषक होते हैं, जैसे—

1. गाड़ी बहुत धीरे चल रही है।
2. वह जरा ऊँचा सुनता है।
3. सब बिल्कुल चुपचाप बैठे रहे।

कुछ शब्द क्रिया विशेषण भी होते हैं और प्रविशेषण भी। जहाँ वे क्रिया के विशेषक हों, वहाँ उन्हें क्रिया विशेषण और जहाँ विशेषण या क्रिया विशेषण के विशेषक हों वहाँ प्रविशेषण मानना चाहिए।

3. कालवाचक अव्यय—

जो शब्द क्रिया के काल का बोध कराते हैं, उन्हें कालवाचक अव्यय कहते हैं, जैसे—

1. वह **कल** आयेगा।
2. **अब** मैं इजाजत चाहता हूँ।
3. तुमने गाड़ी **कब** खरीदी ?

प्रमुख कालवाचक अव्यय हैं—अब, जब, कब, तब, आज, कल, परसों, सदा,

सदैव, हमेशा, कभी-कभी, कभी नहीं, रात-दिन, प्रतिपल, प्रतिक्षण, हर घड़ी, पहले, बाद में।

4. स्थानवाचक

क्रिया-व्यापार के स्थान का बोध कराने वाले शब्द 'स्थानवाचक अव्यय' कहलाते हैं, जैसे—

1. यहाँ बैठिए।
2. वह कहाँ रहता है ?
3. ईश्वर सर्वत्र विद्यमान है।

प्रमुख स्थानवाचक अव्यय हैं—यहाँ, वहाँ, जहाँ, कहाँ, सब जगह, सर्वत्र, आगे पीछे, बायें, दायें, ऊपर नीचे, सामने, बाहर, भीतर आदि।

5. दिशावाचक

क्रिया-व्यापार की दिशा का बोध कराने वाले अव्यय 'दिशावाचक' कहलाते हैं, जैसे—

1. आप इधर आइए।
2. उधर मत जाओ।
3. उस पार घना जंगल है।

प्रमुख दिशावाचक अव्यय हैं—

इधर, उधर, जिधर, किधर, बायीं ओर, दायीं ओर, चारों ओर, इस तरफ, उस तरफ, जिस तरफ, किस तरफ, बायीं तरफ, दायीं तरफ, चारों तरफ, इस पार, उस पार, अंदर की ओर, बाहर की ओर आदि।

6. सम्बन्धबोधक

जो अव्यय वाक्य में स्थित शब्दों का परस्पर संबंध सूचित करते हैं, उन्हें 'संबंधबोधक' कहते हैं, जैसे—

1. ज्ञान के बिना मुक्ति नहीं मिलती।
2. दोनों देशों के बीच समझौता हो गया।
3. जैन मत के अनुसार धन का संग्रह पाप है।
4. वह पिता के साथ मंदिर गया।

प्रमुख वर्गीकृत संबंधबोधक अव्यय निम्नलिखित हैं—

(क) प्रति, बिना, ओर, तरफ, पास, दूर, पार, आगे, सामने, पीछे, पहले, बाद, ऊपर, नीचे, द्वारा, हाथों, सहारे, मारे, विषय में, अतिरिक्त, अलावा, सिवाय, बगैर, समान आदि।

इस वर्ग के संबंधबोधक प्रायः 'के' 'की' परसर्गों के साथ प्रयुक्त होते हैं, जैसे—

1. उसका घर मन्दिर के पास है।

2. नदी के पार घना जंगल है।

3. पश्चिम की ओर बादल उठा है।

4. भूख के मारे उसका बुरा हाल था।

5 उसके सिवाय यह काम कोई नहीं कर सकता।

(ख) कुछ संबंधबोधक अव्यय बिना परसर्ग के प्रयुक्त होते हैं, जैसे—भर, पर्यन्त, तक, मात्र आदि।

1. वह दिन-भर जी तोड़कर काम करता।

2. यह क्रम एक सप्ताह पर्यन्त चलेगा।

3. उसमें लेशमात्र भी दया नहीं है।

4. यह सड़क शहर तक गयी है।

(ग) इस वर्ग में परसर्ग आते हैं। हिंदी के परसर्ग भी वस्तुतः स्वतंत्र अव्यय हैं। संस्कृत में कारकों की अभिव्यक्ति के लिए विभक्तियों का प्रयोग होता था। संस्कृतोत्तर काल में विभक्तियाँ घिस गईं और कारकीय अर्थ की अभिव्यक्ति के लिए स्वतंत्र शब्दों का प्रयोग किया जाने लगा। संस्कृत में ही विना, प्रति, सह, ऋते, कृते, पृथक्, मध्ये आदि शब्द संबंधबोधक के तौर पर प्रयुक्त होने लगे थे। अतः हिंदी के परसर्ग विभक्ति के पूरक होने के साथ-साथ स्वतंत्र संबंध-बोधक अव्यय भी हैं। डॉ० भोलानाथ तिवारी ने इन्हें दो वर्गों में बाँटा है। प्रथम वर्ग में ने, को, से, का, में, पर, के लिए आते हैं तथा द्वितीय वर्ग में अंदर, आगे, ऊपर, ओर, खातिर, नीचे, पास, पीछे, बाहर, भीतर, मारे, वास्ते, साथ आदि अव्यय। इन्हें डा० तिवारी ने 'परसर्गवत् प्रयुक्त शब्द' कहा है।[1]

समुच्चयबोधक अव्यय

दो उपवाक्यों को जोड़ने वाले अव्ययों को 'समुच्चयबोधक अव्यय' कहते हैं, जैसे—

1. उसने दरवाजा खोला और एक कुर्सी पर बैठ गया।

2. बादल आये परन्तु बिना बरसे ही चले गए।

3. मैंने महसूस किया कि कोई मेरा पीछा कर रहा है।

4. यदि आप चाहें, तो मेरे साथ चल सकते हैं।

5. जैसे ही घंटी बजी, बच्चे गेट की ओर दौड़े।

6. इसे डायरी में लिख लो, ताकि याद रहे।

इन वाक्यों में और, परन्तु, कि, यदि···तो, जैसे ही, ताकि समुच्चयबोधक अव्यय हैं।

---

1. हिंदी भाषा—डा० भोलानाथ तिवारी, पृ० 547

समुच्चयबोधक अव्यय एक ही वाक्य में प्रयुक्त एक से अधिक कर्ता, कर्म, क्रिया आदि के संयोजक का भी काम करते हैं, जैसे—

1. राम और श्याम अच्छे पड़ोसी हैं।
2. उसने मुझे कुछ पुस्तकें और फाइलें दी।
3. वह आया और अकड़कर खड़ा हो गया।
4. कोई पागल या विद्रोही ही ऐसा कर सकता है।
5. वह बच्चों के लिए खिलौने अथवा मिठाई जरूर लाता।
6. वह निर्धन किन्तु उदार है।
7. वहाँ भोजन मिलेगा, पर पानी नहीं।

समुच्चयबोधक अव्यय के दो भेद हैं—

(1) समानाधिकरण और व्यधिकरण समुच्चयबोधक।

1. **समानाधिकरण समुच्चयबोधक**—दो समानाधिकरण उपवाक्यों के जोड़ने वाले अव्यय 'समानाधिकरण समुच्चयबोधक' कहलाते हैं, जैसे—और, तथा, एवम्, किंतु, परंतु, लेकिन, या, अथवा आदि।

2. **व्यधिकरण समुच्चयबोधक**—मुख्य और आश्रित उपवाक्यों को जोड़ने वाले अव्यय 'व्यधिकरण समुच्चयबोधक' कहलाते हैं, जैसे—अतः, इसलिये, क्योंकि चूंकि, फलस्वरूप, कि, मानो, जैसे, अपितु आदि।

नित्य संबद्ध समुच्चयबोधक

कुछ समुच्चयबोधक दो उपवाक्यों के प्रारंभ में एक-दूसरे के पूरक के रूप में प्रयुक्त होते हैं, जैसे—

1. यदि उसका कथन सत्य है, तो मैं हार मानता हूँ।
2. जहां चाह है, वहां राह है।
3. जो सेवा करना जानता है, वही महान् है।
4. यद्यपि वह स्वतंत्र था, तथापि भाग नहीं सकता था।
5. जब-जब मैं उनसे मिला, तब-तब सुखद अनुभव लेकर लौटा।
6. ज्यों ही गाड़ी चली, त्यों ही किसी ने जंजीर खींच दी।
7. या तो आपको कमेटी का निर्णय मानना होगा, या त्यागपत्र देना होगा।
8. न तो वह लौटकर आया न पत्र ही लिखा।
9. जैसे-जैसे आगे बढ़े वैसे-वैसे मौसम ठंडा होता गया।
10. वह न केवल जुआरी है, अपितु चोरी भी करता है।

जो-वह, जहाँ-वहाँ, जैसे-वैसे आदि युग्मों के प्राचीन रूप जो-सो, जहाँ-तहाँ, जैसे-तैसे हैं, जो अब लुप्त-प्रायः हो चुके हैं।

कभी-कभी समुच्चयबोधक अव्यय अपने निर्दिष्ट अर्थ से भिन्न अर्थ में भी प्रयुक्त होते हैं, जैसे—

1. वह आदमी है कि मशीन ?

2. क्या हिंदू क्या मुसलमान सब उसका सम्मान करते हैं।

3. घंटी बजी नहीं कि मैं दौड़ा।

4. जो मुझे यह मालूम होता, तो कभी उससे सहायता की याचना न करता।

प्रथम वाक्य में 'कि' अथवा के अर्थ में, दूसरे में 'क्या' भी इसी अर्थ में, तीसरे में 'कि' तत्क्षण अर्थ में तथा चौथे में 'जो' यदि के अर्थ में प्रयुक्त हुआ है।

विस्मयादिबोधक अव्यय

जो शब्द बोलने वाले के मनोभावों को व्यक्त करते हैं, उन्हें विस्मयादिबोधक कहते हैं।

1. हाय ! मैं लुट गया ! (दुःख)
2. शाबाश ! तूने बहुत अच्छा किया। (आनन्द)
3. छिः ! यह क्या गन्दा व्यवहार है ! (घृणा)
4. वाह ! कितनी सुन्दर कल्पना है ! (आश्चर्य)
5. अच्छा ! यह बात है ? (आश्चर्य)

प्रमुख विस्मयादिबोधक अव्यय निम्नलिखित हैं—

आह, वाह, हाय, जय हो, आह हा, वाह-वाह, अच्छा, भला, छिः, ओह !

कुछ अन्य शब्द और शब्द-समूह भी विस्मयादिबोधक अव्ययों के रूप में प्रयुक्त होते हैं, जैसे—

1. बाप रे बाप ! इतना बड़ा सांप !
2. हे भगवान् ! अब क्या होगा ?
3. राम-राम ! ऐसा अनर्थ ?
4. उई माँ ! तो वह कौन था !

—विस्मयादिबोधक अव्यय वाक्य में किसी भी पद से सम्बद्ध नहीं होते। वे केवल भावों की अभिव्यक्ति को तीव्रता प्रदान करते हैं।

•

8

वाक्य विमर्श

भाषा विचारों की संवाहिका है, जिन्हें वह वाक्यों के माध्यम से वहन और व्यक्त करती है। अतः भाषा में वाक्य रचना का महत्त्व असन्दिग्ध है।

वाक्यों का स्वरूप

वाक्य के स्वरूप के संबंध में प्राचीन काल से ही विचारकों में पर्याप्त मतभेद रहा है। कुछ विद्वान् पदों को भाषा की लघुतम सार्थक इकाई मानते हुए वाक्य को 'पदों का समूह' कहते हैं। इस मान्यता के समर्थकों को 'अभिहितान्वयवादी' कहा जाता है। प्रसिद्ध मीमांसक कुमारिल इस मत के प्रमुख प्रवक्ता माने जाते हैं। उनका कथन है कि वाक्य में प्रयुक्त पद पहले अर्थ का 'अभिधान' करते हैं, इसके बाद उनका 'अन्वय' होता है। इसके विपरीत कुछ विद्वान् वाक्य को ही भाषा की लघुतम सार्थक इकाई मानते हैं और पदों को केवल वाक्य के कृत्रिम खण्ड। इस मान्यता के समर्थक 'अन्विताभिधानवादी' कहलाते हैं। इनकी दलील है कि अन्वित पद (वाक्य में प्रयुक्त) ही अर्थ की अभिव्यक्ति करते हैं। पहले 'अन्वय' होता है, बाद में अर्थ का 'अभिधान'। इस मत के उन्नायक आचार्य प्रभाकर माने जाते हैं।

इस सैद्धांतिक भिन्नता ने वाक्य की परिभाषा को भी प्रभावित किया है। कुछ प्रमुख परिभाषाएँ यहाँ दी जा रही हैं।

1. कविराज विश्वनाथ ने 'साहित्यदर्पण' में आकांक्षा, योग्यता और आसत्ति से युक्त पदों के समूह को वाक्य कहा है। आकांक्षा से उनका तात्पर्य 'परस्पर संबंध के आग्रह' से है। वाक्य में प्रयुक्त प्रत्येक पद को एक-दूसरे की 'आकांक्षा' होती है। कर्ता को क्रिया की, क्रिया को कर्ता की, विशेषण को विशेष्य की, क्रिया विशेषण को क्रिया की—तात्पर्य यह है कि प्रत्येक पद एक-दूसरे का पूरक होता है। यदि ऐसा न होता तो 'पेड़ से, हमारा, सफेद, पढ़ता है, वहाँ' इस प्रकार के पद

समूह को भी वाक्य कहा जा सकता।

साहित्यदर्पणकार की दूसरी शर्त 'योग्यता' है। पदों में पारस्परिक अन्वय की योग्यता होना भी जरूरी है। यदि 'अग्नि से' 'सींचता है' जैसे पद एकत्र प्रयुक्त हों तो वे किसी भी अर्थ की अभिव्यक्ति न कर सकेंगे। अग्नि में सींचने की योग्यता नहीं है, जलाने की है। जल में सींचने की योग्यता है, जलाने की नहीं। प्रत्येक शब्द या पद एक विशेष योग्यता का वाहक होता है। अतः वाक्य में प्रयुक्त पदों में परस्पर ऐसी अभिव्यक्ति की योग्यता का होना जरूरी है।

इसी प्रकार तीसरी अनिवार्यता 'आसत्ति' है, इसे 'सन्निधि' भी कहा गया है। आसत्ति से कविराज विश्वनाथ का अभिप्राय 'निकटता' से है। जब तक अभिव्यक्ति के लिए अपेक्षित पद निकटस्थ नहीं होंगे, कोई अर्थबोध नहीं होगा। यदि कोई व्यक्ति आज कहे , 'मैं', कल कहे, 'पुस्तक' और तीन दिन बाद कहे, 'पढ़ता हूँ।' तो यह वाक्य नहीं कहलाएगा। 'मैं पुस्तक पढ़ता हूँ।', 'मेरे लिए चाय लाओ।', 'सवेरा हो गया' आदि पद समूह 'वाक्य' इसलिए कहलाते हैं, कि इनमें परस्पर 'आकांक्षा' है, 'योग्यता' है और 'निकटता' है।

पतंजलि ने 'पूर्ण अर्थ की प्रतीति कराने वाले पद समूह' को वाक्य कहा है। ऊपरी तौर पर यह परिभाषा निर्दोष लगती है, परंतु यदि एक वाक्य ही पूर्ण अर्थ की प्रतीति कराता, तो वक्ता को अपना कथ्य व्यक्त करने के लिए अनेक वाक्यों का प्रयोग न करना पड़ता। हम दैनिक व्यवहार में स्पष्ट देखते हैं कि वाक्य से प्रतीयमान अर्थ सदैव 'पूर्ण' नहीं होता, अभिव्यक्ति का एक 'अंश' मात्र होता है।

डा० भोलानाथ तिवारी ने 'व्याकरणिक दृष्टि से लघुतम पूर्ण कथन' को वाक्य कहा है। पं० कामता प्रसाद गुरु ने भी एक पूर्ण विचार व्यक्त करने वाले शब्द समूह को 'वाक्य' कहा है। वस्तुतः परिभाषा का आग्रह छोड़कर वाक्य के स्वरूप का विश्लेषण किया जाए, तो इतना ही कहना पर्याप्त होगा कि 'वाक्य भाषा की वह लघुतम सार्थक इकाई है, जो व्याकरणिक स्तर पर पूर्ण अर्थ की प्रतीति कराने में समर्थ हो।' 'कमल, घर चल', 'गगन, घर चल' आदि वाक्यों से भाषा के अध्ययन की प्रक्रिया का प्रारंभ मनोवैज्ञानिक और भाषिक दृष्टि से वाक्य की इस 'पूर्णता' का संकेत देता है। मानव का सारा भाविक व्यवहार वाक्यों के द्वारा ही सम्पन्न होता है। यहाँ तक कि जब एक डरा हुआ व्यक्ति 'चोर! ··· चोर!' चिल्लाता है, तो उसका 'चोर' अध्याहृतांश वाक्य ही होता है, केवल पद नहीं। अतः वाक्य को 'पदों का समूह' कहने की अपेक्षा पदों को 'वाक्य के खण्ड' कहना अधिक युक्तिसंगत है।

वाक्य विमर्श के अंतर्गत वाक्य में पदों का क्रम, वाक्यों के भेद, वाक्य विभाजन के सिद्धांत अध्याहार आदि विषयों का अध्ययन किया जाता है।

पदक्रम

वाक्य में पदों का एक निश्चित क्रम होता है, जिसमें व्यत्यय आने पर अर्थ-बोध में कठिनाई होती है। वैदिक और संस्कृत विभक्ति प्रधान भाषाएँ थीं। उनमें अव्ययों को छोड़कर सभी पद विभक्तियों के संयोग से बनते थे। विशेषण तक सम्बद्ध विशेष्य के लिंग, वचन और कारक का अनुसरण करते थे। प्रयत्न लाघव की प्रवृत्ति के कारण शनैः-शनैः विभक्तियाँ लुप्त होती गईं और आधुनिक युग तक आते-आते अधिकतर विभक्तियाँ लुप्त हो गईं। स्पष्टता के आग्रह से परसर्गों का प्रचलन शुरू हुआ और परसर्ग-रहित पदों के लिए एक 'क्रम' आवश्यक हो गया।

हिंदी एक योगात्मक भाषा है, और संस्कृत की उत्तराधिकारी। अतः उसमें पदक्रम के नियम अयोगात्मक भाषाओं की तरह कठोर नहीं हैं। फिर भी पदक्रम-संबंधी कुछ नियम उल्लेखनीय हैं।

संज्ञा, सर्वनाम और क्रिया

1. हिंदी में कर्ता को वाक्य में सबसे पहले लगाने की व्यवस्था है। क्रिया का स्थान सबके बाद होता है। क्रिया यदि सकर्मक हो तो कर्म क्रिया के ठीक पहले आता है। अन्य कारक कारण, सम्प्रदान, अपादान और अधिकरण कर्ता के बाद और कर्म के पहले आते हैं, जैसे—

1. मोहन सोता है। (कर्ता-क्रिया)
2. मोहन पुस्तक पढ़ता है। (कर्ता-कर्म-क्रिया)
3. उसने कलम से पत्र लिखा। (कर्ता-करण-कर्म-क्रिया)
4. वह बच्चों के लिए मिठाई लाई। (कर्ता-सम्प्रदान-कर्म-क्रिया)
5. विद्यार्थी पुस्तकालय से पुस्तकें लायेंगे। (कर्ता-अपादान-कर्म-क्रिया)
6. राजा सिंहासन पर बैठा था। (कर्ता-अधिकरण-क्रिया)

2. संबंध कारक का प्रयोग संबंधित संज्ञा से पहले होता है, जैसे—

1. राम के पिता ने उसे बहुत समझाया।
2. मैंने पुस्तकालय की पुस्तकें लौटा दीं।
3. माँ ने उसे अपने हाथों से खाना खिलाया।
4. यह भवन तुम्हारे परिवार के लिए है।
5. अच्छा अवसर मेरे हाथ से निकल गया।
6. बच्चे स्कूल के आँगन में खेल रहे थे।

विशेषण और विशेष्य

1. विशेषण का प्रयोग भी संबन्धित संज्ञा (विशेष्य) से पूर्व होता है, जैसे—

1. एक भले आदमी ने मुझे यहाँ पहुँचा दिया।

2. थोड़ा पानी लाओ।
3. वह बायें हाथ से लिखता है।
4. तुम्हें अपने गरीब परिवार के लिए भी कुछ करना चाहिए।
5. बड़े घर से बुलावा आ गया।
6. वह बूढ़े पिता का एकमात्र सहारा था।
7. वे एक छोटी-सी कोठरी में रहते थे।

2. यदि विशेषण विधेय हो तो विशेष्य के बाद आता है।
1. लड़का सीधा है।
2. गाय दुधारू है।
3. नौकर ईमानदार है।

क्रिया विशेषण

1. रीतिवाचक क्रिया विशेषणों का प्रयोग प्राय: सकर्मक क्रिया वाले वाक्यों में कर्म के पूर्व, तथा अकर्मक क्रिया वाले वाक्यों में क्रिया से पूर्व होता है, जैसे—

1. आपने व्यर्थ कष्ट उठाया।
2. वह धीरे-धीरे सब काम सीख गया।
3. उसने जल्दी-जल्दी कपड़े बदले।
4. गाड़ी बहुत तेज चल रही थी।

2. शायद, अचानक, न जाने, कदाचित्, नि:सन्देह, वस्तुत:, दरअसल आदि का प्रयोग वाक्य के प्रारंभ में होता है, जैसें—

1. शायद वह आज लौट आये।
2. अचानक रास्ते में गाड़ी खराब हो गयी।
3. न जाने मेरा मन बहुत घबरा रहा हैं।
4. कदाचित् कोई सहायक मिल जाए।
5. नि:सन्देह, सफर खतरनाक है।
6. वस्तुत: यह संयोग मात्र है।

प्रविशेषण

बिल्कुल, पूर्णतया, बहुत, अत्यंत, अति प्रविशेषण सम्बद्ध विशेषण या क्रिया विशेषण के ठीक पहले आते हैं, जैसे—

1. मैं यहाँ बिल्कुल नया हूँ।
2. सारा गाँव पूर्णतया नष्ट हो गया था।
3. वह बहुत अच्छा गाती है।
4. यह स्थिति अत्यन्त शोचनीय है।

प्रश्नवाचक 'क्या' वाक्य के प्रारंभ में आता है तो ऐसे प्रश्न की रचना होती है, जिसका उत्तर 'हाँ' या 'नहीं' में दिया जा सकता है, किंतु विवरणात्मक उत्तर अपेक्षित होता है, तो 'क्या' क्रिया के ठीक पहले आता है, जैसे—

(अ) 1. **क्या** आप कल बम्बई जायेंगे ?

2. **क्या** गाड़ी चली गयी ?

3. **क्या** तू इतनी-सी बात भी नहीं मानेगा ?

इन वाक्यों का उत्तर 'हाँ-नहीं' में दिया जा सकता है।

(आ) 1. तुम्हारा नाम **क्या** है ?

2. वह वहाँ **क्या** कर रहा है ?

3. आप **क्या** चाहते हैं ?

इन वाक्यों का उत्तर 'हाँ' या 'नहीं' में नहीं दिया जा सकता, अतएव 'क्या' क्रिया के पहले, वाक्य के बीच में, आया है। इसी प्रकार कौन, कब, कहाँ, क्यों, कैसे आदि शब्द भी क्रिया के पहले, वाक्य के बीच में आते हैं, जैसे—

1. वहाँ **कौन** है ?

2. तुम **कब** आये ?

3. तुमने अपनी पुस्तकें **कहाँ** रख दीं ?

4. आज पोस्टमैन **क्यों** नहीं आया ?

5. मैं अपनी बात **कैसे** कहूँ ?

—निषेधार्थक अव्यय 'न', 'नहीं', 'मत' आदि भी क्रिया के ठीक पहले आते हैं। जैसे—

1. ऐसी सुन्दरता अन्यत्र **नहीं** देखी।

2. वह आफिस से **नहीं** आया।

3. वहाँ आजकल कोई **नहीं** रहता।

4. यहाँ **मत** बैठो।

वस्तुत: हिंदी में पदक्रम-संबंधी नियम अत्यंत शिथिल हैं। अत: संभाषण और लेखन में इनके अपवाद भी देखने को मिलते हैं।

वाक्यों के भेद

व्याकरणिक दृष्टि से वाक्य के तीन भेद माने गए हैं, 1. साधारण वाक्य, 2. संयुक्त वाक्य और 3. मिश्रित वाक्य।

1. साधारण वाक्य

जिस वाक्य में एक ही समापिका क्रिया होती है, उसे 'साधारण वाक्य' कहते हैं, जैसे—

1. लड़का पुस्तक पढ़ता है।
2. गायें खेत में चर रही हैं।
3 लड़की ने गीत गाया।
4. वह देर से आयेगा।

2. संयुक्त वाक्य

दो समानाधिकरण उपवाक्यों के संयोग से बने वाक्य को 'संयुक्त वाक्य' कहते हैं। जैसे—

1. उसने एक पुस्तक उठायी और पढ़ने बैठ गया।
2. मैंने उसकी कविताएँ पढ़ी थीं, पर उससे कभी मिला न था।
3. समय कम था, इसलिए बस की प्रतीक्षा करना व्यर्थ था।
4. सुबह आ जायें, चाहे शाम को।
5. पुस्तक हफ्ते-भर में लौटा दीजिए, नहीं तो मुझे असुविधा होगी।

उपर्युक्त वाक्य दो-दो समानाधिकरण वाक्यों से मिलकर बने हैं, जिनमें से प्रत्येक स्वतंत्र अभिव्यक्ति की क्षमता रखता है। उदाहरणार्थ—

1. उसने एक पुस्तक उठायी।
2. (वह) पढ़ने बैठ गया।

इसी प्रकार—

1. मैंने उसकी कविताएँ पढ़ी थीं।
2. मैं उससे कभी मिला न था।

या

1. समय कम था।
2. बस की प्रतीक्षा करना व्यर्थ था।

संयुक्त वाक्य में दो उपवाक्य होते हैं, जो समानाधिकरण समुच्चयबोधकों से जुड़े रहते हैं। उपर्युक्त वाक्यों में 'और' संयोजक, 'पर' विरोधवाचक, 'इसलिए' परिणामवाचक, 'या' 'नहीं तो' विकल्पवाचक समुच्चयबोधक अव्यय हैं।

3. मिश्रित वाक्य

जिस वाक्य में मुख्य उपवाक्य के अतिरिक्त कम-से-कम एक आश्रित उपवाक्य का योग होता है, उसे 'मिश्रित उपवाक्य' कहते हैं। 'आश्रित उपवाक्य' स्वतंत्र रूप से अर्थ की प्रतीति नहीं कराता, अपितु मुख्य उपवाक्य का सहायक मात्र होता है। कुछ उदाहरण द्रष्टव्य हैं—

1. उसने देखा कि सारा घर अस्त-व्यस्त पड़ा है।
2. जो अपने लिए जीता है, उसका जीना व्यर्थ है।

3. **जब** तुम लौटे, मैं भोजन कर चुका था।
4. **ज्यों ही** गाड़ी स्टेशन पर पहुँची, चाचा जी दिखाई पड़े।
5. वह इस तरह बात करता है, **मानो** वही इस फर्म का मालिक हो।
6. **जैसे-जैसे** समृद्धि बढ़ती जाती है, अभिमान भी बढ़ता जाता है।
7. **जहाँ** यह इमारत खड़ी है, **वहाँ** पहले जंगल था।

इन वाक्यों में निम्नलिखित उपवाक्य कोष्ठस्थ शब्द भेद के बदले में प्रयुक्त हुए हैं। अतः ये आश्रित उपवाक्य हैं—

1. सारा घर अस्त-व्यस्त पड़ा है। (संज्ञा, 'देखना' का कर्म)
2. जो अपने लिए जीता है। (विशेषण)
3. जब तुम लौटे। (कालवाचक अव्यय)
4. ज्यों ही गाड़ी स्टेशन पर पहुँची। (क्रिया विशेषण)
5. मानो वही इस फर्म का मालिक हो। (उपमान)
6. जैसे-जैसे समृद्धि बढ़ती जाती है। (क्रिया विशेषण)
7. जहाँ यह इमारत खड़ी है। (स्थानवाचक अव्यय)

उपवाक्य

एक समापिका क्रिया वाली वह व्याकरणिक इकाई उपवाक्य कहलाती है, जो अर्थ बोध की क्षमता रखते हुए भी 'वाक्य' का अंग-मात्र हो। ऊपर उपवाक्य के जो उदाहरण दिए गए हैं, वे सभी अर्थ की दृष्टि से स्वतंत्र होते हुए भी अभिव्यक्ति की पूर्णता के लिए पराश्रित हैं। समानाधिकरण उपवाक्य भी इस दृष्टि से पूर्ण नहीं होते। किंतु वे पराश्रित नहीं, अन्योन्याश्रित होते हैं।

उपवाक्यों के भेद

जितने शब्दों के भेद हैं, उतने ही उपवाक्यों के भी भेद हो सकते हैं। देखिए—

उपवाक्य

प्रधान उपवाक्य

1. मुख्य उपवाक्य
2. समानाधिकरण उपवाक्य

गौण उपवाक्य

1. संज्ञा उपवाक्य
2. विशेषण उपवाक्य
3. उपमान उपवाक्य
4. कालवाचक उपवाक्य
5. दिशावाचक उपवाक्य
6. स्थानवाचक उपवाक्य
7. क्रिया-विशेषण उपवाक्य

रीतिवाचक | परिमाणवाचक | कारणवाचक | परिणामवाचक

प्रधान उपवाक्य

जो उपवाक्य अर्थ का प्रमुख आधार होता है, उसे 'प्रधान उपवाक्य' कहते हैं। अन्य उपवाक्य उसके सहायक होते हैं। प्रधान उपवाक्य के दो भेद हैं। 1. मुख्य उपवाक्य और 2. समानाधिकरण उपवाक्य।

1. **मुख्य उपवाक्य**—किसी मिश्रित वाक्य में स्थित प्रधान उपवाक्य को 'मुख्य उपवाक्य' कहते हैं। जैसे—

जैसे ही मैंने लिखने के लिए लेखनी उठाई, बत्ती बुझ गई। यहाँ 'बत्ती बुझ गयी' मुख्य उपवाक्य है।

2. **समानाधिकरण उपवाक्य**—संयुक्त वाक्य में स्थित अन्योन्याश्रित वाक्यों को समानाधिकरण उपवाक्य कहते हैं। ये दोनों ही उपवाक्य स्वतंत्र रूप से अर्थ-बोध कराते हैं, जैसे—

1. गाड़ी चली गयी और मैं देखता रह गया।
2. पेड़ हमें फल देते हैं और पर्यावरण को सन्तुलित रखते हैं।

उपर्युक्त वाक्यों में दो-दो उपवाक्य हैं जो संयोजक 'और' से जुड़े हैं। 'गाड़ी चली गयी' अपने-आपमें अर्थबोध करा सकता है। इसी प्रकार 'मैं देखता रह गया' भी स्वतंत्र रूप से अर्थबोध की क्षमता रखता है। दूसरे वाक्य में स्थित दोनों उपवाक्यों के विषय में भी यही बात कही जा सकती है।

समानाधिकरण उपवाक्य और, या, अथवा, किन्तु, परन्तु, लेकिन आदि समुच्चयबोधक अव्ययों से जुड़े रहते हैं, जैसे—

1. उसने थैले से चने निकाले और बन्दरों के आगे डाल दिये।
2. आज वह आयेगा या पिताजी कोई सन्देश भेजेंगे।
3. धीरे-धीरे सब लोग चले गये, परन्तु वह वहीं बैठा रहा।
4. सारा सावन बीत गया, पर पानी की एक बूंद नहीं पड़ी।

गौण उपवाक्य

जो उपवाक्य स्वतंत्र रूप से अर्थबोध नहीं करा सकता, केवल मुख्य उपवाक्य का सहायक मात्र होता है, उसे 'गौण उपवाक्य' कहते हैं। इसे 'आश्रित उपवाक्य' भी कहते हैं, जैसे—1. संज्ञा उपवाक्य, 2. विशेषण उपवाक्य 3. उपमान उपवाक्य, 4. कालवाचक उपवाक्य, 5. स्थानवाचक उपवाक्य, 6. क्रिया विशेषण उपवाक्य आदि।

1. **संज्ञा उपवाक्य**—जो उपवाक्य संज्ञा के बदले में प्रयुक्त होता है, उसे संज्ञा उपवाक्य कहते हैं। जैसे—

1. वह नहीं चाहता कि कोई उसकी सहायता करे।
2. उसने सोचा कि शाम तक वहाँ पहुँच जाऊँगा।
3. डाक्टर ने कहा है कि मरीज को पूरा आराम दें।

संज्ञा उपवाक्य सामान्य तथा 'कि' से प्रारम्भ होता है किंतु कभी-कभी बिना 'कि' के भी संज्ञा उपवाक्य की स्थिति देखी जाती है, जैसे—

1. नौकर ने पूछा, इसे कहाँ रखूं?
2. तिलक जी ने कहा था, स्वराज्य मेरा जन्मसिद्ध अधिकार है।

2. **विशेषण उपवाक्य**— जो उपवाक्य विशेषण के बदले में प्रयुक्त होता है, उसे 'विशेषण उपवाक्य' कहते हैं। विशेषण की तरह विशेषण उपवाक्य भी संज्ञा या सर्वनाम के विषय में कुछ कहता है। जैसे—

1. उसका एक मंत्री था, जो सभी शास्त्रों में पारंगत था।
2. जिन वीरों ने देश के लिए प्राण दिए, उन्हें मैं प्रणाम करता हूँ।
3. वह सपना टूट गया, जो हम सबने देखा था।
4. जिस घर में शान्ति रहती है, उसमें समृद्धि का वास होता है।

विशेषण उपवाक्य 'जो' सर्वनाम से प्रारंभ होता है और मुख्य उपवाक्य नित्य संबंधी 'वह' से। सामान्यतया विशेषण उपवाक्य वाक्य के प्रारंभ में आता है और मुख्य उपवाक्य बाद में। अंग्रेजी वाक्य रचना के अनुकरण पर अब उसका अंत में भी प्रयोग होने लगा है। केवल इतना ही नहीं, कुछ लेखक उसे संबद्ध विशेष्य के तुरंत बाद मुख्य उपवाक्य के बीच में भी डालते हैं, जैसे—

1. वह लड़का, जिसे सबसे अधिक अंक प्राप्त होंगे, छात्रवृत्ति का अधिकारी होगा।

2. वे ही लोग, जिन्हें उसकी उपलब्धियों पर गर्व था, अब उसके विरोधी हो गए थे।

इन वाक्यों में 'जिसे सबसे अधिक अंक प्राप्त होंगे' तथा 'जिन्हें उसकी उपलब्धियों पर गर्व था", विशेषण उपवाक्य है और संबद्ध विशेष्यों—'लड़का' और 'लोग' के बाद आए हैं। वस्तुतः इस प्रकार की रचना हिंदी की प्रकृति के अनुकूल नहीं है। यह अंग्रेजी की वाक्य रचना का प्रभाव है। ऐसे वाक्यों में नित्य संबंधी 'वह' का प्रयोग नहीं होता।

3. **उपमान उपवाक्य**—जो उपवाक्य किसी वस्तु या व्यक्ति के उपमान का स्थानापन्न हो, 'उपमान उपवाक्य' कहलाता है, जैसे—

1. वह इस तरह बात करता है, जैसे राजकुमार हो।

उसका लिबास ऐसा था, जैसे चाँदनी में धोया गया हो।

उपमानवाचक वाक्य 'जैसे', 'मानो' आदि उपमावाचक शब्दों से प्रारम्भ होता है। सामान्यतया ऐसी रचना में मुख्य उपवाक्य में, 'ऐसे' या 'इस तरह' आदि नित्य संबंधी शब्दों का प्रयोग होता है।

4. **कालवाचक उपवाक्य**—जो उपवाक्य क्रिया के काल का बोध कराते हैं, उन्हें 'कालवाचक उपवाक्य' कहते हैं, जैसे—

1. जब वह यहाँ आया, तो उसके पास फूटी कौड़ी भी न थी।
2. ज्यों ही मैं घर से निकला, वर्षा शुरू हो गयी।
3. जब तक हम अन्याय सहन करते रहेंगे, अन्याय बढ़ते रहेंगे।
4. जब-जब धर्म की हानि होती है, प्रभु अवतार लेते हैं।

कालवाचक उपवाक्य प्राय: 'जब', 'जब-जब' 'ज्यों ही', 'ज्यों-ज्यों', 'जैसे', 'जब तक' आदि अव्ययों से प्रारम्भ होता है। कभी-कभी इनके नित्य संबंधी अव्यय 'तब', 'तब-तब', 'त्यों ही', त्यों-त्यों', 'वैसे ही', 'तब तक' भी मुख्य उपवाक्य में प्रयुक्त होते हैं, जैसे—

1. जब-जब वह बीते दिनों की याद करता, तब-तब उदास हो जाता।
2. ज्यों ही उसने बटन दबाया, त्यों ही परदे पर चित्र उभर आए।

5. **स्थानवाचक उपवाक्य**—जो उपवाक्य क्रिया के स्थान का बोध कराता है, उसे 'स्थानवाचक उपवाक्य' कहते हैं, जैसे—

1. जहाँ-जहाँ वर्षा का स्पर्श होता है, जीवन मुसकराने लगता है।
2. जहाँ कभी नूपुरों की झंकार सुनाई देती थी, अब झींगुरों का शब्द सुनाई देता है।

स्थानवाचक उपवाक्य सदैव 'जहाँ' से शुरू होता है। कभी-कभी मुख्य उपवाक्य में नित्य संबंधी 'वहाँ' का प्रयोग भी देखा जाता है, जैसे—

1. जहाँ सामंजस्य है, वहाँ सौंदर्य है।
2. जहाँ चाह है, वहाँ राह है।

6. **क्रिया विशेषण उपवाक्य**—जो उपवाक्य क्रिया की विशेषता बताता है, उसे 'क्रिया विशेषण उपवाक्य' कहते हैं। इसके चार प्रमुख भेद हैं—

1. रीतिवाचक
2. परिमाणवाचक
5. कारणवाचक
4. परिणामवाचक

1. रीतिवाचक

1. वह खाने पर इस तरह टूट पड़ा, जैसे छह महीने का भूखा हो।
2. भीड़ ऐसे उमड़ रही थी, जैसे नदी में बाढ़ आ गई हो।

2. परिमाणवाचक—

1. जितना परिश्रम करोगे, उतना ही फल पाओगे।

2. वह जितना खा सकता था, खा चुका था।

3. कारणवाचक—

1. वह अधिक देर नहीं रुक सकता था, क्योंकि शाम तक घर लौटना जरूरी था।

2. अब बस स्टैंड पर खड़े रहना व्यर्थ था, क्योंकि आखिरी बस बिना रुके गुजर गई थी।

4. परिणामवाचक—

1. उसे गंभीर चोट लगी थी, अतः अस्पताल ले जाना जरूरी था।

2. समय पर वर्षा हुई थी, इसलिए किसान खुश थे।

3. वह इतना पीटा गया कि वहीं ढेर हो गया।

संयुक्त बनाम मिश्रित वाक्य

वाक्यों के वर्गीकरण के संदर्भ में जिन वाक्यों को 'मिश्रित' या 'मिश्र' कहा गया है, क्या वे सचमुच मिश्रित वाक्य हैं ? दरअसल बात यह है कि हिंदी व्याकरण में वाक्यों का वर्गीकरण भी अंग्रेजी व्याकरण के अनुकरण पर हुआ है। अंग्रेजी में समानाधिकरण उपवाक्य समुच्चयबोधक अव्ययों से इस प्रकार जुड़े रहते हैं कि उनका पृथक्करण उपवाक्यों के क्रम और स्वरूप को क्षति पहुँचाये बिना, हो सकता है। अतः उन्हें 'संयुक्त वाक्य' कहा जाता है। दूसरी ओर व्यधिकरण उपवाक्य कई बार मुख्य उपवाक्य में इस तरह गुँथे रहते हैं कि उनका पृथक्करण उपवाक्यों के स्वरूप को तोड़े-मोड़े बिना संभव नहीं, अतः वहाँ उन्हें 'मिश्रित वाक्य' कहा गया है। किंतु हिंदी की स्थिति सर्वथा भिन्न है। हिंदी के तथाकथिक मिश्रित वाक्य भी स्वरूप की दृष्टि से वस्तुतः 'संयुक्त वाक्य' ही हैं। मिश्रण का अर्थ है, 'घुल-मिल जाना' और 'संयोग' का अर्थ है 'जुड़ना'। जो चीज जुड़ती है, वह कहाँ जुड़ी है, सहज जाना जा सकता है। हिंदी के 'मिश्रित' कहे जाने वाले वाक्य भी इस तरह जुड़े रहते हैं कि उनके संयोग को सहज पहचाना जा सकता है।

इस संबंध में पंडित किशोरीदास वाजपेयी का मत उल्लेखनीय है। 'मैंने कहा कि तुम चले जाओ' ऐसे वाक्यों को लोग 'मिश्र वाक्य' कहते हैं और यहाँ प्रधान-अप्रधान भाव बताते हैं। वस्तुतः ये सब 'संयुक्त वाक्य' हैं और इनमें प्रधानता-अप्रधानता जैसी कोई चीज नहीं होती। दोनों अंश (दोनों वाक्य) प्रधान होते हैं। वाक्य में क्रिया प्रधान होती है। विधेयता मुख्य होती है। दोनों वाक्यों में क्रियाएँ (आख्यात) विद्यमान हैं। इसलिए दोनों अपनी-अपनी जगह प्रधान हैं।·· सो अनेक वाक्य चाहे जिस रूप में और चाहे, जिस शब्द के द्वारा संयुक्त होकर आएँ

संयुक्त वाक्य कहलाएँगे।'[1]

वस्तुतः वाक्यों के वर्गीकरण का विषय पुनर्विचार की अपेक्षा रखता है। हिंदी में मिश्रित वाक्यों का प्रचलन अंग्रेजी की रचना के अनुकरण पर हुआ है, जिसका एक नमूना यहाँ प्रस्तुत है—

"आर्य लोग, जैसाकि मैंने कहा, कई टुकड़ियों में आए और यहाँ के निवासियों पर विजय प्राप्त कर, जहाँ भूमि उपजाऊ मिली, बस गये।"

इस वाक्य में 'मिश्रित वाक्य' की सारी विशेषताएँ विद्यमान हैं, किंतु यह रचना हिंदी की प्रकृति के अनुरूप नहीं है। इसे हिंदी में इस प्रकार कहा जा सकता है—

जैसा कि मैंने कहा, आर्य लोग कई टुकड़ियों में आए और यहाँ के निवासियों पर विजय प्राप्त कर वहाँ बस गए, जहाँ उन्हें उपजाऊ भूमि मिली।

"जैसे ही गाड़ी आई, लोग उस पर टूट पड़े।" यह वाक्य मिश्रित माना जाए और 'गाड़ी आई और लोग उस पर टूट पड़े।' यह संयुक्त ? यह केवल अंग्रेजी व्याकरण के अनुकरण के अतिरिक्त क्या है ?

वाक्यांश

पदों का वह समूह वाक्यांश कहलाता है, जिसमें कोई समापिका क्रिया न हो, तथा जो उपवाक्य की भाँति वाक्य का उपकारक हो।

वाक्यांश भी उपवाक्य की तरह संज्ञा, विशेषण, उपमान, क्रिया विशेषण आदि किसी भी शब्द-भेद का स्थानापन्न हो सकता है। जैसे—

(1) **संज्ञा**—1. **नदी के तट पर अकेले घूमना** उनका शौक था।
2. उसने **मित्र के घरेलू मामलों में दखल देना** उचित न समझा।
3. यह **हाथ पर हाथ रखकर बैठने** से अच्छा था।
4. वे **अपना काम स्वयं करने** में विश्वास रखते थे।

(2) **विशेषण**—1. वह दूर से **हाथ हिलाता हुआ** दिखाई दिया।
2. वह **बरसों पहले देखी हुई** एक पुरानी फिल्म थी।
3. उसने अपने-आपको एक **हारा हुआ** सिपाही महसूस किया।
4. **उदारतापूर्वक दिया हुआ** दान व्यर्थ नहीं जाता।

(3) **उपमान**—1. उसकी सारी दृढ़ता **तीव्र प्रवाह में पड़ी सूखी लकड़ी की तरह** बह गई।

---

1. हिंदी शब्दानुशासन—पं० किशोरीदास वाजपेयी, पृ० 379

2. वह अपने विद्यार्थियों को पेट से जनमे बच्चों की तरह मानती थी।
3. चांद विधवा की चूड़ी की तरह उदास लग रहा था।
4. दोनों समुदाय एक-दूसरे पर भूखे भेड़िए की तरह टूट पड़े।

क्रिया विशेषण—1. उसने बुरा-सा मुंह बनाते हुए गठरी को एक तरफ धकेल दिया।
2. उसने सिर खुजलाते हुए पूछा।
3. माँ ने माथा चूमकर उसका अभिनंदन किया।
4. देखते-देखते सारा गाँव स्वाहा हो गया।

कालवाचक—1. वे अँधेरा होने से पहले लौट आयेंगे।
2. पलक झपकते ही वह उठ बैठा।
3. आजकल करते-करते महीना बीत गया।

स्थानवाचक—1. सारी योजना जहाँ की तहाँ रह गयी।
2. गाँव पहाड़ी के ऊपर घने जंगल में बसा था।
3. जीवन का रथ ऊबड़-खाबड़ रास्तों पर बढ़ता गया।

वाक्य का विभाजन

वाक्य भाषा की लघुतम पूर्ण इकाई है। अतः उसका विभाजन एक अवैज्ञानिक प्रक्रिया है। किंतु व्याकरणिक दृष्टि से वाक्य के घटकों का अध्ययन करने के लिए उसका विभाजन अपेक्षित होता है।

उद्देश्य और विधेय

वैयाकरणों ने वाक्य के दो घटक माने हैं, 'उद्देश्य' और विधेय'। सामान्यतया वाक्य में जिसके विषय में कुछ कहा जाता है उसे 'उद्देश्य' और उसके विषय में जो कुछ कहा जाता है, उसे विधेय' कहते हैं। जैसे—

1. यह मेरी पुस्तक है।
2. राम पुस्तक पढ़ता है।
3. पुस्तक मेज पर रखी है।

इन वाक्यों में क्रमशः 'यह', 'राम' और 'पुस्तक' उद्देश्य हैं और वाक्यों के शेष अंश विधेय।

1. कसूरवार तू है।
2. तू कसूरवार है।

ऊपरी तौर पर दोनों वाक्य समानार्थक प्रतीत होते हैं, किंतु अभिव्यक्ति के

स्तर पर दोनों में पर्याप्त अंतर है। पहले वाक्य में 'तू' विधेय है, जो इस अर्थ की व्यंजना करता है कि कसूरवार तू ही है अन्य कोई नहीं, जबकि दूसरे वाक्य में 'कसूरवार' विधेय है, जिससे यह अर्थ व्यक्त होता है कि तू कसूरवार है, बेकसूर नहीं।

हिंदी व्याकरण में उद्देश्य और विधेय के स्वरूप के संबंध में काफी भ्रांति है। पंडित कामता प्रसाद गुरु ने लिखा है कि "उद्देश्य बहुधा कर्ता कारक में रहता है, पर वह कभी-कभी दूसरे कारकों में भी आता है।" इसके अतिरिक्त उन्होंने संज्ञा, सर्वनाम, विशेषण, वाक्यांश और क्रिया विशेषणों के उद्देश्यत्व की भी चर्चा की है।

'भाषा विज्ञान कोश' में उद्देश्य और विधेय की व्याख्या करते हुए डॉ० भोलानाथ तिवारी ने लिखा है, "वाक्य में कर्ता या उसके विस्तार को उद्देश्य तथा क्रिया या उसके विस्तार को 'विधेय' कहते हैं। डा० तिवारी के अनुसार उद्देश्य संज्ञा, सर्वनाम, विशेषण, क्रियार्थक संज्ञा या वाक्यांश हो सकता है। कैलोग ने भी इन्हीं पाँच की उद्देश्यता स्वीकार की है।

वस्तुतः इस भ्रांति का मूल 'क्रिया' को विधेय मान लेना है। विधेयत्व का किसी विशिष्ट व्याकरणिक शब्द भेद से कोई संबंध नहीं। वाक्य में जितना अंश श्रोता के लिए अज्ञात होता है, उसी का विधान (कथन) किया जाता है। वही विधेय होता है। शेष वाक्य 'उद्देश्य'। आचार्य मम्मट ने 'काव्यप्रकाश' में विधेय के स्वरूप को स्पष्ट करते हुए लिखा है, 'ततश्चादग्धदहनन्यायेन यावदप्राप्तं तावद् विधीयते। यथा ऋत्विक् प्रचरणे प्रमाणांतरात् सिद्धे 'लोहितोष्णीषाः ऋत्विजः प्रचरन्ति' 'इत्यत्र लोहितोष्णीषत्व मात्रं विधेयम्', अर्थात् वाक्य में 'अदग्ध दहन न्याय' से जितना अंश अज्ञात होता है, उसी का विधान किया जाता है, वही विधेय है। जैसे 'लाल पगड़ी ऋत्विज घूमते हैं।' इस वाक्य में यदि 'ऋत्विज घूमते हैं' इतना अर्थ पहले से ज्ञात है, तो केवल 'लाल पगड़ी वाले' यह विशेषण मात्र विधेय है। वहाँ आचार्य मम्मट ने इसका दूसरा उदाहरण भी दिया है। 'दही से यज्ञ करता है' वाक्य में यदि 'यज्ञ करता है' अर्थ पूर्वतः ज्ञात है, तो 'दही से' इतना ही अंश विधेय कहलायेगा।[1] इन उदाहरणों से सिद्ध है कि उद्देश्य और विधेय का संबंध शब्द भेदों से नहीं है, विधान (कथन) करने वाले अंश से है। प्रसंगानुसार प्रायः सभी शब्द भेद 'उद्देश्य' और 'विधेय' हो सकते हैं। जैसे—

1. बिल्ली ने दूध **गिरा दिया**। (क्रिया विधेय)
2. दूध **बिल्ली ने** गिरा दिया। (कर्ता विधेय)
3. वह **बस से** आया है। (करण विधेय)
4. यह मिठाई **तुम्हारे** लिए है। (सर्वनाम विधेय)

1. काव्यप्रकाश—आचार्य मम्मट (अनुवाद डॉ० गंगानाथ झा), पृ० 143

5. दोष तुम्हारा है। (सर्वनाम विधेय)
6. गाड़ी बहुत पुरानी है। (विशेषण विधेय)
7. तुम्हारा नौकर सीधा है। (विशेषण विधेय)
8. वह सर पर पाँव रखकर भागा। (वाक्यांश विधेय)
9. हम मुश्किल से पहुँच पाये। (क्रिया विशेषण विधेय)
10. मैं यहाँ हूँ। (स्थानवाचक अव्यय विधेय)
11. वह कल लौट आयेगा। (कालवाचक अव्यय विधेय)

इसी प्रकार प्रसंग के अनुसार वाक्य का कोई भी अंश विधेय हो सकता है।

सामान्यतया वाक्यों का उद्देश्य और विधेय में विभाजन करते समय 'उद्देश्य' को क्रियाहीन अंश के रूप में दिखाया जाता है। जैसे—'मेरे पिताजी बम्बई गए हैं।' इस वाक्य को 'मेरे पिताजी' उद्देश्य; और 'बंबई गए हैं' विधेय; इस रूप में विभाजित किया जाता है। यह केवल व्यावहारिक व्यवस्था है। सैद्धांतिक दृष्टि से 'ज्ञात' अंश वाक्य के रूप में ही होता है। अतः 'उद्देश्य' अंश को भी क्रिया के साथ मानना चाहिए। केवल इतना ही नहीं, जहाँ क्रिया 'विधेय' होती है, वहाँ भी 'करना' या 'होना' क्रिया अध्याहृत रूप में 'उद्देश्य' के साथ विद्यमान रहती हैं। जैसे 'नौकर भाग गया' इस वाक्य में क्रिया 'विधेय' है। यहाँ श्रोता की जिज्ञासा है 'नौकर ने क्या किया ?' जिसे क्रिया 'भाग गया' संतुष्ट करती है। यहाँ नौकर 'उद्देश्य' के साथ 'करना' क्रिया अध्याहृत रूप में विद्यमान है।

उद्देश्य-विधेय की कल्पना वैयाकरणों का बुद्धिविलास मात्र नहीं है। कथ्य की पूर्ण और सही अभिव्यक्ति के लिए उसकी व्यावहारिक उपयोगिता असन्दिग्ध है। कल्पना कीजिए एक जलपानगृह में एक तख्ती लगी है, 'कृपया टोकरी में दोना डालिए।' यह रचना उद्देश्य-विधेय की दृष्टि से गलत है। इसकी जगह लिखा जाना चाहिए—'कृपया दोना टोकरी में डालिए।' ऊपरी तौर पर दोनों वाक्यों का अर्थ एक ही है परंतु पहला वाक्य उस अर्थ की ठीक-ठीक व्यंजना नहीं करता, जो लिखने वाले को अभिप्रेत है। वह निर्देश करना चाहता है कि दोना टोकरी के अतिरिक्त बाहर इधर-उधर न फेंकें। यह 'व्यंजना 'टोकरी में' को विधेय बनाने पर ही हो सकती है। इसी प्रकार सड़क के किनारे लगी तख्ती 'गतिरोधक आगे है।' अभिप्रेत अर्थ की व्यंजना नहीं करती। इसकी जगह 'आगे गतिरोधक है।' लिखा जाना चाहिए। यहाँ 'गतिरोधक' विधेय है। अज्ञात अंश है। चालक को उसकी सूचना देना ही लिखने वाले का प्रयोजन है। इसके विपरीत 'डाक बँगला आगे है।' उद्देश्य-विधेय की दृष्टि से शुद्ध रचना है। इसका अभिप्रेत अर्थ डाक बंगले का दिशा निर्देश करना है, गतिरोधक की तरह उसकी स्थिति से सावधान करना नहीं।

उपवाक्यों में विभाजन

संयुक्त और मिश्रित वाक्यों का उपवाक्यों में विभाजन करना अंग्रेजी आदि भाषाओं में अर्थ-बोध के लिए आवश्यक है, परंतु हिंदी में अंग्रेजी की तरह संश्लिष्ट वाक्य नहीं होते, अतः उपवाक्यों में विभाजन व्यावहारिक दृष्टि से विशेष उपयोगी नहीं। संयुक्त वाक्यों में दोनों वाक्य समानाधिकरण होते हैं और 'और', 'या' 'अथवा', 'अन्यथा', 'किंतु', 'परंतु' आदि अव्ययों के द्वारा जुड़े रहते हैं, जैसे—

1. धर्म जीवन को दिशा देता है और विज्ञान सृष्टि के रहस्यों को खोलता है।
2. थोड़ी देर में गाडी आ गयी और मैंने अपनी जगह सँभाली।
3. वह अपना नाम वापस ले लेगा या चुनाव अधिकारी उसके नामांकन को अवैध घोषित कर देंगे।
4. मैं आज शाम तक किराया दे दूंगा अन्यथा आप मकान खाली करा लीजिए।
5. वहाँ से कई लोग गुजरे परन्तु किसी ने घायल को नहीं उठाया।

उपर्युक्त वाक्यों में दो-दो उपवाक्य हैं, जिनका सयोग स्पष्ट परिलक्षित होता है।

मिश्रित वाक्यों में एक मुख्य वाक्य होता है, और दूसरा गौण उपवाक्य, जो संज्ञा, विशेषण, क्रिया विशेषण आदि का स्थानापन्न होता हैं। इन वाक्यों का पृथक्करण भी सहज साध्य है, जैसे—

1. उसने निश्चय किया कि आगामी चुनाव में भाग नहीं लूंगा।
2. जो सेवा करना जानता है, वही सच्चा मानव है।
3. जब तक हम लक्ष्य तक नहीं पहुँचते, तब तक हमारा सफर जारी रहेगा।
4. जिसके जहाँ सींग समाये, वह वहाँ घुस गया।
5. वह बुरी तरह डर गया था, क्योंकि चारों ओर से रहस्यमय आवाजें आ रही थीं।
6. झींगुरों का स्वर ऐसा प्रतीत होता था, जैसे नुपुरों की झंकार हो।

उपर्युक्त वाक्यों का संयोग भी संयुक्त वाक्यों की तरह स्पष्ट मिश्रित वाक्यों में सामान्यतया 'कि' से शुरू होने वाला संज्ञा उपवाक्य, जो से शुरू होने वाला विशेषण, जब से शुरू होने वाला कालवाचक, जहाँ से प्रारंभ होने वाला स्थान-वाचक, क्योंकि से प्रारंभ होने वाला कारणवाचक और जैसे से शुरू होने वाला रीतिवाचक क्रिया विशेषण होता है। यों इसके थोड़े-बहुत अपवाद भी हैं। केवल अंग्रेजी की-सी रचना वाले वाक्यों का विभाजन ही व्यावहारिक दृष्टि से उपयोगी है। जैसे—

1. वह डाल, जिस पर हमारा बसेरा था, काट दी गयी।

2. वे बीते हुए क्षण, जिनमें हमने जीवन जीया था, केवल स्मृतिशेष रह गये हैं।

इस शैली के वाक्यों में मुख्य उपवाक्य खंडित होता है। क्योंकि विशेषण उपवाक्य संबद्ध विशेष्य के बाद बीच में आ बैठता है। इन वाक्यों का पृथक्करण इस प्रकार होगा—

1. (अ) वह डाल काट दी गयी। (मुख्य उपवाक्य)
   (आ) जिस पर हमारा बसेरा था। (विशेषण उपवाक्य)
2. (अ) वे बीते हुए क्षण स्मृति शेष रह गये हैं। (मुख्य उपवाक्य)
   (आ) जिसमें हमने जीवन जीया था। (विशेषण उपवाक्य)

कई बार एक वाक्य में दो से अधिक उपवाक्यों का संयोग भी देखा जाता है। ऐसी स्थिति में यदि वाक्य में एक ही मुख्य उपवाक्य हो तो, उसे 'मिश्रित वाक्य' कहा जाता है। और दो या अधिक समानाधिकरण उपवाक्य हों तो संयुक्त वाक्य। जैसे—

1. जब उसने मेरी आवाज सुनी, तो पीछे मुड़कर देखा किंतु बिना रुके आगे बढ़ गया।

(अ) तो (उसने) पीछे मुड़कर देखा। (मुख्य उपवाक्य)
(आ) जब उसने मेरी आवाज सुनी। (कालवाचक उपवाक्य)
(इ) किंतु बिना रुके आगे बढ़ गया। (मुख्य उपवाक्य)
(अ) का समानाधिकरण; (विरोध मूलक); यह संयुक्त वाक्य है।

2. यदि आप मेरे निवास की व्यवस्था करेंगे, तो जब तक आप चाहेंगे, तब तक मैं यहाँ रहूँगा।

(अ) तब तक मैं यहाँ रहूँगा। (मुख्य उपवाक्य)
(आ) यदि आप मेरे निवास की व्यवस्था करेंगे। (संकेतार्थक उपवाक्य)
(इ) जब तक आप चाहेंगे। (कालवाचक उपवाक्य)
यह मिश्रित वाक्य है।

चार उपवाक्यों का संयोग

1. इस युवक महोत्सव में, जो विश्वविद्यालय के विद्यार्थी कल्याण विभाग द्वारा आयोजित किया गया था, हजारों विद्यार्थियों ने भाग लिया और अपनी कला से उनको भी मंत्र-मुग्ध कर दिया, जो प्रारंभ में इस आयोजन के विरोधी थे।

(अ) इस युवक महोत्सव में हजारों विधार्थियो ने भाग लिया। (मुख्य उपवाक्य)

(आ) जो विश्वविद्यालय के विद्यार्थी कल्याण विभाग द्वारा आयोजित किया गया था। (विशेषण उपवाक्य, युवक महोत्सव का विशेषक)

(इ) (हज़ारों विद्यार्थियों ने) अपनी कला से उनको भी मंत्रमुग्ध कर दिया। (मुख्य उपवाक्य का समानाधिकरण उपवाक्य)

(ई) जो इस आयोजन के विरोधी थे। (विशेषण उपवाक्य 'उनको' सर्वनाम का विशेषक)

यह संयुक्त वाक्य है।

2. एक महान विचारक ने कहा है कि सच्चा प्रजातंत्र वह है, जो नागरिकों को अभिव्यक्ति की स्वतंत्रता देकर ही संतुष्ट न हो, अपितु विकास के समान अवसर भी प्रदान करे।

(अ) एक महान् विचारक ने कहा है। (मुख्य उपवाक्य)

(आ) (कि) सच्चा प्रजातंत्र वह है। (संज्ञा उपवाक्य)

(इ) जो नागरिकों को अभिव्यक्ति की स्वतंत्रता देकर ही संतुष्ट न हो।
(विशेषण उपवाक्य, प्रजातंत्र का विशेषक)

(ई) (अपितु) विकास के समान अवसर भी प्रदान करे।
(विशेषण उपवाक्य, 'इ' का विशेषक)

यह मिश्रित उपवाक्य है।

अध्याहार

व्याकरणिक दृष्टि से पूर्ण वाक्य में कम से कम दो अंशों का होना जरूरी है, उद्देश्य और विधेय। किंतु संभाषण में हम सदैव पूर्ण वाक्यों का प्रयोग नहीं करते। कहानी, उपन्यास और नाटकों के संवादों में भी वाक्यों की पूर्णता सर्वत्र अपेक्षित नहीं होती। ऐसे अवसर पर वाक्य का कुछ अंश छोड़ दिया जाता है। इसे 'अध्याहार' कहते हैं और इस प्रकार के वाक्यों को 'अध्याहृतांश वाक्य'।

अध्याहार से संवादों में संक्षिप्तता और पैनापन आता है। एक लघुसंवाद देखिए—

—आप कल आ रहे हैं न ?

—नहीं।

—और बड़े भैया ?

—शायद वे भी नहीं।

—क्यों ?

—हम दोनों कल गाँव जा रहे हैं।

—कब तक लौटेंगे ?

—शनिवार तक।

यदि इन वाक्यों को इस प्रकार बोला जाए तो रचना कितनी शिथिल लगेगी! —

—आप कल समारोह में आ रहे हैं न ?

—नहीं, मैं नहीं आ पाऊँगा।

—और बड़े भैया आ रहे हैं या नहीं आ रहे हैं ?

—शायद वे भी नहीं आ पायेंगे।

—आप दोनों इस समारोह में क्यों नहीं आ पायेंगे ?

—नहीं आ पायेंगे, क्योंकि हम दोनों कल गाँव जा रहे हैं।

—आप लोग वहाँ से कब तक लौटेंगे ?

—हम लोग वहाँ से शनिवार तक लौटेंगे।

रचना बिल्कुल बोझिल और उबाऊ हो गयी है।

अध्याहार के लिए निश्चित नियमों का विधान करना संभव नहीं है। जितना अर्थ बिना शब्द के गम्य होता है उसे छोड़ दिया जाता है।

फिर भी कुछ बातें उल्लेखनीय हैं—

(1) समाचारों के शीर्षक में क्रिया प्रायः अध्याहृत रहती है, जैसे—

1. आतंकवादियों द्वारा छह व्यक्तियों की हत्या।

2. मेरठ में दंगा; संवेदनशील क्षेत्रों में कर्फ्यू।

3. हरियाणा में लोकदल की विजय।

(2) लोकोक्तियों में भी कई बार क्रिया अध्याहृत रहती है, जैसे—

1. हाथ कंगन को आरसी क्या ?

2. चोर-चोर मौसेरे भाई।

3. कहाँ राजा भोज, कहाँ गंगू तेली ?

(3) आज्ञार्थ वाक्य में कर्ता अध्याहृत रहता है। जैसे—

1. लो, यह देखो।

2. आइए, बैठिए।

3. सदा सवेरे उठो।

(4) कर्मवाच्य में कर्ता अनेक वार अध्याहृत रहता है, जैसे—

1. वेद भारत-भर में पढ़े जाते हैं।

2. दिवाली शरद् ऋतु में मनायी जाती है।

3. यह प्रश्न अगली बैठक में उठाया जायेगा।

(5) सुने हुए प्रसंगों का उल्लेख करते समय कहना, सुनना आदि क्रियाओं का कर्ता अध्याहृत रहता है, जैसे—

1. कहते हैं, उन दोनों में समझौता हो गया है।

2. सुना है, उसने फिर शराब पीना शुरू कर दिया है।

3. सुनते हैं, सरकार अंतरिम राहत देने को राजी हो गयी है।

(6) किसी प्रश्न का उत्तर देते समय विधेय को छोड़कर शेष सारा वाक्य अध्याहृत रहता है, जैसे—

1. यह पुस्तक किसकी है ?

—राम की।

2. आप कब आयेंगे ?

—कल।

3. इस संस्था के अध्यक्ष कौन हैं ?

—श्री देवेश शर्मा।

(7) जिस प्रश्न का उत्तर 'हाँ' या 'नहीं में देना संभव होता है, वहाँ उत्तर का शेष अंश अध्याहृत रहता है, जैसे—

1. क्या आप मेरी सहायता करेंगे ?

—अवश्य !

2. क्या आपको डर लग रहा है ?

—नहीं तो।

अध्याहार के लिए वस्तुतः वक्ता और श्रोता का तालमेल ही प्रमाण है। जहाँ जितना अंश अनावश्यक लगता है, छोड़ दिया जाता है।

9

अर्थ विमर्श

अर्थ भाषा का प्राणतत्त्व है। भाषा की अन्य सभी इकाइयाँ—ध्वनि, शब्द, पद, वाक्य—अर्थ के ही चारों ओर घूमती हैं। अर्थ के विभिन्न पहलुओं पर विचार करना प्रमुखतया भाषाविज्ञान के अध्ययन का विषय है, किंतु व्याकरण के अध्येता के लिए भी 'अर्थ' के स्वरूप का प्रारंभिक ज्ञान निःसंदेह उपयोगी है।

अर्थ का स्वरूप

जब हम किसी शब्द का उच्चारण करते हैं, तो एक निश्चित वस्तु का बिंब हमारे मन पर अंकित हो जाता है। उदाहरणार्थ 'पुस्तक' शब्द का उच्चारण करने पर 'पुस्तक वस्तु का', 'कलम' शब्द का उच्चारण करने पर 'कलम वस्तु' और 'चश्मा' शब्द का उच्चारण करने पर 'चश्मा वस्तु' का दृश्य बिंब मानस पटल पर उभर आता है। ये दृश्यमान वस्तुएँ ही इन शब्दों के 'अर्थ' हैं। आवश्यक नहीं कि यह बिंब दृश्य ही हो, श्रवण, घ्राण, स्वाद, स्पर्श किसी भी संवेदन से संबंधित हो सकता है। पारिभाषिक शब्दों में "किसी शब्द, वाक्य या वाक्यांश के उच्चारण से जो प्रतीति होती है, उसे 'अर्थ' कहते हैं।"

आचार्यों ने शब्द से गृहीत अर्थ के चार भेदों का उल्लेख किया है, 1. जाति 2. गुण 3. क्रिया और 4. द्रव्य। कल्पना कीजिए कि एक राजा नाम का श्वेत अश्व गतिमान् है। उस एक ही मूर्त 'वस्तु' के लिए 'घोड़ा' 'श्वेत' 'राजा' और 'गतिमान्' चार अभिधानों का प्रयोग किया जा सकता है, जैसे—'यह घोड़ा है', 'यह श्वेत है', 'यह राजा है' और 'यह गतिमान् है'। वस्तु एक है, अभिधान चार हैं। चारों ही ठीक हैं। अतः आचार्यों ने व्यवस्था की है कि शब्द का अर्थ केवल 'मूर्त वस्तु' ही नहीं होता। वह जाति हो सकता है, जैसे—मनुष्य, घोड़ा, नदी, पर्वत; गुण हो सकता है, जैसे—काला, सफेद, अच्छा, बुरा; क्रिया हो सकता है, जैसे— खाना, पीना, दौड़ना, चलना और द्रव्य हो सकता है, जैसे—राम, मोहन,

गंगा, हिमालय। यहाँ यह बात उल्लेखनीय है कि संस्कृत काव्यशास्त्र में 'द्रव्य' का पारिभाषिक अर्थ वही है, जो हिंदी व्याकरण में 'व्यक्तिवाचक संज्ञा' का।

सूक्ष्म दृष्टि से देखा जाए, तो अर्थ का क्षेत्र इससे भी कहीं व्यापक है। वह अनंत है। वह कोई अनुभूति हो सकता है, विचार हो सकता है, सिद्धांत हो सकता है या अन्य कुछ भी हो सकता है।

शब्द और अर्थ का संबंध

शब्द और अर्थ का नित्य संबंध है। महाकवि कालिदास ने 'रघुवंश' के मंगलाचरण में शब्द और अर्थ को नित्य 'सम्पृक्त' कहा है। इस नित्य संबंध को काव्यशास्त्र में 'संकेतग्रह' कहा जाता है। इसी संबंध के कारण 'पुस्तक' शब्द से 'पुस्तक वस्तु' का ही बोध होता है, 'मेज' या 'कलम' का नहीं। संकेतग्रह परंपरा से प्राप्त अनुभव है। यह कहना सरल नहीं है कि इस संबंध के पीछे कोई तर्क-संगत आधार है या नहीं। कुछ विद्वानों ने वस्तुओं के नामकरण को साधार मानते हुए कुछ शब्दों का स्रोत और इतिहास जानने का प्रयास किया है। जैसे—जल को 'पानी' क्यों कहते हैं, इसकी छानबीन करते-करते वे 'पानीय' शब्द तक पहुँच जाते हैं और 'पा' धातु से 'अनीय' प्रत्यय जोड़कर बनाए 'पानीय' शब्द का अर्थ 'पीने योग्य वस्तु' जानकर अपने-आपको कृतार्थ मान लेते हैं। किंतु पीने की क्रिया को 'पा' क्यों कहते हैं, यह प्रश्न फिर भी अनुत्तरित रह जाता है। इसी प्रकार 'पत्ता' शब्द का संबंध 'पत्' धातु से जोड़ना, 'साँप' को 'सृप्' धातु से संबद्ध मानना और 'गम्' धातु से 'गौः' की व्युत्पत्ति सिद्ध करना शब्द और अर्थ के पारस्परिक संबंधों को तलाशने के कुछ प्रयास हैं। वस्तुतः यह सब बुद्धिविलास मात्र है। यदि कुछ इने-गिने शब्दों का इतिहास ढूंढ भी लिया जाए तो इस संबंध की गुत्थी सुलझती नहीं।

वस्तुस्थिति यह है कि हर पीढ़ी को शब्द और अर्थ का संबंध पूर्ववर्ती पीढ़ी से प्राप्त होता है। यह एक अनवरत परंपरा है। एक प्रवाह है, जिसमें समय-समय पर अन्यान्य स्रोत आकर मिलते रहते हैं। इस प्रक्रिया में कई शब्दों को नये अर्थ मिल जाते हैं और पुराने अर्थ पीछे छूट जाते हैं। नये शब्द बनते हैं। नये अर्थ बनते हैं। सिलसिला चलता रहता है।

शब्द शक्ति

शब्द में एक अतर्निहित शक्ति होती है, जो वक्ता के अभिप्रेत अर्थ का बोध कराती है। यह शक्ति केवल 'संकेतग्रह' तक सीमित नहीं रहती। इसकी पहुँच असीम है। इसी शक्ति के द्वारा कवि और साहित्यकार सूक्ष्म से सूक्ष्म अर्थ की अभिव्यक्ति कर पाते हैं। शब्द की इस अंतर्निहित शक्ति को 'शब्द शक्ति'

'व्यापार' या 'वृत्ति' कहते हैं। हिंदी में शब्द शक्ति अधिक प्रचलित है।

शब्द शक्तियाँ तीन मानी गई हैं—

1. अभिधा,
2. लक्षणा, और
3. व्यंजना

अभिधा

शब्द की जो शक्ति साक्षात् संकेतग्रह द्वारा निर्धारित अर्थ का बोध कराती है, उसे 'अभिधा' कहते हैं। अभिधा द्वारा गृहीत अर्थ 'वाच्यार्थ, कहलाता है। 'घोड़ा दौड़ता है', 'बालक पढ़ता है' आदि वाक्यों से गृहीत सामान्य अर्थ का बोध अभिधा शक्ति के द्वारा ही होता है।

लक्षणा

मुख्य अर्थ का बोध होने पर, जिस शब्दशक्ति से किसी संबद्ध अर्थ का बोध होता है, उसे 'लक्षणा' कहते हैं। लक्षणा से गृहीत अर्थ लक्ष्यार्थ कहलाता है। लक्षणा का प्रयोग या तो पूर्व प्रचलित रूढ़ि के कारण होता है। अथवा किसी प्रयोजन के कारण। इस दृष्टि से लक्षणा के दो भेद हो जाते हैं—1. रूढ़ि लक्षणा और 2. प्रयोजनवती लक्षणा।

रूढ़ि लक्षणा—जब हम किसी साहित्यिक रचना को 'मधुर' कहते हैं, तो हमारा तात्पर्य उसे स्वाद की दृष्टि से 'मीठा' कहना नहीं होता, अपितु उसकी सरसता का उल्लेख करना होता है। वहाँ 'मधुर' शब्द अपने आस्वाद वाले अर्थ की सीमा को छोड़कर 'प्रेय' अर्थ में प्रयुक्त होता है। 'मधुर संगीत', 'मधुर कथा' आदि प्रयोगों में वह इसी अर्थ में रूढ़ हो गया है। यह रूढ़ि है। 'गँवार' का अर्थ 'असभ्य' और 'कुशल' का अर्थ 'निपुण' रूढ़ि लक्षणा से ही गम्य होता है। अखबार का 'पृष्ठ', कुर्सी की 'टाँग', बर्तन का 'मुँह' कविता के 'चरण' रूढ़ि लक्षणा के कुछ अन्य उदाहरण हैं।

प्रयोजनवती लक्षणा—जब हम 'मूर्ख' अर्थ में 'गधा' शब्द का प्रयोग करते हैं तो 'प्रयोजनवती लक्षणा' होती है। प्रयोजन होता है, मूर्खत्व की तीव्र अभिव्यक्ति। वस्तुत: कभी-कभी अभिधा वक्ता के भावों को अभिव्यक्त करने में कुंठित हो जाती है। तब लक्षणा की जरूरत पड़ती है। उदाहरणार्थ जब क्रोध की अभिव्यक्ति के लिए 'मैं तुझे मारूँगा' कहना पर्याप्त नहीं होता, तो वक्ता 'मैं तुझे कच्चा चबा जाऊँगा', 'मैं तेरी चटनी बना दूँगा' आदि वाक्यों का प्रयोग करता है, यही प्रयोजनवती लक्षणा है।

ऐसा प्रतीत होता है कि प्रारंभ में सभी लाक्षणिक प्रयोग सप्रयोजन होते हैं, किंतु बाद में वे लक्ष्यार्थ में ही रूढ़ हो जाते हैं। कुशल, गँवार, प्रवीण, पंकज,

मादक, मोहक, सजीव, निर्जीव, सरस, नीरस आदि शब्द आज अपने लक्ष्यार्थ में इस तरह रूढ़ हो गए हैं, उनके वाच्यार्थ की ओर हमारा ध्यान तक नहीं जाता। 'गँवार' शब्द किसी समय 'ग्रामवासी' अर्थ का वाचक रहा होगा किंतु आज इसने अपने वाच्यार्थ को सर्वथा त्याग दिया है। आप किसी ग्रामवासी को 'गँवार' कहने का साहस नहीं कर सकते। 'कुशल' शब्द का वाच्यार्थ 'कुश लाने वाला' और 'प्रवीण' का अर्थ 'वीणा बजाने में प्रगत' है, किंतु आज हम ऐसे व्यक्तियों के लिए भी इन शब्दों का प्रयोग करते हैं, जिन्होंने न कभी कुशा देखी है न वीणा। ये सब प्रयोग पहले सप्रयोजन रहे होंगे। परंतु अब अपने लक्ष्यार्थ में रूढ़ हो गए हैं।

लक्षणा के लिए तीन बातें आवश्यक हैं—मुख्य अर्थ का बोध, संबद्ध अर्थ की प्रतीति और रूढ़ि अथवा प्रयोजन। जब हम किसी को गधा कहते हैं तो हमें 'लंबे कानों वाला भारवाही पशु' अर्थ अभिप्रेत नहीं होता, उससे संबद्ध 'मूर्ख' अर्थ ही अभिप्रेत होता है। इस लाक्षणिक प्रयोग का प्रयोजन होता है, मूर्खत्व की तीव्र अभिव्यक्ति। इसी तरह 'उसने चिल्ला-चिल्लाकर आसमान सिर पर उठा लिया' इस वाक्य में भी वाच्यार्थ ग्रहण करना संभव नहीं। अतः उससे संबद्ध 'तीव्र आक्रोश' अर्थ ग्रहण किया जाता है। यह लाक्षणिक प्रयोग भी सप्रयोजन है। आक्रोश की तीव्रता की जैसी अभिव्यक्ति इस वाक्य से होती है, वैसी अभिधा के द्वारा नहीं हो सकती।

लक्षणा से गृहीत अर्थ वाच्यार्थ से भिन्न जरूर होता है, किंतु उससे असंबद्ध नहीं। यदि ऐसा होता तो किसी भी शब्द से कोई भी अर्थ अभिव्यक्त हो सकता था, कभी-कभी हम अत्यंत दुबले-पतले व्यक्ति के लिए 'पहलवान' शब्द का प्रयोग करते हैं। वहाँ हमारा अभिप्रेत अर्थ वैषम्य पर आधारित होता है। अह विपरीत अर्थ भी प्रकारांतर से संबद्ध अर्थ ही है। इसे 'विपरीत लक्षणा' कहते हैं। 'मूर्ख' के लिए 'बुद्धू' शब्द का प्रयोग रूढ़िगत विपरीत लक्षणा का उत्तम उदाहरण है।

आचार्यों ने लक्षणा के अनेक भेदोपभेद बताए हैं। उन सबकी चर्चा यहाँ अनावश्यक है। फिर भी कुछ महत्त्वपूर्ण भेदों पर विचार किया जा सकता है।

गौणी और शुद्धा लक्षणा—जिस लक्षणा में लक्ष्यार्थ सादृश्य संबंध से ग्रहण किया जाता है, वहाँ गौणी लक्षणा होती है, जैसे—'आहट सुनते ही वह चौकन्ना हो गया।' 'चौकन्ना' शब्द का लक्ष्यार्थ 'सजग' उसके 'चार कान वाला' वाच्यार्थ से सादृश्य संबंध रखता है। जो चार कान वाला होगा, वह चारों ओर के संभावित खतरे के प्रति सजग भी होगा। अतः यहाँ सादृश्य संबंध के कारण गौणी लक्षणा है। इसी प्रकार 'कुशल' शब्द का वाच्यार्थ है, 'कुश लाने वाला'। मुनि लोग अपने समझदार और कार्यनिपुण शिष्य को ही कुश लाने का काम सौंपते थे। कुश के रूप-आकार की अन्य कई वनस्पतियाँ होती थीं, जो सभी पवित्र नहीं होती थीं। अतः कुश को पहचानने के लिए विवेक और चतुराई की जरूरत होती थी।

इस तरह 'कुशल' शब्द 'कार्य निपुण' अर्थ में रूढ़ हो गया।

शुद्धा लक्षणा में लक्ष्यार्थ का आधार सादृश्येतर संबंध होता है, जैसे 'संपन्नता स्वयं गर्व सिखा देती है।' इस वाक्य में 'सिखाना' क्रिया के लक्ष्यार्थ 'सहज प्रकट करना' का उसके वाच्यार्थ से कोई सादृश्य नहीं है। शुद्धा लक्षणा के दो भेद हैं— उपादान लक्षणा और लक्षण लक्षणा। उपादान लक्षणा में शब्द अपने वाच्यार्थ को पूर्णतया नहीं छोड़ता। वाच्यार्थ भी लक्ष्यार्थ के साथ विद्यमान रहता है। 'मंच पर कई सफेद टोपियाँ बैठी थीं' इस वाक्य में 'सफेद टोपी' का लक्ष्यार्थ 'सफेद टोपी वाले नेता' हैं, जिसमें वाच्यार्थ भी लक्ष्यार्थ के साथ विद्यमान है। इसी प्रकार 'महाराष्ट्र परंपराप्रिय है।' और 'भारत ने तीन मैच जीते।' इन वाक्यों में उपादान लक्षणा का प्रयोग हुआ है। यहाँ 'महाराष्ट्र' का लक्ष्यार्थ है, 'महाराष्ट्र के लोग' और 'भारत' का अर्थ है, 'भारत के खिलाड़ी।' 'दरवाजे पर लाल पगड़ियाँ पहरा दे रही थीं।' 'रेशमी शाल ने उपेक्षा से उसकी ओर देखा।' आदि वाक्य उपादान लक्षणा के उदाहरण हैं।

लक्षण लक्षणा में वाच्यार्थ लक्ष्यार्थ के साथ संलग्न नहीं होता। जैसे 'यह मित्रों की कृपा है कि वे उसकी हर बात नमक-मिर्च लगाकर बॉस तक पहुँचा देते हैं।' यहाँ 'मित्र' और 'कृपा' शब्दों का लक्ष्यार्थ 'शत्रु' और 'दुष्टता' है। अपने सहयोगी के विरुद्ध अधिकारी के कान भरना 'शत्रुता' और 'दुष्टता' का लक्षण है, मित्रता का नहीं।

व्यंजना

जब अभिधा और लक्षणा अपना काम करके विरत हो जाती हैं, तो जिस शक्ति से एक विलक्षण अर्थ की प्रतीति होती है, उसे 'व्यंजना' कहते हैं। व्यंजना में लक्षणा की तरह मुख्य अर्थ का बोध नहीं होता, अपितु उस अर्थ के अतिरिक्त एक भिन्न अर्थ की व्यंजना होती है। व्यंजना से गम्य अर्थ को 'व्यंग्यार्थ' कहते हैं। व्यंग्यार्थ के मूल में कभी वाच्यार्थ विद्यमान रहता है, तो कभी लक्ष्यार्थ। इस दृष्टि से व्यंजना के दो भेद हो जाते हैं, 1. अभिधामूला व्यंजना और लक्षणामूला व्यंजना।

अभिधामूला व्यंजना में व्यंजना का आधार अभिधा होती है। उदाहरणार्थ, 'उसका दफ्तर एक बहुमंजिली इमारत की ऊपर की मंजिल पर था, जहाँ से सारी दुनिया छोटी दिखाई देती थी।' इस वाक्य में उसकी 'सम्पन्नता' और 'सबको तुच्छ समझने की दृष्टि' की व्यंजना हुई है। यह व्यंग्यार्थ किसी लक्षणा पर आधारित नहीं है। यह अभिधामूला व्यंजना है। इसी प्रकार 'उस मासूम बालक की छाती से डाक्टरों ने जो गोली निकाली, वह किसी दंगाई की नहीं पुलिस की राइफल की गोली थी।' इस वाक्य में पुलिस की क्रूरता की व्यंजना हुई है। यह भी अभिधामूला व्यंजना है।

लक्षणामूला व्यंजना में व्यंग्यार्थ का आधार लक्षणा होती है। जैसे 'रोटी उसे

खा गयी' इस वाक्य से यह व्यंग्यार्थ ध्वनित होता है कि 'भौतिक आवश्यकताओं ने उसके चरित्र को नष्ट कर दिया।' यह अर्थ लक्षणा पर आधारित है, क्योंकि 'रोटी' का लक्ष्यार्थ यहाँ 'भौतिक आवश्यकता' है। इसी प्रकार 'सूखा उसके जीवन में हरियाली लेकर आया' इस वाक्य से यह अर्थ व्यंजित होता है कि 'राहत कार्यों में उसने खूब पैसा कमाया।' यह अर्थ विपरीत लक्षणा पर आधारित है। उपर्युक्त दोनों उदाहरणों में लक्षणामूला व्यंजना का प्रयोग हुआ है।

व्यंजना का आधार कभी कोई विशिष्ट शब्द होता है, तो कभी केवल अर्थ। इस आधार पर व्यंजना के दो भेद हो जाते हैं—1. शाब्दी व्यंजना और 2. आर्थी व्यंजना। जैसे—'भगवान् आशुतोष तुम्हारा कल्याण करेंगे।' इस वाक्य में प्रयुक्त 'आशुतोष' नाम भगवान् शंकर के शीघ्र प्रसन्न होने की व्यंजना करता है। इसी प्रकार 'वह सच्चा 'समाजवादी' है। रिश्वत के पैसे सब सहयोगियों में बाँट-करखाता है।' इस प्रसंग में व्यंजना का आधार 'समाजवादी' शब्द है। यह शाब्दी व्यंजना है। आर्थी व्यंजना में संपूर्ण वाक्यार्थ से विशिष्ट अर्थ की व्यंजना होती है। वहाँ कोई विशेष शब्द व्यंजक नहीं होता। शाब्दी व्यंजना में यदि व्यंजक शब्द के स्थान पर उसका पर्यायवाची शब्द रख दिया जाए, तो व्यंग्यार्थ नष्ट हो जाता है, जबकि आर्थी व्यंजना में शब्द बदल देने से व्यंजना पर कोई प्रभाव नहीं पड़ता। उदाहरणार्थ 'पत्र को पढ़ते ही उसकी तनी हुई मुट्ठियाँ शिथिल हो गईं' इस वाक्य में पराजय की अभिव्यक्ति हुई है, जो किसी शब्द पर नहीं, संपूर्ण वाक्यार्थ पर आधारित है। इसी प्रकार 'उमंगों की नदी अपने तटबंध तोड़कर बह निकली।' इस वाक्य से ध्वनित 'आनन्द' की असीमता, संपूर्ण वाक्यार्थ पर आधारित है। ये दोनों आर्थी व्यंजना के उदाहरण हैं।

आचार्यों ने व्यंजना के अनंत भेद किए हैं, जिनका विवेचन यहाँ न संभव है और न आवश्यक।

व्यंजना और शब्द चयन—ऊपर से समानार्थी दिखने वाले शब्दों में कई बार व्यंजना की दृष्टि से उल्लेखनीय भिन्नता होती है। उदाहरणार्थ 'स्त्री' के पर्यायवाची शब्द कामिनी, वामा, अबला, महिला आदि अलग-अलग अर्थ की व्यंजना करते हैं। 'कामिनी' शब्द से उत्तेजक सौंदर्य की व्यंजना होती है, 'वामा' से कुटिल व्यवहार की, 'अबला' से विवशता की और 'महिला' से कुलीनता की। हिंदी की एक प्रसिद्ध महिला-पत्रिका का नाम 'वामा' है, जो गलत शब्द-चयन का उदाहरण है। हमारे नगर में महिलाओं की एक संस्था का नाम 'कामिनी उद्योग केन्द्र' है, जो निःसंदेह शब्द के व्यंग्यार्थ को न समझ पाने का परिणाम है। वीरता और पौरुष, मुख और आनन, सूर्य और दिवाकर, क्रोध और विक्षोभ, दर्द और पीड़ा, सुख और आनंद, चटुल और चंचल, व्योम और आकाश, पृथ्वी और वसुन्धरा, वायु और पवन, ज्योति और प्रकाश, रात्रि और विभावरी आदि शब्द अभिधा के स्तर पर समानार्थक होते हुए भी भिन्न-भिन्न अभियंजना की क्षमता रखते हैं। अतः प्रसंगानुकूल शब्द-चयन वक्ता की प्रतिभा का परिचायक होता है।

10

मुहावरे और लोकोक्तियाँ

भाषा का प्रयोजन है, भावों का सम्यक् संप्रेषण। जो भाषा भाव संप्रेषण की जितनी अधिक क्षमता रखती है, वह उतनी ही समृद्ध मानी जाती है। मुहावरे और लोकोक्तियाँ अभिव्यक्ति का सबल माध्यम हैं। इनके द्वारा मनुष्य अपने अनुभवों को सहज अभिव्यक्ति देता है, और वाक् शक्ति संपन्न बनाता है।

मुहावरा : स्वरूप और परिभाषा

'मुहावरा' अरबी भाषा का शब्द है, जिसका अर्थ है—'अभ्यास'। किंतु अपने पारिभाषिक अर्थों में यह शब्द एक ऐसी विशिष्ट शब्द योजना के लिए प्रयुक्त होता है, जो अभिप्रेत अर्थ की अभिव्यक्ति में विशेष सहायक होती है। 'हिंदी शब्द सागर' में 'मुहावरे' का अर्थ स्पष्ट करते हुए लिखा है—

"लक्षणा या व्यंजना द्वारा सिद्ध वाक्य या प्रयोग, जो किसी एक ही बोली अथवा लिखी जाने वाली भाषा में प्रचलित हो और उसका अर्थ प्रत्यक्ष (अभिधेय) अर्थ से विलक्षण हो।"

डॉ० ओमप्रकाश गुप्त ने लिखा है—"प्राय: शारीरिक चेष्टाओं, अस्पष्ट ध्वनियों, कहानी और कहावतों अथवा भाषा के कतिपय विलक्षण प्रयोगों के अनुकरण या आधार पर निर्मित और अभिधेयार्थ से भिन्न कोई विशेष अर्थ देने वाले किसी भाषा के गठे हुए रूढ़ वाक्य, वाक्यांश अथवा शब्द इत्यादि को 'मुहावरा' कहते हैं।

वस्तुत: मुहावरे के स्वरूप को सही-सही समझने के लिए उसकी निम्नलिखित विशेषताओं पर ध्यान देना आवश्यक है।

1. मुहावरे में शब्दों का लक्ष्यार्थ ग्रहण किया जाता है, वाच्यार्थ नहीं। उदाहरणार्थ 'नाक कटना' का अर्थ है 'इज्जत नष्ट होना' और 'तलवार की धार पर चलना' का अर्थ 'जोखिम-भरा या कठिन काम करना।' इन दोनों मुहावरों में

मुख्य अर्थ का बाध, संबद्ध अर्थ का ग्रहण और प्रयोजन या रूढ़ि—लक्षणा शक्ति की तीनों अनिवार्य विशेषताएँ विद्यमान हैं।

इसी प्रकार 'फूले न समाना', 'आग-बबूला होना', 'भीगी बिल्ली बनना' आदि सभी मुहावरों में लक्ष्यार्थ ही प्रतिपाद्य होता है, वाच्यार्थ नहीं।

2. मुहावरे की दूसरी विशेषता है कि उसकी शब्द योजना में किसी प्रकार का परिवर्तन नहीं किया जा सकता। किसी शब्द की जगह उसके समानार्थी शब्द का प्रयोग करने से मुहावरा निर्जीव हो जाता है। जैसे 'श्रीगणेश करना' की जगह 'श्रीगणपति करना' या 'श्रीगजानन करना' का प्रयोग नहीं हो सकता।

इस प्रकार पर्याय-परिवर्तन से मुहावरे की संवेदना ही नष्ट नहीं होती अपितु अर्थ का अनर्थ होने की भी आशंका रहती है। उदाहरणार्थ हिंदी में 'रोंगटे खड़े होना' और पुलकित होना' दो पृथक्-पृथक् मुहावरे हैं। वाच्यार्थ की दृष्टि से दोनों समानार्थी हैं। किंतु 'रोंगटे खड़े होना' का प्रयोग 'भय' की अभिव्यक्ति के लिए होता है और 'पुलकित होना' का हर्ष और आनंद की अभिव्यक्ति के लिए। यदि कोई कहे कि 'पागल कुत्ते को देखकर मैं पुलकित हो गया' या 'प्रियतम को देखकर उसके रोंगटे खड़े हो गए।' तो वक्ता का कथन हास्यास्पद ही होगा।

3. मुहावरे के लिए तीसरी अनिबार्यता है उसका रूढ होना। यदि हम किसी नये मुहावरे की रचना करना चाहें तो नहीं कर सकते। मुहावरे वस्तुतः भाषा की परंपरागत निधि हैं। उन्हें बदलने या विकृत करने का किसी को अधिकार नहीं।

मुहावरों का उद्भव

भावाभिव्यक्ति की समस्या ने पहले-पहल मुहावरों को जन्म दिया होगा। हास-परिहास, घृणा, आवेश, क्रोध, उत्साह, प्रेम, ममत्व आदि की अभिव्यक्ति कभी-कभी अभिधा के द्वारा असंभव-सी हो जाती है। तब मनुष्य अनाप-शनाप भाषा का प्रयोग करने लगता है। इससे शब्दों के प्रचलित अर्थ बदल जाते हैं। बस, यही प्रक्रिया मुहावरों की जननी है। जब कोई प्रेमी अपनी प्रेयसी के सामने प्रेम की व्यंजना करना चाहता है, तो 'मैं तुझे प्यार करता हूँ' इतना कहना पर्याप्त नहीं होता। वह 'तेरी माँग सितारों से भर दूँ।' 'तेरी राहों में पलकें बिछा दूँ।' आदि लाक्षणिक वाक्यों का प्रयोग करने लगता है। ये सब वस्तुतः अनाप-शनाप प्रयोग हैं, जिनका आवेश के क्षणों में प्रयोग किया जाता है। आगे चलकर ऐसे लाक्षणिक प्रयोग उस भावाभिव्यक्ति के लिए रूढ़ हो जाते हैं। ये प्रयोग ही मुहावरों के मूल स्रोत हैं। हमारी भाषाओं में मनोवेगों और मनोभावों से संबंधित मुहावरों की संख्या ही अधिक है। अकेले क्रोध की अभिव्यक्ति के लिए, लाल-पीला होना, नाक-भौं चढ़ाना, आँखें तरेरना, दाँत पीसना, आग-बबूला होना, आपे से बाहर होना, आँखों में खून उतरना आदि दर्जनों मुहावरे प्रचलित हैं।

पंडित रामदहिन मिश्र ने मुहावरों की उत्पत्ति के मूल में 'सादृश्य' को प्रमुख तत्त्व माना है। जैसे—'दाँत खट्टे करना' मुहावरा 'परास्त करना' अर्थ में प्रचलित है। यह अर्थ-सादृश्य पर आधारित है। पाठकों को अनुभव है कि दाँत खट्टे होने पर उनकी काटने की क्षमता नष्ट हो जाती है। वे कुंठित हो जाते हैं। अतः शत्रु के 'काटने के सामर्थ्य का कुंठित होना' ही उसका परास्त होना है। वस्तुत: सादृश्य की इस कल्पना को आदरणीय पंडितजी की कोई मौलिक बात नहीं कहा जा सकता, क्योकि लक्षणा का आधार भी तो सादृश्य ही है और फिर कई मुहावरे सादृश्येतर संबंध पर भी आधारित होते हैं, जैसे—नौ दो ग्यारह होना, नोन तेल, लकड़ी के फेर में पड़ना आदि।

कभी-कभी मुहावरों की उत्पत्ति किसी कथा मे जोड़ दी जाती है। जैसे एक आदमी ने अंधे से पूछा—'खीर खाओगे?' अंधे ने प्रश्न किया—'खीर कैसी होती है?' उत्तर मिला, 'सफेद!' अंधे ने फिर पूछा—'सफेद कैसा होता है?' आदमी ने उत्तर दिया, 'जैसा बगुला!' इस पर अंधे ने प्रश्न किया, 'बगुला कैसा होता है?' तब आदमी ने हाथ टेढा करके दिखा दिया। अंधे ने टटोलकर कहा—'अरे यह तो टेढ़ी खीर है।···नहीं खाई जाएगी।' बस, इस प्रकार 'टेढ़ी खीर होना' काम की कठिनाई जतलाने के लिए प्रयुक्त होने लगा।

परंपरागत प्रथाएँ भी कभी-कभी मुहावरों का स्रोत होती हैं। प्राचीनकाल में किसी कार्य को प्रारंभ करते समय गणेशजी का स्मरण किया जाता था। अत: 'श्रीगणेश करना' 'प्रारंभ करना' के अर्थ में प्रचलित हो गया। मुसलमानों में इसी अर्थ में 'बिस्मिल्लाह करना' का प्रयोग होता है। 'बिस्मल्लाह' का अर्थ है, 'ईश्वर के नाम पर'। पौराणिक-ऐतिहासिक संदर्भ भी मुहावरों को जन्म देते हैं। जैसे 'रामबाण होना' मुहावरा राम के बाण की अमोघता से उपजा है। दुष्ट मामा के लिए 'शकुनि', देशद्रोही के लिए 'जयचंद' आदि नामों का प्रयोग मुहावरों के तौर पर किया जाता है। किंतु मुहावरों का प्रमुख स्रोत लोकभाषाएँ हैं। साहित्यिक भाषाओं में प्रचलित होने से पूर्व हजारों मुहावरे इन भाषाओं में चलते रहते हैं। समय के प्रवाह में पड़कर जब कोई लोकभाषा साहित्यिक भाषा का रूप ग्रहण करती है, तो उसके मुहावरे भी दाय के रूप में उसे प्राप्त हो जाते हैं। नि:संदेह लोकभाषा के सभी मुहावरे ग्राह्य नहीं होते। औचित्य-अनौचित्य का विचारकर अनेक मुहावरों का परित्याग करना पडता है।

कुछ प्रचलित मुहावरे उनके प्रयोग के साथ यहाँ उद्धृत किए जा रहे हैं—

1. अंकुश रखना—नियंत्रण रखना।

—बढ़ती आवश्यकताओं पर अंकुश रखना सुखी जीवन का मूल मंत्र है।

2. अंधे की लकड़ी—एकमात्र आधार।
—उसका इकलौता बेटा फौज में भरती क्या हो गया, अंधे की लकड़ी ही छिन गई।
3. अक्ल पर पत्थर पड़ना—बुद्धि भ्रष्ट होना।
—मेरी अक्ल पर पत्थर पड़ गए थे, जो मैं उसके पास सहायता माँगने गया।
4. अड़ियल टट्टू—अत्यंत जिद्दी।
—वह पूरा अड़ियल टट्टू निकला। दोस्तों ने समझाया, रिश्तेदारों ने समझाया, परंतु टीम में सम्मिलित होने को तैयार नहीं हुआ।
5. अपने मुँह मियाँ मिट्ठू बनना—स्वयं अपनी प्रशंसा करना।
—अपने मुँह मिया मिट्ठू बनते हो। सब जानते हैं; तुम्हें यह नियुक्ति गुणवत्ता से नहीं सिफारिश से मिली है।
6. आँख का अंधा, गाँठ का पूरा—धनी किंतु मूर्ख।
ये नकली माल बेचने वाले इधर-उधर ग्राहक ढूँढ़ते हैं और आँख के अंधे गाँठ के पूरे थोड़े-बहुत लोग मिल ही जाते हैं।
7. आँखें खुलना—होश में आना।
—तुम लोगों ने अब तक मुझे वेवकूफ बनाया है। परंतु अब मेरी आँखें खुल गई हैं।
8. आँखों में धूल झोंकना—धोखा देना।
—इतने सिपाहियों और अधिकारियों की आँखों में धूल झोंककर कैदी जेल से भाग निकला।
9. आँच न आना—हानि न पहुँचना।
आप निश्चित रहिए। बेटे के अंतर्जातीय विवाह से आपकी इज्जत पर आँच नहीं आएगी। उल्टे आपका मान बढ़ेगा।
10. आड़े हाथों लेना—डाँटना-फटकारना, भर्त्सना करना।
—वह जब रात को देर से घर पहुँचा, तो पिताजी ने उसे खूब आड़े हाथों लिया।
11. आस्तीन का साँप—प्रिय बनकर धोखा देने वाला।
—वह तो आस्तीन का साँप निकला। इतने दिनों तक अपना बनकर शत्रु देश के लिए जासूसी करता रहा।
12. ईंट का जवाब पत्थर से देना—किसी के आघात का उससे बढ़कर जवाब देना।
—हम हर आक्रमण के लिए तैयार हैं। ईंट का जवाब पत्थर से देंगे।

13. ईद का चाँद होना—दर्शनों के लिए दुर्लभ होना।
अरे इनकी मत पूछो। ये तो आजकल ईद के चाँद हो गये हैं।

14 उँगली उठाना—दोषारोपण करना।
—कोई सम्मानित व्यक्ति पसंद नहीं करता कि लोग उस पर उँगलियाँ उठायें।

15. उँगली पर नचाना—इशारों पर चलने को विवश करना।
—बहू ऐसी मिली है कि सास और पति दोनों को उँगली पर नचाती है।

16. उल्टी गंगा बहाना—परंपरा के विरुद्ध व्यवहार करना।
—तुम भी उल्टी गंगा बहाती हो भाभी! मुझे तुम्हारी सेवा करनी चाहिए थी, पर तुम मेरे लिए यह सब कष्ट उठा रही हो।

17. उल्लू सीधा करना—स्वार्थ सिद्ध करना।
—उसे समाज सेवा से क्या लेना-देना है? वह तो अपना उल्लू सीधा करने के लिए इस दल में सम्मिलित हुआ हैं।

18. एक थैली के चट्टे-बट्टे—समान दुष्ट।
—क्या वामपंथी और क्या दक्षिणपंथी, सब एक ही थैली के चट्टे-बट्टे हैं।

19. एक ही डंडे से हाँकना—छोटे-बड़े या अच्छे-बुरे का विचार किए बिना सबसे एक-सा व्यवहार करना।
—कुछ पत्रकारों को भी द्वार पर ही रोक दिया गया। पुलिस भी सबको एक ही डंडे से हाँकती है।

20. कलेजे का टुकड़ा—अत्यंत प्रिय व्यक्ति।
—अपने कलेजे के टुकड़े को मोर्चे पर भेजते समय माँ की आँखें गीली हो गयीं।

21. कहा-सुनी होना—विवाद होना।
—किसी बात को लेकर दोनों में आज कहा-सुनी हो गई।

22. कान भरना—बुराई करना, शिकायत करना।
—किसी ने उसके खिलाफ मैनेजर के कान भर दिये और उसकी नौकरी चली गई।

23. कुआँ खोदना—हानि पहुँचाने का प्रयास करना।
—जो दूसरों के लिए कुआँ खोदता है, वह स्वयं उसमें गिरता है।

24. कुत्ते की मौत मरना—अपमानजनक मौत होना।
—जीवन-भर निर्दोष लोगों का खून बहाता रहा और अंत में कुत्ते की मौत मरा।

25. कोल्हू का बैल—चारों ओर की प्रगति से अनभिज्ञ।
—तुम कोल्हू का बैल बने इस घर में बैठे रहो। दुनिया कहाँ से कहाँ पहुँच गई, कुछ मालूम है !
26. खरी-खोटी सुनाना—डाँटना-फटकारना।
—माँ ने उसे खूब खरी-खोटी सुनाई और फिर कभी झूठ न बोलने का वचन लिया।
27. खाक छानना—भटकना।
—वह बरसों तक गलियों की खाक छानता रहा, पर नौकरी न मिली।
28. खून चूसना—शोषण करना।
—गरीबों का खून चूसकर उसने विलासिता के सब साधन जुटाये और लोकसेवा का ढोंग करता रहा।
29. खून खौलना—क्रोध आना।
—जब राजनीतिक नेताओं के मुख से त्याग और सेवा की बात सुनता हूँ, तो खून खौल उठता है।
30. खेत की मूली—नगण्य व्यक्ति।
—वह किस खेत की मूली है ?···उस जैसे हजारों घूमते हैं।
31. गंगाजी नहाना—कर्तव्यमुक्त होना।
—थोड़ा-सा कर्ज बाकी है। इसे उतार दूँ, तो गंगाजी नहाऊँ।
32. गड़े मुर्दे उखाड़ना—भुलाई हुई बातों की चर्चा करना।
—इस विषय में कोई समझौता करना है, तो गड़े मुर्दे उखाड़ने की जरूरत नहीं।
33. गाँठ बाँधना—निश्चय करना।
—बस, अब गाँठ बाँध ली है कि दूसरों के मामलों में नहीं पड़ूँगा।
34. घर का खोदा पानी पीना—आत्मनिर्भर होना।
—वह क्या घर का खोदा पानी पीता है ? कभी-न-कभी तो हमसे भी काम पड़ेगा।
35. घी के दीये जलाना—खुशियाँ मनाना।
—तुम तो चाहते थे न कि वह चुनाव हार जाये। अब खूब घी के दीये जलाओ।
36. घुन लगना—क्षय होना।
—उसकी प्रगति को घुन लग गया है। जैसे-तैसे द्वितीय श्रेणी में पास हुआ है।
37. घोड़े बेचकर सोना—निश्चिंत होकर सोना।

—अरे सब लोग क्या घोड़े बेचकर सो रहे थे ? चोरी हो गई और किसी को पता नहीं चला ?

38. चल बसना—मरना।

—उसके पिता एक लंबी बीमारी के बाद चल बसे।

39. चुल्लू-भर पानी में डूब मरना—शर्म या ग्लानि अनुभव करना।

—दूसरे साल फिर फेल हो गए ! जाओ, चुल्लू-भर पानी में डूब मरो।

40. चूड़ियाँ पहनना—पौरुषहीनता स्वीकार करना।

—तुम चूड़ियाँ पहनकर घर बैठो। मैं अकेला ही उन गुण्डों का मुकाबला करूँगा।

41. छक्के छुड़ाना—शक्तिशाली शत्रु का मनोबल तोड़ देना; वीरता के साथ लड़ना।

—रानी लक्ष्मीबाई ने कंपनी की सेना के छक्के छुड़ा दिए।

42. छठी का दूध याद आना—संकट में पड़कर माँ की याद आना।

—इतना मारूँगा कि बच्चू को छठी का दूध याद आ जाएगा।

43. जमाने की हवा लगना—सरलता छोड़कर दुनियादारी का व्यवहार करना।

—उसे भी अब जमाने की हवा लग गई है, आदमी की राजनीतिक स्थिति को देखकर चंदा देता है।

44. जमीन पर पैर न पड़ना—गर्व करना।

—जब से उसे सरपंच पद मिला है, उसके जमीन पर पैर नहीं पड़ते।

45. जीने के लाले पड़ना—जीना दूभर होना।

—यहाँ जीने के लाले पड़े हैं और तुम रुपया उड़ाते फिरते हो।

46. झक मारना—कोई काम न होने के कारण ऊब और खीज अनुभव करना।

—मैं हफ्ते-भर से यहाँ झक मार रहा हूँ और तुम आज यहाँ पहुँचे हो !

47. टाँग अड़ाना—बाधा डालना।

—तुम बीच में अपनी टाँग मत अड़ाओ। हम जो कुछ कर रहे हैं, सोच-समझकर कर रहे हैं।

48. टालमटोल करना—किसी बात को टालते रहना।

—टालमटोल करते-करते छह महीने हो गए। आज तो तुम्हें किराया देना ही होगा।

49. टोपी उछालना—बेइज्जती करना।

—क्यों भले आदमी की टोपी उछाल रहे हो ?

50. ढोल पीटना—बदनामी करना।

—सारे शहर में वह तुम्हारे हारने का ढोल पीटता फिर रहा है।

51. तलवार की धार पर चलना—जोखिम-भरा काम करना, कष्टसाध्य काम करना।

—ऐसे आदमी के साथ काम करना तलवार की धार पर चलना है।

52. तिल का ताड़ बनाना—छोटी-सी बात को अनावश्यक तूल देना।

—वह जासूस नहीं, भिखारी था। लोगों ने तिल का ताड़ बना दिया।

53. तिलांजलि देना—परित्याग करना।

—सारे सुखों को तिलांजलि देकर वह समाजसेवा के लिए निकल पड़ा।

54. तू-तू, मैं-मैं होना—झगड़ा होना।

—सास-बहू में हमेशा तू-तू, मैं-मैं होती रहती थी।

55. दाँत-काटी रोटी—घनिष्ठ मित्रता।

—तुम्हारे पिताजी की और मेरी दाँत काटी रोटी थी।

56. दाँतों तले उँगली दबाना—आश्चर्य से स्तब्ध रह जाना।

—अजन्ता की भित्तिचित्र कला को देखकर विदेशी पर्यटक दाँतों तले उँगली दबाते हैं।

57. दाल न गलना—चाल सफल न होना।

—उसने दोनों भाइयों में फूट डालने का प्रयास किया पर उसकी दाल न गली।

58. दाल में काला—संदेहास्पद बात।

—ये दोनों पति-पत्नी नहीं लगते। शायद दाल में कुछ काला है।

59. दिल छोटा करना—निराश होना।

—तुम दिल छोटा न करो बेटा, एक मैच हारे हो तो दूसरा जीत लोगे।

60. दूध का दूध पानी का पानी—सही न्याय, नीर-छीर विवेक।

—वाह, कितना सुंदर न्याय किया है, महाराजा विक्रमादित्य ने! दूध का दूध पानी का पानी!

61. दूध का धुला—पूर्णतया निष्कलंक।

—हम उसे दूध का धुला समझते रहे और वही सबसे ज्यादा धूर्त निकला।

62. दूध की मक्खी—अवांछित वस्तु।

—कुर्सी मिलते ही उसने अपने कई साथियों को दूध की मक्खी की तरह निकालकर फेंक दिया।

63. धीर बँधाना—सांत्वना देना।

—हार के क्षणों में तुम्हीं थे, जिसने धीर बँधायी।

64. नाक कटना—इज्जत नष्ट होना।

—यदि इतना दहेज न मिला, तो बिरादरी में उसकी नाक कट जाएगी।

65. नाक-भौंह सिकोड़ना—अरुचि दिखाना।

—इतने अच्छे प्रस्ताव पर नाक-भौंह सिकोड़ना अच्छा नहीं लगता। तुम हाँ कर दो।

66. निन्यानबे के फेर में पड़ना—संचय वृत्ति अपनाना।

—जब से वह निन्यानबे के फेर में पड़ा है, दिन-रात काम में व्यस्त रहता है।

67. नौ दो ग्यारह होना—भाग जाना।

—पुलिस देखती रह गई और तस्कर नौ दो ग्यारह हो गए।

68. पंख निकलना— अपने-आपको बड़ा या चतुर समझना।

—अच्छा! अब तुझे भी पंख निकल आए हैं।

69. पत्थर की लकीर—पक्की बात।

—उसकी बात को पत्थर की लकीर समझो, टस से मस नहीं हो सकता।

70. पिंड छूटना—छुटकारा मिलना।

वह ऐसा पीछे पड़ा है कि पिंड छुड़ाना मुश्किल हो गया है।

71. पौ बारह होना—खूब लाभ होना।

—तेल का भाव बढ़ जाने से उसके पौ बारह हो गए।

72. फूले न समाना—बहुत खुश होना।

—बेटे को स्वर्ण पदक पाते देखकर वह फूली न समाई।

73. बंटाढार होना—बहुत बड़ी हानि होना।

—यदि समय पर इतने रुपये का इंतजाम न हुआ, तो मेरा बंटाढार हो जाएगा।

74. बरस पड़ना—क्रोध में खरी-खोटी सुनाना।

—पिताजी भरे बैठे थे; मुझे सामने देखा तो मुझ पर ही बरस पड़े।

75. बाँछें खिलना—प्रसन्न होना।

—अखबार में अपना चित्र देखकर नेताजी की बाँछें खिल गयीं।

76. बायें हाथ का खेल—सरल काम।

—इतना धन संग्रह करना तो उसके बायें हाथ का खेल है।

77. बाज आना—किसी बात से दूर रहना।

—सारा परिवार तबाह हो गया, पर वह अपनी नशे की आदत से बाज नहीं आया।

78. बाल की खाल निकालना—अनावश्यक बारीकी से काम लेना।

—समालोचक बाल की खाल निकालने में माहिर होते हैं।

79. बीड़ा उठाना—उत्तरदायित्व लेना।

—एक इंस्पेक्टर ने उस कुख्यात डाकू के पकड़ने का बीड़ा उठाया है।

80. बेपेंदी का लोटा—सिद्धांतहीन आदमी, दोगला आदमी।

—उसका क्या है? बेपेंदी का लोटा है। आज विरोधी पार्टी में है, कल शासक दल में चला जाएगा।

81. बोलती बंद होना—जुबान बंद होना।

—पिताजी को क्रुद्ध देखकर उसकी बोलती बंद हो गयी।

82. भाड़े का टट्टू—पैसे लेकर व्यक्तित्व बेचने वाला व्यक्ति।

—इन जनसभाओं में सभी पार्टी समर्थक नहीं होते। अनेक भाड़े के टट्टू भी होते हैं।

83. भीगी बिल्ली—त्रस्त और विवश व्यक्ति।

—अपनी बीवी के सामने तो वह बिल्कुल भीगी बिल्ली बन जाता है।

84. मिली भगत—संयुक्त षड्यंत्र।

—मैनेजर और लेखापाल की मिली भगत थी, इसलिए लंबे समय तक घोटाले का किसी को पता नहीं चला।

85. मैदान मारना—विजय प्राप्त करना, सफलता पाना।

—पचास हजार रुपये और इकट्ठे हो जाएँ, तो समझो मैदान मार लिया।

86. रँगा सियार—ढोंगी।

—ये संन्यासी सब रँगे सियार हैं।

87. रोंगटे खड़े होना—अत्यंत भयभीत होना।

—बगीचे में काला साँप देखकर मेरे रोंगटे खड़े हो गए।

88. लँगोटिया यार—बाल मित्र, बचपन का दोस्त।

—अरे वह तो मेरा लँगोटिया यार है। हम दोनों प्राथमिक शाला में एक साथ पढ़ते थे।

89. लट्टू होना—मुग्ध होना।

—वह उसके खेल पर लट्टू हो गया और तुरंत उसे एक कार भेंट

करने की घोषणा कर डाली।

90. लकीर का फकीर—परंपरा प्रेमी, पुरातन पंथी।
—सती प्रथा कब की दम तोड़ चुकी है, परंतु कुछ लकीर के फकीर फिर उसे जीवित करना चाहते हैं।

91. लीपापोती करना—दोष या गलती पर पर्दा डालने का प्रयास करना।
—तुम्हारी गलती थी। इसे स्वीकार करो और लीपापोती करने की कोशिश मत करो।

92. लोहा मानना—श्रेष्ठता स्वीकार करना।
—सारा विश्व भारत की वैज्ञानिक आयुर्वेद विद्या का लोहा मानता है।

93. लोहा लेना—डटकर मुकाबला करना।
प्रताप ने अकबर की विशाल सेना से लोहा लिया पर चित्तौड़गढ़ वापस न ले सका।

94. सिर खपाना—दिमाग लगाना।
—बहुत सिर खपाने के बावजूद वह गणित का प्रश्न हल न कर सका।

95. सुरखाब के पर—असाधारण विशेषता।
—आखिर उस कमरे में कौन-से सुरखाब के पर लगे हैं, जो उसी में ठहरने का इतना आग्रह कर रहे हो?

96. हथियार डालना—आत्मसमर्पण करना।
—एक सप्ताह तक कड़ा मुकाबला करने के बाद शत्रु सेना ने हथियार डाल दिए।

97. हाथ का मैल—तुच्छ वस्तु।
—रुपया तो हाथ का मैल है। आता-जाता रहता है।

98. हाथ पीले करना—विवाह करना।
—अबकी सर्दियों में बेटी के हाथ पीले कर दूं, तो सुख की साँस लूं।

99. हाथ-पैर मारना—प्रयत्न करना।
—तुम तो बिल्कुल निष्क्रिय होकर बैठ गए। कुछ हाथ-पैर मारते, तो, सफलता की आशा भी करते।

100. हाथों की कठपुतली—दूसरों के द्वारा संचालित, विवेकशून्य व्यक्ति।
—अविवेकी युवक राष्ट्र विरोधी शक्तियों के हाथों की कठपुतली बनकर देश के भविष्य के साथ खिलवाड़ कर रहे हैं।

मुहावरों का अर्थ वाच्यार्थ की तरह सुनिश्चित नहीं होता। अतः उसका

प्रयोग प्रसंग और व्यंजनात्मकता को दृष्टि में रखकर करना आवश्यक है। उदाहरणार्थ—'हाथ पीले करना' का अर्थ 'विवाह करना' है, किंतु 'गत सप्ताह उसके हाथ पीले हो गये।' यहाँ मुहावरे का सही प्रयोग नहीं हुआ है। यह मुहावरा उत्तरदायित्व से मुक्ति की आकांक्षा, असमर्थता और उत्सुकता की अभिव्यंजना करता है और अधिकतर बेटी के विवाह के संदर्भ में प्रयुक्त होता है। इसी प्रकार 'सुरखाब के पर' का प्रयोग असाधारणता के विरोध के संदर्भ में होता है। अतः 'मेरी कार में सुरखाब के पर लगे हैं' इस प्रकार का प्रयोग अनुचित और अभिव्यक्ति विरोधी है।

लोकोक्तियाँ

लोकोक्तियों का भी भाषा में उतना ही महत्त्वपूर्ण स्थान है, जितना मुहावरों का। अरस्तू ने इन्हें 'प्राचीन पांडित्य के खंड' कहा है, तो केलिसन ने 'शब्द बूंद में अभिव्यक्त अनुभवों का समुद्र।' वस्तुतः लोकोक्तियाँ मनुष्य जाति के चिरसंचित अनुभवों का कोष हैं। जीवन के निःसीम समुद्र में हमें राह दिखाने वाले आलोक स्तंभ हैं। हमारे व्यवहार पर लगी सामाजिक समर्थन की मोहरें हैं।

मुहावरे और लोकोक्ति में अंतर—सतही समानता के कारण कई लोग मुहावरे और लोकोक्ति को समान वस्तु समझ लेते हैं। किंतु दोनों के स्वरूप में उल्लेखनीय अंतर है।

1. लोकोक्ति एक पूर्ण कथन होती है, एक पूर्ण वाक्य और प्रायः पद्यबद्ध। किंतु मुहावरा एक वाक्यांश या पद होता है।
2. लोकोक्ति का कलेवर सदैव अविकृत रहता है, जबकि मुहावरे में वाक्य की जरूरत के अनुसार काल, वचन, पुरुष, लिंग आदि की दृष्टि से अपेक्षित परिवर्तन करना पड़ता है।
3. मुहावरा सामान्यतया लक्षणा शक्ति पर आधारित होता है, जबकि लोकोक्ति अभिधेयार्थ पर भी। जैसे 'जिसने की शर्म उसके फूटे कर्म' यहाँ अभिधेयार्थ ही अभिप्रेत है।
4. मुहावरे का प्रयोग वाक्यार्थ में चमत्कार उत्पन्न करने के लिए होता है, किंतु लोकोक्ति का वक्ता के कथन या व्यवहार की पुष्टि के लिए।
5. मुहावरे का क्षेत्र एक वाक्य होता हैं किंतु लोकोक्ति का एक सम्पूर्ण प्रसंग, जिसकी व्याप्ति कई वाक्यों तक हो सकती है।

रामचंद्र वर्मा ने दोनों के अंतर को स्पष्ट करते हुए लिखा है, "मुहावरों का प्रयोग तो वाक्यों के अंतर्गत उनका सौंदर्य बढ़ाने और उनमें उपयुक्त प्रवाह लाने के लिए होता है और कहावतों का प्रयोग बिल्कुल स्वतंत्र रूप से और किसी विषय को केवल स्पष्ट करने के लिए। मुहावरा यदि वाक्य में से निकाल दिया

जाए, तो उसकी बहुत कुछ शोभा जाती रहती है, पर कहावतें निकाल देने पर प्रायः ऐसा नहीं होता।"

लोकोक्तियों का उद्भव और विकास—पुरातन काल में पुस्तकों का विशेष प्रचलन नहीं था। ऐसी स्थिति में वृद्ध और अनुभवी लोगों की उक्तियाँ ही जन-सामान्य का मार्गदर्शन करती थीं। ये ही उक्तियां कालांतर में रूढ़ होकर लोकोक्तियाँ बन गईं। भाषा की परिवर्तनशीलता के कारण लोकोक्तियाँ भी अपना कलेवर बदलती गईं और आज हम उनका जो रूप देखते हैं, यद्यपि वह बहुत पुराना नहीं है, पर उनमें अंतर्निहित विचार अवश्य ही पुराने हैं। लोकोक्तियों का एक अन्य स्रोत भी है, वह है विद्वानों, दार्शनिकों और कवियों की सूक्तियाँ, जो ज्ञान और अनुभव के साथ-साथ नैतिक मूल्यों का भी उपदेश करती हैं। साहित्य में सुरक्षित रहने के कारण ये अब भी अक्षुण्ण हैं और विद्वानों के द्वारा लोकोक्तियों की भाँति ही प्रयुक्त होती हैं। 'शठे शाठ्यं समाचरेत्' 'शुभास्य शीघ्रम्', 'वचने का दरिद्रता', 'सर्वे गुणाः काचनमाश्रयन्ति', 'बुभुक्षितः किं न करोति पापम्' आदि सूक्तियाँ इसी वर्ग में आती हैं। प्राचीन हिंदी कवियों की कुछ सूक्तियाँ भी इसी प्रकार लोकप्रिय हैं, जैसे –'अब पछताये होत क्या जब चिड़िया चुग गयीं खेत', 'का वर्षा जब कृषी सुखाने', 'परहित सरिस धर्म नहीं भाई', 'दुविधा में दोनों गए माया मिली न राम' आदि।

कभी-कभी-कोई घटना या प्रसंग भी लोकोक्ति का स्रोत बन जाता है। कहते हैं कि किसी गाँव में एक व्यक्ति आया जो अपने-आपको तांत्रिक कहता था। उसका दावा था कि वह चहे तो लोगों के सामने राधा को नचा सकता है। लोगों ने उसकी इस गर्वोक्ति पर विश्वास नहीं किया और इस कथन की सत्यता प्रमाणित करने के लिए कहा। तांत्रिक ने कहा—'ठीक है, मुझे इसके लिए नौ मन तेल चाहिए।' किसी चतुर व्यक्ति ने इस बहाने को भाँप लिया और कहा—'न नौ मन तेल होगा, न राधा नाचेगी।' तब से काम को टालने के लिए लगाई असंभव शर्त के लिए यह कहावत प्रचलित हो गई।

इसी प्रकार 'चोर की दाढ़ी में तिनका' के स्रोत के संबंध में भी एक कथा प्रचलित है। कहते हैं, एक बार राजा भोज के यहाँ एक अमीर व्यापारी अपने चार नौकरों को पकड़कर लाया। उसका कहना था कि उसके घर में चोरी हो गई है और चोर निश्चित रूप से उन चारों में से एक है। राजा ने कुछ सोचकर कहा—'चोर तो मेरे सामने है। उसकी दाढ़ी में तिनका चिपका है।' बस, इतना सुनते ही एक नौकर ने अपनी दाढ़ी सहलाई। तिनका कहीं नहीं था। पर चोर पकड़ा जा चुका था। बस, इस तरह यह कहावत अपराधी के असामान्य और संदेहास्पद व्यवहार के लिए प्रचलित हो गई।

लोकोक्तियों का प्रमुख स्रोत लोकभाषाएँ हैं। ये खेतों और खलिहानों में जन्म

लेती हैं। पंचायतों और चौपालों में प्रयुक्त होती हैं। शायद ही कोई अवसर हो, जब ग्रामीण लोग अपनी पुष्टि के लिए लोकोक्तियाँ उद्धृत न करते हों। परिनिष्ठित भाषाएँ अपनी स्रोत भाषा से लोकोक्तियों को ग्रहण करती हैं। हिंदी एक व्यापक भाषा है। अतः उसमें खड़ी बोली, ब्रजभाषा और राजस्थानी की ही नहीं, उर्दू-फारसी तक की लोकोक्तियाँ समाविष्ट हो गई हैं। 'देर आयद दुरुस्त आयद', 'मुद्दइ सुस्त गवाह चुस्त' ऐसी ही लोकोक्तियाँ हैं।

कुछ प्रचलित लोकोक्तियाँ यहाँ उद्धृत की जाती हैं—

1. अंगूर खट्टे हैं।
—वस्तु दुर्लभ है, इसलिए बुरी है।
2. अंधों में काना राजा।
—अज्ञानियों में अल्पज्ञान वाला व्यक्ति भी श्रेष्ठ माना जाता है।
3. अकेला चना भाड़ नहीं फोड़ सकता।
—अकेला आदमी कठिन काम नहीं कर सकता।
4. अधजल गगरी छलकत जाय।
—ओछे आदमी में अधिक अहंकार होता है।
5. अपना हाथ जगन्नाथ।
—श्रम ही ईश्वर का रूप है।
6. आँख का अंधा नाम नैन सुख।
—नाम के विपरीत आचरण।
7. आप भला सो जग भला।
—अच्छे आदमी के लिए सारा संसार अच्छा है।
8. आम के आम गुठलियों के दाम।
—दोहरा लाभ।
9. आसमान से गिरा खजूर पे अटका।
—एक विषम स्थिति से निकलकर दूसरी विषम स्थिति में फँसना। (इसी अर्थ में 'पहाड़ से गिरा खजूर पे अटका' कहावत भी प्रचलित है।)
10. इधर कुँआ, उधर खाई।
—दोनों ओर संकट की स्थिति। किंकर्तव्यता की स्थिति।
11. ऊँची दुकान फीका पकवान।
—प्रसिद्धि और प्रतिष्ठा के अनुरूप स्तर का अभाव।
12. ऊँट के मुँह में जीरा।
—अत्यल्प और अपर्याप्त वस्तु।
13. उतर गयी लोई, अब क्या करेगा कोई ?

—बेशर्मी अपना लेने पर बदनामी का क्या डर ?

14. एक और एक ग्यारह होते हैं।

—संगठन और एकता में बड़ा बल है। 'संघे शक्तिः कलौ युगे' संस्कृत लोकोक्ति।

15. एक तो करेला, दूजे नीम चढा।

—स्वभाव से ही दुष्ट व्यक्ति कुसंगति में पड़ जाये तो उसकी स्थिति और भी बदतर हो जाती है।

16. ओखली में सर, तो मूसल का क्या डर ?

—खतरे का सामना करने का संकल्प कर लिया, तो फिर डर कैसा ?

17. कभी गाड़ी नाव पर, कभी नाव गाड़ी पर।

—स्थितियाँ बदलती रहती हैं। कभी मैं आप पर अवलंबित रहता हूँ, कभी आप मुझ पर।

18. कहाँ राजा भोज, कहाँ गंगू तेली !

—दोनों की कोई तुलना नहीं।

19. कहीं की ईंट कही का रोड़ा, भानुमती ने कुनबा जोड़ा।

—इधर-उधर से सामान जुटाकर सम्पन्नता का दिखावा करना।

20. काजी के घर के चूहे भी सयाने होते हैं।

—चतुर व्यक्ति के संपर्क में रहकर सामान्य से सामान्य व्यक्ति भी चतुर हो जाता है।

21. काजीजी दुबले क्यों ? शहर के अंदेशे से।

—अपने घर की चिंता छोड़कर दुनिया-भर की चिंता करना व्यर्थ प्रयास है।

22. कोयले की दलाली में हाथ काले।

—बुरों की मध्यस्थता करना बदनामी का कारण होता है।

23. खिसियानी बिल्ली खंभा नोचे।

—पराजय से खिन्न व्यक्ति कमजोर आदमी पर अपना क्रोध उतारता है।

24. खोदा पहाड़, निकली चुहिया।

—बड़ी अपेक्षा, अल्प उपलब्धि।

25. गंगा गये गंगादास, जमना गये जमनादास।

—अवसरवादी, गिरगिट की तरह रंग बदलने वाला व्यक्ति।

26. गरीबी में आटा गीला।

—अभावों के बीच और खर्च आ पड़ना।

27. गाय न बच्छी, नींद आये अच्छी।

—निर्धन व्यक्ति को किसी चीज की रखवाली नहीं करनी पड़ती। वह निश्चित होकर सोता है।

28. गुड़ खाये गुलगुलों से परहेज करे।

—समान गुणधर्म वाली वस्तुओं में से एक का प्रयोग करना और दूसरी को त्याज्य समझना।

(कई व्यक्ति चाय नहीं पीते, काफी पी लेते हैं।)

29. गुड़ न दे, गुड़ की-सी बात तो करे।

—किसी की सहायता न कर सकें तो कम-से-कम सांत्वना तो दें। इसमें तो कोई खर्च नहीं होता। दो मीठे वचन तो बोल ही सकते हैं।

30. गुरु गुड़ के गुड़ रहे, चेले शक्कर हो गये।

—कई वार शिष्य गुरु से आगे निकल जाता है।

31 घर में आया नाग न पूजे, बांबी पूजन जाए।

—पास आए सहायक की उपेक्षा करना और फिर सहायक ढूंढ़ते फिरना अव्यावहारिकता है।

32. घर का जोगी जोगड़ा, आन गाँव का सिद्ध।

—हम परिचित ज्ञानी व्यक्ति को उचित सम्मान नहीं देते और दूर के अल्पज्ञानी को भी पंडित मानकर पूजते हैं।

33. घर का भेदी लंका ढावे।

—परिचित व्यक्ति ही शत्रु से मिलकर घर का भेद देता है और पराजय या हानि का कारण बनता है।

34. घर की मुर्गी दाल बराबर।

—घर पर पैदा हुई कीमती चीज बाजार की सस्ती चीज के बराबर महत्त्वहीन होती है। उसका उपभोग करते समय हम उसके मूल्य का विचार नहीं करते।

35. चमड़ी जाये, दमड़ी न जाये।

—कंजूस आदमी जान पर बन आने पर भी पैसा खर्च करना नहीं चाहता।

36. चूहे को मिल गयी हल्दी की गाँठ, वही पंसार बन बैठा।

—तुच्छ व्यक्ति थोड़ा-सा पाते ही अपने-आपको धनी समझने लगता है।

37. चोर-चोर मौसेरे भाई।

—दुष्ट प्रकृति के लोगों में सहज मित्रता होती है।

38. चोरी का माल मोरी में।

—अनुचित साधनों से कमाया पैसा शीघ्र नष्ट हो जाता है।

39. जान बची और लाखों पाये। लौट के बुद्धू घर को आये।

—आपत्ति में पड़कर सुरक्षित निकल आना भी बहुत बड़ा लाभ है।

40. जिसकी लाठी, उसकी भैंस।

—कुशासन में शक्तिशाली व्यक्ति ही संपत्ति का स्वामी होता है।

41. जिसने की शर्म, उसके फूटे कर्म।

—लोक व्यवहार में शर्म करने वाला व्यक्ति सदा नुकसान उठाता है।

(संस्कृत में इस अर्थ को व्यक्त करने वाली एक सूक्ति है,
'आहारे व्यवहारे च व्यक्त लज्जा सुखी भवेत्।'

42. जैसा देश, वैसा भेष।

—मनुष्य को समाज और परिवेश के अनुसार व्यवहार करना चाहिए।

43. जैसे साँपनाथ, वैसे नागनाथ।

—दो दुष्ट आदमियों में कोई किसी से कम नहीं होता।

44. झगड़ा झूठा, कब्जा सच्चा।

—वस्तु पर जिसका कब्जा होता है, वही उसका मालिक होता है। झगड़ा करने से प्रायः कोई लाभ नहीं होता।

45. थोथा चना, बाजे घना।

—अपूर्णता में अधिक अहंकार देखा जाता है।

46. दूध का जला छाछ को भी फूंककर पीता है।

—हानि उठाकर व्यक्ति सशंक और सतर्क हो जाता है।

47. दूर के ढोल सुहावने।

—दूर की चीज आकर्षक लगती है।
'पर्वतशिखराः दूरादेव रम्याः'—संस्कृत सूक्ति।

48. धोबी का कुत्ता घर का न घाट का।

—दुविधा की स्थिति में मनुष्य न इधर का रहता है न उधर का।

49. नक्कारखाने में तूती की आवाज।

—बड़े लोगों के बीच छोटे व्यक्ति की आवाज दबकर रह जाती है।

50. न रहेगा बाँस, न बजेगी बाँसुरी।

—अवांछित वस्तु का मूल नष्ट कर देने से ही उससे छुटकारा मिलता है।

51. नाच न जाने आँगन टेढ़ा।

—अपनी असफलता के लिए साधनों को दोष देना उचित नहीं।

52. नीम हकीम खतरा ए जान।

—अधूरा ज्ञान खतरनाक होता है।

53. नेकी कर कुएँ में डाल।

—उपकार करके प्रतिफल की आशा नहीं करनी चाहिए।

54. नौ नकद न तेरह उधार।

—देरी से मिलने वाले अधिक लाभ से, तत्काल मिला कम लाभ बेहतर है।

55. टके की बुढिया नौ टके सिर मुँड़ाई।

—कम मूल्य की वस्तु पर रख-रखाव का अधिक खर्च कोई पसंद नहीं करता।

56. टके की हंडिया गयी, कुत्ते की जात पहचानी गयी।

—हमारा थोड़ा-सा नुकसान हुआ तो क्या, उसके चरित्र की परीक्षा तो हो गयी।

57. पढ़ें फारसी बेचें तेल, ये देखो किस्मत के खेल।

—पढ़ा-लिखा व्यक्ति यदि जीविका के लिए तुच्छ काम करे तो इसे भाग्य की विडम्बना ही समझिए।

58. पर उपदेश कुशल बहुतेरे।

—दूसरे को उपदेश देने में सभी कुशल होते हैं।

59. पूत के पाँव पालने में ही पहचाने जाते हैं।

—व्यक्ति की प्रवृत्तियों का (गुण-दोषों का) पता बचपन में ही चल जाता है।

60. बंद मुट्ठी लाख की।

—अपनी शक्ति या सम्पन्नता का किसी को भेद न दो।

61. बंदर क्या जाने अदरक का स्वाद ?

—उत्तम कृति का सौंदर्य आँकने के लिए सौंदर्य बोध आवश्यक है।

62. बगल में छोरा, शहर में ढिंढोरा।

—पास की चीज न देख पाना और इधर-उधर पूछते फिरना हास्यास्पद होता है।

63. बड़े मियाँ सो बड़े मियाँ, छोटे मियाँ शुभान अल्लाह।

—बड़े तो लाजवाब थे ही, छोटे उनसे भी बढ़कर निकले।

64. बद अच्छा बदनाम बुरा।

—बुराई से बदनामी अधिक हानिप्रद होती है।

65. बोया पेड़ बबूल का, आम कहाँ से आय ?

—बुरा काम करके अच्छे फल की आशा नहीं की जा सकती।

66. भागते चोर की लँगोटी भी भली।
—डूबते पैसे में से जो कुछ मिल जाए, अच्छा है।
67. भेड़ तो जहाँ जायेगी, वहीं मुँडेगी।
—सीधा आदमी जहाँ जायेगा, वहीं ठगा जायेगा।
68. मन के हारे हार है, मन के जीते जीत।
—सफलता प्राप्त करने के लिए आत्मविश्वास आवश्यक है।
69. मन चंगा तो कठौती में गंगा।
—पवित्र आचरण वाले व्यक्ति को तीर्थ स्नान की जरूरत नहीं होती।
70. मान न मान, मैं तेरा मेहमान।
—जबरदस्ती गले पड़ना बुरी बात है।
71. मियाँ बीवी राजी तो क्या करेगा काजी।
—दोनों पक्षों में सद्भाव हो, तो मध्यस्थ का कोई महत्त्व नहीं होता।
72. मुंह में राम, बगल में छुरी।
—वचन साधु जैसा और व्यवहार राक्षस जैसा।
73. मुर्गा बाँग न देगा तो क्या सुबह न होगी।
—किसी की सहायता के बिना काम नहीं रुकता।
74. यथा राजा तथा प्रजा।
—जैसे शासक होंगे, वैसी ही प्रजा होगी।
75. राम नाम जपना, पराया माल अपना।
—ऊपर से साधु की तरह व्यवहार करना और मन ही मन दूसरे की संपत्ति पर नजर रखना अनीति है।
76. रोते जायें मरे की खबर लायें।
—अनमने ढंग से किया हुआ काम कभी सफल नहीं होता।
77. लातों के भूत बातों से नहीं मानते।
—दुष्ट आदमी को दंड देना आवश्यक है, समझाने-बुझाने से काम नहीं चलता।
78. वक्त पड़ने पर गधे को भी बाप बनाना पड़ता है।
—जरूरत पड़ने पर तुच्छ व्यक्ति की भी खुशामद करनी पड़ती है।
79. शेर भूखों मर जायेगा, पर घास नहीं खायेगा।
—श्रेष्ठ व्यक्ति आपत्ति में पड़कर भी तुच्छ काम नहीं करते।
80. सब दिन चंगी त्योहार के दिन नंगी।
—अभागा व्यक्ति आनंद के क्षणों का उपयोग नहीं कर पाता।

81. समरथ को नहिं दोष गुसाईं।

—समर्थ व्यक्ति कैसा भी व्यवहार करे, कोई दोष नहीं दे सकता।

82. सस्ता रोवे बार-बार महँगा रोवे एक बार।

—सस्ती चीज खरीद कर बार-बार पछताना पड़ता है। वह टिकाऊ नहीं होती और रख-रखाव का खर्च ज्यादा होता है। किंतु महँगी चीज लेकर अधिक मूल्य देने का कष्ट एक ही बार होता है।

83. साँप निकल गया, अब लकीर पीटते रहो।

—अवसर बीत जाने पर सारे प्रयास व्यर्थ हो जाते हैं।

84. साँप मरे, न लाठी टूटे।

—ऐसी युक्ति से काम लो कि काम भी बन जाये और हानि भी न हो।

85. सावन के अंधे को हरा ही हरा सूझता है।

—पूर्वग्रह से दूषित व्यक्ति हर चीज को अपनी ही दृष्टि से देखता है।

86. सिर मुँड़ाते ही ओले पड़े।

—कार्य प्रारंभ करते ही बाधा आ गयी।

'प्रथमे ग्रासे मक्षिका पातः' —संस्कृत सूक्ति।

87. सिर सलामत तो पगड़ी पचास।

—स्वाभिमान रहेगा तो सम्मान करने वाले पचास मिल जायेंगे।

88. सीधी उँगलियों से घी नहीं निकलता।

—सफलता पाने के लिए कुटिल व्यवहार करना पड़ता है।

89. सुबह का भूला शाम को घर लौट आये तो उसे भूला नहीं कहते।

—बुरा काम करके शीघ्र ही पछतावा करने वाला व्यक्ति क्षम्य होता है।

90. सैंया भये कोतवाल, अब डर काहे का।

—ऊपर का अधिकारी अपना हो तो भ्रष्टाचार को खूब बढ़ावा मिलता है।

91. सौ दिन चोर के एक दिन साध का।

—दुष्ट व्यक्ति एक न एक दिन पकड़ा ही जाता है।

92. सौ सुनार की एक लुहार की।

—शक्तिशाली व्यक्ति का एक ही आघात निर्बल के सौ आघातों से बढ़कर होता है।

93. सौ चूहे खाय के बिल्ली हज को चली।

—जीवन-भर पाप करके अब पूजा-पाठ का ढोंग।

94. हमारी बिल्ली हमसे ही म्याँउ ?
—हमारे सिखाये दाँवों का हम पर ही इस्तेमाल करते हो ?

95. हल्दी लगे न फिटकरी, रंग चोखा आये।
—कोई खर्च न हो, और काम उत्तम हो जाये।

96. हाँडी का मुंह बड़ा हो तो बिल्ली को तो शर्म चाहिए।
—किसी की उदारता का अनुचित लाभ नहीं उठाना चाहिए।

97. हाथ कंगन को आरसी क्या ?
—प्रत्यक्ष वस्तु को देखने के लिए दर्पण की जरूरत नहीं होती।
'प्रत्यक्षे किं प्रमाणम्'—संस्कृत सूक्ति।

98. हाथी के दांत खाने के और, दिखाने के और।
—आंतरिक और बाहरी व्यवहार में अंतर ढोंग है।

99. हाथी निकल गया, पूंछ रह गयी।
—सारा काम पूर्ण हो गया···बस, थोड़ा-सा बाकी है।

100. हारे को हरिनाम।
—कमजोर की ईश्वर रक्षा करता है।

101. हिम्मत का राम हिमायती।
—साहसी की ईश्वर भी सहायता करता है।

102. होनहार बिरवान के होत चीकने पात।
—होनहार व्यक्ति का बचपन भी असामान्य होता है।

ऊपर जिन लोकोक्तियों को उद्धृत किया गया है, उनका अर्थ केवल वही नहीं है, जो यहाँ दिया गया है। वस्तुतः लोकोक्तियों को निश्चित अर्थ की सीमाओं में नहीं बांधा जा सकता। वे प्रसंग के अनुसार भिन्न-भिन्न अर्थ को अभिव्यक्त करती हैं। अधिकतर लोकोक्तियाँ 'अन्योक्तियाँ' होती हैं और उनसे अभिव्यक्त अर्थ 'व्यंग्यार्थ'। अतः व्यंजना की पहुंच जितनी व्यापक होती है, उतनी ही लोकोक्तियों की भी।

11

वर्तनी विमर्श

भाषा में वर्तनी का महत्त्व असंदिग्ध है। गलत वर्तनी से भाषिक सौंदर्य को क्षति ही नहीं पहुँचती अपितु कई बार अर्थ के सम्प्रेषण में भी बाधा आती है। यदि कोई व्यक्ति 'वह लुट गया' लिखने के बदले गलती से 'वह लूट गया' लिख दे, तो मात्रा की एक छोटी-सी भूल सारे अर्थ को चौपट कर देगी।

देवनागरी एक वैज्ञानिक लिपि है। अतः हिंदी के अधिकांश शब्द अपने उच्चारण के अनुसार लिखे जाते हैं। फिर भी मात्रा, बलाघात, अनुनासिकता, व्यंजन संयोग आदि के अपूर्ण अनुकरण के कारण कई लोग, विशेषतः छात्र कुछ शब्दों को अशुद्ध लिखते हैं। इस अध्याय में वर्तनी की अशुद्धियों के कुछ पहलुओं पर विचार किया जायेगा।

मात्रा—वर्तनी की भूलों में सबसे बड़ी संख्या ह्रस्व-दीर्घ मात्राओं की है। निम्नलिखित बातें इन्हें शुद्ध लिखने में सहायक होंगी।

इ की मात्रा—

(1) संस्कृत के ति प्रत्ययांत शब्द ह्रस्व इकारांत होते हैं, जैसे—

रीति	कृति
नीति	उक्ति
गति	तृप्ति
मति	प्रीति
स्थिति	स्मृति
शांति	शक्ति
कांति	भक्ति
क्रांति	ख्याति
भ्रांति	श्रुति आदि।

कुछ उपसर्गयुक्त ति प्रत्ययांत शब्द भी ध्यान देने योग्य हैं—

प्रगति	उन्नति
संगति	अवनति
दुर्गति	प्रणति
संमति	प्रतीति
अनुमति	अन्विति
उपस्थिति	नियुक्ति
परिस्थिति	व्याप्ति
प्रकृति	विभक्ति
विकृति	सुनीति
प्रतिकृति	विपत्ति आदि ।

—इसके अतिरिक्त धि और टि प्रत्यय वाले शब्द भी वस्तुत: ति प्रत्ययांत ही हैं। अत: ये सब भी ह्रस्व इकारांत होते हैं, जैसे—

ऋद्धि	दृष्टि
समृद्धि	वृष्टि
सिद्धि	तुष्टि
प्रसिद्धि	सन्तुष्टि
वृद्धि	सृष्टि
शुद्धि	पुष्टि
बुद्धि	
उपलब्धि	

(2) संस्कृत के त प्रत्ययांत शब्दों में 'त' से पूर्व की 'इ' सदैव ह्रस्व होती है, जैसे —

विदित	अंकित
आशंकित	आच्छादित
सन्तुलित	प्रतिबिम्बित
सम्मानित	लिखित
पीड़ित	पठित
आतंकित	सम्बन्धित
खण्डित	सम्बोधित
पुष्पित	प्रकाशित
पल्लवित	प्रेषित
कण्टकित	निष्काषित
कलंकित	आप्लावित आदि ।

अपवाद—

कुछ त प्रत्ययांत शब्दों में उपान्त्य 'इ' दीर्घ भी पाई जाती है—

भयभीत	प्रतीत
संगीत	क्रीत
गीत	अतीत
गृहीत	वीत
अनुगृहीत	शीत
विनीत	अधीत आदि ।

(वास्तव में ये शब्द उपर्युक्त नियम के अपवाद नहीं हैं। ऐसे शब्दों में या तो मूल क्रिया ही दीर्घ ईकारांत होती है या उपसर्ग और क्रिया के संयोग से ई दीर्घ हो जाती है।)

(3) इक प्रत्ययांत शब्दों में भी उपान्त्य 'इ' ह्रस्व होती है, जैसे—

लौकिक	साहित्यिक
दैनिक	मानसिक
साप्ताहिक	शारीरिक
मासिक	वैदिक
वार्षिक	पौराणिक
धार्मिक	सामयिक
सामाजिक	व्यावहारिक
राजनैतिक	प्रादेशिक
व्यावसायिक	मानसिक
भौतिक	आध्यात्मिक
सामूहिक	मानसिक

(4) संस्कृत के उपसर्गों में 'इ' सर्वत्र ह्रस्व होती है, जैसे—

निश्चित	निषेध
नि:सन्देह	नियोजन
निष्कंटक	अपितु
निष्कम्प	अतिक्रमण
निरादर	अभिनय
निर्देशक	अभिमान
निराहार	अभिशाप
विशेष	अधिकार
विदेश	अधिष्ठाता
विचार	प्रतिकार

परिवार	प्रतिनिधि
परिचय	प्रतिज्ञा

अपवाद : परीक्षा, वीतराग, प्रतीत, अतीत, समीक्षा, प्रतीक्षा, अधीत, अभीष्ट।

(इन शब्दों में उपसर्ग का उत्तरवर्ती इ या ई के साथ संयोग होने से दीर्घ हो गया है।)

(5) ईकारांत शब्दों का अन्त्य ई बहुवचन का प्रत्यय लगने पर ह्रस्व हो जाता है, जैसे—

(1) **पुल्लिग**

एकवचन	**बहुवचन** (सपरसर्ग)
आदमी	आदमियों
भिखारी	भिखारियों
हाथी	हाथियों
ज्योतिषी	ज्योतिषियों
व्यापारी	व्यापारियों
संन्यासी	संन्यासियों

(2) **स्त्रीलिंग**

एकवचन	**बहुवचन**	**बहुवचन** (सपरसर्ग)
लड़की	लड़कियाँ	लड़कियों
नारी	नारियाँ	नारियों
रानी	रानियाँ	रानियों
रोटी	रोटियाँ	रोटियों
साड़ी	साड़ियाँ	साड़ियों
गाड़ी	गाड़ियाँ	गाड़ियों

(6) कुछ तद्भव प्रत्यय लगने पर शब्दों का प्रारंभिक ई ह्रस्व हो जाता है। जैसे—

मीठा	मिठाई
पीट (ना)	पिटाई
भीख	भिखारी
पीछा	पिछलग्गू आदि।

दीर्घ ई

(1) हिंदी के तद्भव स्त्रीलिंग शब्द अधिकतर दीर्घ ईकारांत होते हैं, जैसे—

सीपी	चटनी
घंटी	सब्जी
बोली	रोटी
हँसी	गिनती
खुशी	मस्ती
नौकरी	साड़ी आदि।

(2) अनीय प्रत्ययांत शब्दों का उपान्त्य ई दीर्घ होता है, जैसे--

माननीय	दर्शनीय
पूजनीय	शोचनीय
आदरणीय	स्मरणीय
निन्दनीय	रमणीय
विचारणीय	प्रेक्षणीय
गोपनीय	वन्दनीय आदि।

(3) ई प्रत्ययांत विशेषण दीर्घ ईकारांत होते हैं, जैसे—

कामी	लोभी
क्रोधी	अन्यायी
लालची	दानी
भारी	अनुरागी
सुखी	संयमी
दुःखी	रोगी आदि।

ह्रस्व उ

(1) संस्कृत के तत्सम शब्द प्रायः ह्रस्व उकारान्त होते हैं, जैसे—

साधु	भिक्षु
शिशु	चक्षु
गुरु	मृत्यु
मृदु	वायु
लघु	ऋतु
सिन्धु	रिपु
दयालु	जन्तु आदि।

अपवाद—वधू, चमू, प्रसू।

(2) 'क' प्रत्ययांत शब्दों का उत्पान्त्य 'उ' ह्रस्व होमा है,—

भावुक	भिक्षुक
इच्छुक	
कामुक	

(3) संस्कृत के उपसर्गों में सर्वत्र ह्रस्व उ होता है, जैसे—

अनुभव	अनुनय
अनुसार	दुर्बोध
सुयोग	उद्धार
सुपुत्र	उद्भव
दुष्ट	उपकार
दुश्चरित्र	उपचार
दुर्गन्ध	उपदेश
दुराचार	उन्नति
दुर्गम	उज्ज्वल

(4) दीर्घ ऊकारांत शब्दों का अन्त्य ऊ बहुवचन में ह्रस्व हो जाता है, जैसे—

पुल्लिंग

एकवचन	**सपरसर्ग बहुवचन**
हिन्दू	हिन्दुओं
भालू	भालुओं
गेहूँ	गेहूँओं
बिच्छू	बिच्छुओं
बुद्धू	बुद्धुओं

स्त्रीलिंग

एकवचन	**बहुवचन**	**सपरसर्ग बहुवचन**
बहू	बहुएँ	बहुओं
जोरू	जोरूएँ	जोरुओं
लू	लुएँ	लुओं
झाड़ू	झाड़ुएँ	झाड़ुओं

(5) कुछ तद्भव प्रत्ययों का संयोग होने पर शब्दों का प्रारम्भिक ऊ ह्रस्व हो जाता है। जैसे—

पूजा	पुजारी
दूध	दुधारू
बूढ़ा	बुढापा
पूर्व	पुरवाई
भूल	भुलक्कड़

दीर्घ ऊ—हिंदी में दीर्घ ऊकारांत शब्द कम हैं। कुछ शब्द निम्नलिखित हैं—

तद्भव शब्द—हिन्दू, भालू, मोटू, भोंदू, तोंदू, बुद्धू, उल्लू, बिच्छू, चाकू,

डाकू, कोल्हू, आलू, लड्डू, गेरू, झगड़ालू, लजालू, टिकाऊ, बिकाऊ, उपजाऊ, लू, बहू, जोरू आदि।

तत्सम शब्द—चमू, वधू, प्रभू, प्रसू, (वीरप्रसू)

बलाघात

1. हिंदी में शब्द के मध्य तथा अंत में स्थित बलाघातहीन 'अ' अनुच्चरित रहता है। इस प्रवृत्ति ने बहुत-से शब्दों की वर्तनी को प्रभावित किया है। कुछ उल्लेखनीय शब्द निम्नलिखित हैं—

अशुद्ध रूप	शुद्ध रूप
बिल्कुल	बिलकुल
गर्म	गरम
शर्बत	शरबत
उल्टा	उलटा
गर्दन	गरदन

[वस्तुत: अब ये शब्द अपने विकृत रूप में ही रूढ़ हो गए हैं।]

2. अंत्य अनुच्चरित अ को हलंत न लिखने की प्रवृत्ति के कारण संस्कृत के विद्वान्, धनवान्, बलवान्, श्रीमान्, बुद्धिमान्, गतिमान्, नीतिमान्, महान्, भगवान्, वाक्, जगत्, विद्युत्, अर्थात्, सम्यक् आदि तत्सम शब्दों को भी बिना हलंत चिह्न लगाए लिखने का आग्रह किया जाने लगा है। किंतु भाषिक शुद्धता की रक्षा के लिए इन्हें हलंत लिखना जरूरी है। इसके विपरीत कुछ लोग भ्रांतिवश श्रीयुत, प्रथम, पंचम, परम आदि शब्दों को भी हलंत लिखते हैं, जो गलत है।

अनुनासिकता

भ्रांत अनुनासिकीकरण भाषिक विकृति के प्रमुख कारणों में से एक है। हिंदी में आँख, भौंह, छाँह आदि शताधिक शब्द अकारण अनुनासिक हो गए हैं, जिनके मूल शब्द, अक्षि, भ्रू, छाया आदि संस्कृत में निरनुनासिक थे। हिंदी में भी दुनिया, जौ, समूह, नाव, पूछना आदि शब्दों का कई लोग सानुनासिक उच्चारण करते हैं और तदनुसार दुनियाँ, जौं, समूँह, नाँव लिखते हैं। इन शब्दों में अनुनासिकता नहीं है।

इसके विपरीत कई लोग, विशेषकर अहिंदी भाषी, कई सानुनासिक ध्वनियों को भी निरनुनासिक लिखते-बोलते हैं। कुछ बातें ध्यान देने योग्य हैं,

1. कई बहुवचन के रूप सानुनासिक होते हैं, जैसे—

एकवच रूप	बहुवचन रूप
है	हैं
थी	थीं

गयी	गयीं
जायेगी	जायेंगी
लिखे	लिखें

2. उत्तम पुरुष के क्रिया रूपों में भी कई स्थानों पर सानुनासिकता होती है, जैसे—

अशुद्ध रूप	शुद्ध रूप
हू	हूँ
पढ़ू	पढ़ूँ
चलूगा, चलूगी	चलूँगा, चलूँगी

3. सार्वनामिक अव्ययों में स्थानवाचक यहाँ, वहाँ, जहाँ, कहाँ; तथा रीतिवाचक यों, ज्यों, त्यों, क्यों सानुनासिक होते हैं।

4. निषेधार्थक अव्यय 'नहीं' सानुनासिक होता है।

अनुस्वार और अनुनासिक

अनुस्वार और अनुनासिक भिन्न-भिन्न ध्वनियाँ हैं और कई शब्दों में अर्थभेदक भी। अतः इनके चिह्नों के प्रयोग में सतर्कता अपेक्षित है। अनुस्वार के लिए अक्षर के ऊपर बिंदु और अनुनासिक के लिए चंद्रबिंदु का प्रयोग होता है। व्यावहारिक दृष्टि से ऊपर की मात्रा वाले शब्दों में चंद्रबिंदु की जगह बिंदु का प्रयोग किया जा सकता है, जैसे – में, मैं, नहीं, कहीं, पेंतीस, पेंसठ, ज्यों, त्यों, चौंसठ आदि।

श्रुतियाँ

इ-ई और उ-ऊ ध्वनियों के बाद स्वर आने पर य-व ध्वनियों का जो सहज उच्चारण होता है, उसे श्रुति कहते हैं। हिंदी में श्रुति वाले शब्दों की वर्तनी में काफी द्वैधता है। इन द्वैध रूपों में से सही रूप का चुनाव करने के लिए कुछ बातें ध्यान देने योग्य हैं।

1. स्त्रीलिंग शब्दों का बहुवचन बनाने के लिए प्रयुक्त एँ प्रत्यय के साथ य-व श्रुतियों का प्रयोग नहीं होता। जैसे—

अशुद्ध रूप	शुद्ध रूप
बालिकायें	बालिकाएँ
मातायें	माताएँ
कन्यायें	कन्याएँ
बहुवें	बहुएँ
वस्तुवें	वस्तुएँ
गौवें	गौएँ

2. परसर्ग 'के लिए' में श्रुति का प्रयोग नहीं होता, जैसे—

अशुद्ध रूप	शुद्ध रूप
राम के लिये	राम के लिए
उसके लिये	उसके लिए
खाने के लिये	खाने के लिए

3. क्रिया के 'इए' प्रत्ययांत रूपों में भी 'य' श्रुति का प्रयोग नहीं होता, जैसे—

अशुद्ध रूप	शुद्ध रूप
आइये	आइए
बैठिये	बैठिए
चलिये	चलिए
लिखिये	लिखिए

4. जिन शब्दों के पुल्लिग रूप 'या' लगकर बनते हैं उनके बहुवचन और स्त्रीलिंग के रूप य श्रुति युक्त ये-यी होते हैं, जैसे—

	अशुद्ध रूप	शुद्ध रूप
विशेषण—	नए	नये
	नई	नयी
क्रिया—	पकाए	पकाये
	पकाई	पकायी

[भारत सरकार के शिक्षा मंत्रालय ने बिना श्रुति वाले रूपों को सही माना है, जो सर्वथा अवैज्ञानिक है।]

5. स्थायी, फलदायी, अनुयायी, विषपायी आदि शब्दों में भी य श्रुति जरूरी है। किंतु ताई, नाई, पाई, भाई, काई, खाई, राई, टाई, दाई, माई आदि संज्ञा शब्दों; कोई आदि सर्वनामों; बाईस, तेईस आदि संख्याओं, पढ़ाई-लिखाई आदि क्रिया से बनी भाववाचक संज्ञाओं में श्रुति का प्रयोग नहीं होता।

व श्रुति के संबंध में प्रायः मतैक्य है। व श्रुति का प्रयोग केवल उच्चारण में होता है। लिखित रूपों में इसका प्रयोग प्रायः नहीं होता, जैसे—

	अशुद्ध रूप	शुद्ध रूप
संज्ञा—	साधुवों	साधुओं
	जन्तुवों	जन्तुओं
क्रिया	जावेगा	जायेगा
	खावेगा	खायेगा
	हुवा	हुआ

—किंतु कौवा, पीवा आदि शब्दों में व श्रुति का प्रयोग देखा जाता है।

व्यंजन और व्यंजन-संयोग

1. **अधोबिंदु**—सदियों के विदेशी संपर्क के कारण अरबी-फारसी के हजारों शब्द हमारी भाषा में घुलमिल गए हैं। इन शब्दों की जिह्वामूलीय क़ ख़ ग़ तथा संघर्षी ज़, फ़ ध्वनियों को अधोबिंदु के साथ लिखा जाता है, जैसे—

अक़्ल	क़ब्र	क़सूर	क़ातिल	क़िस्मत
क़ीमत	क़ुर्बानी	क़ैद	क़ौम	अख़बार
ख़बर	ख़ानदान	ख़ामोशी	ख़ुशी	ख़ून
काग़ज़	ग़रीब	ग़म	बाग़ीचा	मुर्ग़ा
ग़ैर	ग़लती	आज़ाद	इन्तज़ार	इन्तज़ाम
बाज़ार	हाज़िर	ज़मीन	ज़रूरत	ज़माना
कफ़न	तूफ़ान	गिरफ़्तार	वफ़ा	बर्फ़

वस्तुत: इन व्यंजनों को अधोबिंदु के साथ लिखने का आग्रह अनावश्यक है। जब कोई भाषा विदेशी शब्दों को अपनाती है, तो उन्हें अपनी ध्वनियों के अनुरूप ढाल लेती है। हिंदी में भी ऐसा ही हुआ है। आम आदमी बहुप्रचलित अरबी-फारसी शब्दों का उच्चारण अपनी उच्चारण प्रक्रिया के अनुसार करता है। कुछ फारसी-दाँ लोगों को छोड़कर आम हिंदुस्तानी कीमत, खर्च, अखबार, गरीब, जरूरत, सफाई आदि का उच्चारण क ख ग ज फ (सामान्य स्पर्श ध्वनियों) के साथ ही करता है। अत: सामान्य स्थितियों में इनके नीचे नुक्ता लगाना आवश्यक नहीं है। इस संबंध में 'शिक्षा मंत्रालय' का सुझाव स्वागतार्ह है। "अरबी-फारसी मूल के वे शब्द जो हिंदी के अंग बन चुके हैं और जिनकी विदेशी ध्वनियों का हिंदी ध्वनियों में रूपांतर हो चुका है, हिंदी रूप में ही स्वीकार किए जाएँ, जैसे जरूर। परंतु जहाँ उनका शुद्ध विदेशी रूप में प्रयोग अभीष्ट हो, वहाँ उनके हिंदी में प्रचलित रूपों में यथास्थान नुक्ते लगाए जाएँ, जिससे उनका विदेशीपन स्पष्ट रहे, जैसे—राज़, नाज़।"

ड-ढ ; ड़-ढ़—हिंदी में टवर्गीय घोष ध्वनियों के दो-दो रूप हैं--1. स्पर्श और 2. उत्क्षिप्त। स्पर्श ड-ढ को बिना अधोबिंदु के लिखा जाता है और उत्क्षिप्त ड़-ढ़ को अधोबिंदु के साथ। स्पर्श ड-ढ का प्रयोग शब्द के आदि में होता है और उत्क्षिप्त ड़-ढ़ का मध्य तथा अंत में, जैसे—

ड—डाक, डाकू, डाली, डर, डेरा, डोरी।

ढ—ढाल, ढीला, ढेर, ढेला, ढोर, ढोलक।

ड़—सड़क, लड़का, घोड़ा, पहाड़, पेड़।

ढ़—पढ़ाई, चढ़ाई, बुढ़ापा, रीढ़, गढ़।

कुछ विशेष स्थितियों में ड-ढ शब्द के मध्य में भी आते हैं, जैसे—

1. द्वित्व के रूप में—उदा०, अड्डा, हड्डी।

2. संयुक्ताक्षर में—उदा०, गड्डा, चड्ढा।

3. अनुस्वार के साथ—उदा०, आडंबर, विडंवना।

4. अनुस्वार के बाद—उदा०, खंडन, अंडा।

5. उपसर्ग के बाद—उदा०, बेढब, निडर, सुडौल।

6. समास में—उदा० डीलडौल।

व्यंजन-संयोग

व्यंजन-संयोग के लिए पूर्ववर्ती व्यंजन को स्वररहित (हलंत) लिखा जाता है और उत्तरवर्ती व्यंजन को पूरा। इसकी निम्नलिखित स्थितियाँ हैं—

1. यदि पूर्ववर्ती व्यंजन पाई वाला हो, तो संयोग के समय उसे पाई हटाकर लिखा जाता है, जैसे—

ख्याति	ग्लानि	विघ्न
अच्छा	राज्य	कण्व
पत्थर	पथ्य	ध्यान
न्यास	प्यास	शब्द
अभ्यास	परम्परा	सिल्क
व्यय	निष्ठुर	श्याम
दृश्य	शुष्क	अस्त आदि।

2. यदि पूर्ववर्ती व्यंजन बिना पाई के हों, तो उसे हलंत चिह्न के साथ लिखा जाता है, जैसे—

वाङ्मय	उच्छ्वास	गट्ठर
गुड्डी	गड्ढा	खद्दर
विद्या	इकट्ठा	विद्वान्
चिह्न	ब्रह्मा	ब्राह्मण

3. क और फ के साथ व्यंजन-संयोग की स्थितियों में इन वर्णों को क और फ रूपों में लिखा जाता है, जैसे—

मक्खी	अक्ल	क्या
परिपक्व	रुक्मिणी	पंक्ति
शक्ति	भक्ति	शुक्ल
फ्लास्क	फ्लेम	

4. र के संयोग की चार स्थितियाँ हैं।

1. यदि र सस्वर हो, और पूर्ववर्ती व्यंजन स्वर-रहित हो तो र को पूर्ववर्ती

व्यंजन के नीचे जोड़ा जाता है, जैसे—

क्रम, क्रय, घ्राण, ग्राम, द्रव्य, प्रकार, ब्रज, भ्रमण, आम्र, व्रत, स्रोत, ह्रास।

2. यदि पूर्ववर्ती वर्ण टवर्गीय हो तो र नीचे (‸) इस रूप में लगाया जाता है, जैसे—

ट्रेन	ट्राम	राष्ट्र

3. यदि र स्वररहित हो और उत्तरवर्ती वर्ण सस्वर, तो उसे उत्तरवर्ती व्यंजन के ऊपर (ꣻ) रूप में लिखा जाता है, जैसे—

धर्म	धैर्य	कार्य
कर्म	आर्त	वर्ष
आर्य	मार्ग	शर्त

4. त् और श् के साथ र के संयोग को पृथक् लिपि संकेतों—त्र और श्र द्वारा लिखा जाता है, जैसे—

शस्त्र	त्रिशूल	श्रम
पत्र	क्षेत्र	आश्रय
मित्र	क्षत्रिय	श्रीमान्
शत्रु	आश्रम	श्रुति

5. कुछ वर्णों के संयोग के लिए स्वतंत्र लिपि संकेतों का प्रयोग होता है, जैसे—

क् + ष = क्ष—जैसे—कक्षा, क्षेत्र, क्षय, परीक्षा।

ज् + ञ—ज्ञ—जैसे—ज्ञान, अवज्ञा, यज्ञ, आज्ञा।

[ज्ञ में ज् और ञ का संयोग है, किंतु हिंदी में इसका मानक उच्चारण ग्य हो गया है।]

परंपरागत लिपि में अनेक व्यंजन संयोगों के लिए लिपि संकेत थे, जो नयी मानक लिपि में विद्यमान नहीं है।

संयुक्त व्यंजन और इ की मात्रा

ह्रस्व इ की मात्रा व्यंजन के बायीं ओर लगाई जाती है। अत: संयुक्त व्यंजन पर मात्रा लगाते समय संयुक्त व्यंजन को एक अविभाज्य इकाई मानना चाहिए और मात्रा संयुक्त व्यंजन के पूर्ववर्ती व्यंजन के पहले लगाई जानी चाहिए, जैसे—निश्चित, पश्चिम, विच्छिन्न, अन्विति, दृष्टि, इच्छित, उत्थित, कम्पित आदि। कुछ लोगों ने 'द्व' के साथ इ की मात्रा का संयोग 'द्वि' के रूप में करके 'द्वितीय' जैसी चमत्कारपूर्ण वर्तनी का आविष्कार किया है। इस व्यवस्था को स्वीकार कर लिया जाए, तो सारा भाषिक सौंदर्य नष्ट हो जाएगा। 'सद्विवेक' 'मृद्विश्लेषण' जैसे शब्दों में यह संयोग ठीक है, क्योंकि इन शब्दों में

सद् और विवेक तथा मृद् और विश्लेषण पृथक्-पृथक इकाइयाँ हैं। किंतु 'द्वि' को तोड़कर 'द्‌वि' कर देना वस्तुत: अविवेक का परिचायक है।

अनुस्वर और नासिक्य व्यंजन

पिछले दिनों तक हिंदी में अनुस्वार और पंचम व्यंजनों का विकल्प से प्रयोग होता था, जैसे—

कवर्ग— शंका, शङ्‌का	गंगा, गङ्‌गा
चवर्ग—किंचित्, किञ्चित्	संचय, सञ्चय
टवर्ग—घंटा, घण्टा	पंडित, पण्डित
तवर्ग—अंत, अन्त	निंदा, निन्दा
पवर्ग—परंपरा, परम्परा	आडंबर, आडम्बर

किंतु अब शिक्षा मंत्रालय ने लेखन में एकरूपता लाने के लिए सर्वत्र विकल्प-परिहीन अनुस्वार के प्रयोग की सिफारिश की है। साथ ही यह भी कहा गया है, कि पंचम व्यंजनों का प्रयोग इतर वर्ग के व्यंजनों तथा अंत:स्थों एवम् ऊष्मों के साथ पूर्ववत् किया जाए। जैसे—वाङ्मय, पुण्य, अन्य, क्षम्य।

वस्तुत: यह भाषा की स्वाभाविक गति में अनावश्यक हस्तक्षेप है। इससे 'ञ' को छोड़कर टंकन में कोई मितव्ययिता नहीं आती। ङ और ञ ध्वनियों का प्रयोग अब कम हो चला है, किंतु सन्तान, मन्द, घण्टा, खण्डन, बिम्ब, कम्पन आदि शब्दों को अधिकतर लोग पंचम व्यंजनों के साथ लिखते हैं, अनुस्वार के साथ नहीं। अत: इन व्यंजनों पर प्रतिबंध लगाने का कोई औचित्य नहीं।

वर्ण विपर्यय

कुछ संयुक्त व्यंजनों के लेखन में विपर्यय की व्यापक प्रवृत्ति देखने को मिलती है। वास्तव में इस विपर्यय का कारण लिपि संशोधन है। सदियों से ये संयुक्त व्यंजन स्वतंत्र लिपि संकेतों द्वारा लिखे जाते थे। नयी व्यवस्था के अंतर्गत कई लोगों ने संयोगों के स्वरूप को समझने में भूल की, व्यंजनों को आगे-पीछे कर दिया। इस संदर्भ में निम्नलिखित संयोग ध्यान देने योग्य हैं,—

अशुद्ध रूप	शुद्ध रूप
श्रद्धा	श्रद्‌धा
द्वारा	द्‌वारा
चिन्ह	चिह्‌न
ब्रम्ह	ब्रह्‌म
आव्हान	आह्‌वान
आल्हाद	आह्‌लाद

जिव्हा	जिह्‌वा
अपन्हुति	अपह्‌नुति

हिंदी वर्तनी का मानकीकरण

भारत सरकार ने हिंदी वर्तनी को एकरूपता प्रदान करने के लिए कुछ महत्त्वपूर्ण सिफारिशें की हैं जो, लेखक की आंशिक असहमति के बावजूद विवेकशील पाठकों के विचारार्थ यहाँ उद्‌धृत की जा रही हैं—

1. हिंदी के विभक्ति चिह्न सर्वनामों के अतिरिक्त सभी प्रसंगों में प्रातिपादिक से पृथक् लिखे जाएँ, जैसे—राम ने, स्त्री को, मुझको। परंतु प्रेस की सुविधा को ध्यान में रखकर पत्र-पत्रिकाओं में संज्ञादि शब्दों में भी विभक्तियाँ मिलाने की छूट रहे।

अपवाद : (क) सर्वनामों के साथ यदि दो विभक्ति चिह्न हों, तो पहला मिलाकर तथा दूसरा पृथक लिखा जाए, जैसे—उसके लिए, इसमें से।

(ख) सर्वनाम और विभक्तियों के बीच ही, तक आदि निपात हों, तो विभक्ति को पृथक् लिखा जाए, जैसे—आप ही के लिए, मुझ तक को।

2. संयुक्त क्रियाओं में सभी अंगभूत क्रियाएँ पृथक-पृथक लिखी जाएँ, जैसे —पढ़ा करता है, आ सकता है।

3. 'तक' 'साथ' आदि अव्यय सदा पृथक् लिखे जाएँ, जैसे—आपके साथ, यहाँ तक।

4. पूर्वकालिक प्रत्यय 'कर' क्रिया से मिलाकर लिखा जाएँ, जैसे – मिलाकर, खा-पीकर, रो-रोकर।

5. द्वंद्व समास में पदों के बीच हाइफन रखा जाए, जैसे—राम-लक्ष्मण, शिव-पार्वती संवाद।

6. सा, जैसा आदि के साथ हाइफन रखा जाए, जैसे—तुम-सा, राम-जैसा, चाकू-से तीखे।

7. तत्पुरुष समास में हाइफन का प्रयोग केवल वहीं किया जाए, जहाँ उसके बिना भ्रम होने की संभावना हो, अन्यथा नहीं, जैसे—भू-तत्त्व, रामराज्य।

8. जहाँ श्रुतिमूलक य-व का प्रयोग विकल्प से होता है, वहाँ न किया जाए। अर्थात् गए-गये, नई-नयी, हुआ-हुवा आदि में से पहले (स्वरात्मक) रूपों का ही प्रयोग किया जाए। यह नियम क्रिया, विशेषण, अव्यय आदि सभी रूपों में माना जाए।

9. हिंदी में ऐ (ै), औ (ौ) का प्रयोग दो प्रकार की ध्वनियों को व्यक्त करने के लिए होता है। पहले प्रकार की ध्वनियाँ 'है' 'और' आदि में हैं और दूसरे प्रकार की गवैया, कौवा आदि में। इन दोनों ही प्रकार की ध्वनियों को

व्यक्त करने के लिए इन्हीं चिह्नों (ऐ ॅ ओ ॉ) का प्रयोग किया जाए। गवय्या, कव्वा आदि संशोधन की आवश्यकता नहीं।

10. संस्कृतमूलक तत्सम शब्दों की वर्तनी में सामान्यत: संस्कृत रूप ही रखा जाए। परंतु जिन शब्दों के प्रयोग में हिंदी में हलंत चिह्न लुप्त हो चुका है, उसमें उसको फिर से लगाने का यत्न न किया जाए, जैसे—महान, विद्वान आदि में।

11. जहां पंचमाक्षर के बाद उसी वर्ग के शेष चार वर्णों में से कोई वर्ण हो, वहाँ अनुस्वार का ही प्रयोग किया जाए, जैसे—अंत, अन्य, गंगा, वाङ्मय, संपादक, साम्य, सम्मति।

(इस नियम का स्पष्टीकरण करते हुए आगे कहा गया है कि जहां पंचमाक्षर के बाद उसी के वर्ग के शेष चार वर्णों में से कोई वर्ण हो, तो अनुस्वार का ही प्रयोग होना चाहिए। जैसे—गंगा, संपादक, संध्या, धंधा आदि में पंचमाक्षर के वर्ग का ही वर्ण आगे आता है। अत: पंचमाक्षर के स्थान में अनुस्वार का प्रयोग किया जा सकता है। परंतु यदि पंचमाक्षर के बाद किसी अन्य वर्ग का कोई वर्ण आए अथवा वही पंचमाक्षर दोबारा आए, तो पंचमाक्षर अनुस्वार में परिवर्तित नहीं होगा, जैसे—वाङ्मय, सम्मति, चिन्मय, उन्मुख आदि। अतः वांमय, संमति, चिंमय, उंमुख आदि रूप अशुद्ध हैं।)

12. चंद्रबिंदु के बिना प्राय: अर्थ में भ्रम की गुंजाइश रहती है। जैसे—हंस, हँस ; अंगना, अँगना आदि में। अतएव ऐसे भ्रम को दूर करने के लिए चंद्रबिंदु का प्रयोग अवश्य किया जाना चाहिए। किंतु जहाँ चंद्रबिंदु के प्रयोग से छपाई आदि में बहुत कठिनाई हो, और चंद्रबिंदु के स्थान पर अनुस्वार का प्रयोग किसी प्रकार का भ्रम उत्पन्न न करे, वहाँ चंद्रबिंदु के स्थान पर अनुस्वार के प्रयोग की छूट दी जा सकती है, जैसे—नहीं, में, मैं। परंतु कविता आदि में छंद की दृष्टि से चंद्रबिंदु का यथास्थान अवश्य प्रयोग किया जाए। इसी प्रकार छोटे बच्चों की प्रवेशिकाओं में जहाँ चंद्रबिंदु का उच्चारण सिखाना अभीष्ट हो, वहाँ उसका यथास्थान सर्वत्र प्रयोग किया जाए, जैसे—नहीँ, मेँ, मैँ।

13. अरबी-फारसीमूलक वे शब्द जो हिंदी के अंग बन चुके हैं और जिनकी विदेशी ध्वनियों का हिंदी ध्वनियों में रूपांतर हो चुका है, हिंदी रूप में ही स्वीकार किए जाएँ, जैसे जरूर। परंतु जहाँ उनका शुद्ध विदेशी रूप में प्रयोग अभीष्ट हो, वहाँ उनके हिंदी में प्रचलित रूपों में यथास्थान नुक्ते लगाए जाएँ, जिससे उनका विदेशीपन स्पष्ट रहे, जैसे—राज़, नाज़।

14. अंग्रेजी के जिन शब्दों में अर्धविवृत ऑ ध्वनि का प्रयोग होता है, उनके शुद्ध रूप का हिंदी में प्रयोग अभीष्ट होने पर आ की मात्रा (ा) के ऊपर अर्धचंद्र का प्रयोग किया जाए (ऑ, ॉ)।

15. संस्कृत के जिन शब्दों में विसर्ग का प्रयोग होता है वे यदि तत्सम रूप में प्रयुक्त हों तो विसर्ग का प्रयोग अवश्य किया जाए, जैसे दुःखानुभूति में। परंतु यदि उस शब्द के तद्भव रूप में विसर्ग का लोप हो चुका हो, तो उस रूप में विसर्ग के बिना भी काम चल जाएगा, जैसे—सुख-दुख के साथी।

[इन नियमों में से क्रमांक 8, 10 और 11 के संबंध में लेखक अपनी विनम्र असहमति व्यक्त करता है। असहमति के कारणों पर यथास्थान लिखा जा चुका है।]

अंत में कुछ सामान्यतया अशुद्ध लिखे जाने वाले शब्दों की वर्गीकृत सूची दी जा रही है, जो वर्तनी की गलतियों को दूर करने में सहायक होगी।

मात्रा की अशुद्धियाँ

अशुद्ध	शुद्ध
अनूवाद	अनुवाद
अनुदित	अनूदित
अभिप्ट	अभीप्ट
अभीप्राय	अभिप्राय
द्वितिय	द्वितीय
तृतिय	तृतीय
आधीन	अधीन
इतीहास	इतिहास
केन्द्रिय	केन्द्रीय
केन्द्रीत	केन्द्रित
पुज्य	पूज्य
पूजारी	पुजारी
पती	पति
पत्नि	पत्नी
विधी	विधि
निरव	नीरव
अधित	अधीत
अधीक	अधिक
प्रतीज्ञा	प्रतिज्ञा
प्रतिक्षा	प्रतीक्षा
परिक्षा	परीक्षा
परिक्षण	परीक्षण

प्रतित	प्रतीत
आशिर्वाद	आशीर्वाद
अतित	अतीत
स्मरणिय	स्मरणीय
गत्यान्तर	गत्यन्तर

अनुनासिक की अशुद्धियाँ

हे भाइयों !	हे भाइयो!
पुस्तके	पुस्तकें
पढेगे	पढ़ेंगे
आंचल	आँचल
जांच	जाँच
हंसना	हँसना
चांद	चाँद
सांप	साँप
दांत	दाँत
ऊचाई	ऊँचाई
पूछ	पूँछ
पूंछना	पूछना

व्यंजन संयोग की अशुद्धियाँ

ग्रहीत	गृहीत
स्रष्टि	सृष्टि
व्रष्टि	वृष्टि
भ्रत्य	भृत्य
बृज	ब्रज
दृष्टा	द्रष्टा
सृष्टा	स्रष्टा
श्राप	शाप
प्रण	पण
उज्वल	उज्ज्वल
उछ्वास	उच्छ्वास
महत्व	महत्त्व
तत्व	तत्त्व
पश्चाताप	पश्चाताप

दुसह	दु:सह या दुस्सह
अन्ताक्षरी	अन्त्याक्षरी
अध्यन	अध्ययन
ईर्षा	ईर्ष्या
श्रंगार	शृंगार
त्रिष्णा	तृष्णा
तृज्या	त्रिज्या
अत्याधिक	अन्यधिक
अधीनस्त	अधीनस्थ
मध्यस्त	मध्यस्थ
उच्छिष्ठ	उच्छिष्ट
हृष्ठ-पुष्ठ	हृष्ट पुष्ट
षष्ठ्यब्दि	षष्ट्यब्दि
षष्ट	षष्ठ
शिष्ठाचार	शिष्टाचार
अनिष्ठ	अनिष्ट
इष्ठ	इष्ट
कनिष्ट	कनिष्ठ
वरिष्ट	वरिष्ठ
ज्येष्ट	ज्येष्ठ
गरिष्ट	गरिष्ठ
सन्तुष्ठ	सन्तुष्ट
स्वास्थ	स्वास्थ्य
महात्म्य	माहात्म्य
आद्रा	आर्द्रा
कुंगार	कुम्हार
जादा	ज्यादा
सुसुप्त	सुषुप्त
झूट	झूठ
नर्क	नरक
बरफ	बर्फ